高等学校城市轨道交通专业规划教材

城市轨道交通基础设施与设备

薛 锋 罗 建 **主 编**

西南交通大学出版社
·成 都·

内容简介

为了推进城市轨道交通专业教材体系的建设，满足目前城市轨道交通专业对于人才培养的需要，我们编写了本书。本书的编写突出了基础性、实用性的特点，采用"立体化"的教学资源建设方式，包括配套教材、教学课件、习题库、扩展资源等，全面介绍了城市轨道交通基础设施与设备的组成、作用、基本工作原理，共分为8章，主要内容有：城市轨道交通的分类与设备组成、城市轨道交通线路与土建设施、城市轨道交通场站、城市轨道交通车辆段与综合基地、城市轨道交通供电系统、城市轨道交通车站设备、城市轨道交通环控与灾害防护系统。

本书可作为高等院校、远程与继续教育、高等职业教育等城市轨道交通相关专业的课程教材，也可供城市轨道交通从业人员学习参考。

图书在版编目（CIP）数据

城市轨道交通基础设施与设备 / 薛锋，罗建主编
. —成都：西南交通大学出版社，2018.8（2023.2 重印）
高等学校城市轨道交通专业规划教材
ISBN 978-7-5643-6289-8

Ⅰ. ①城… Ⅱ. ①薛… ②罗… Ⅲ. ①城市铁路 – 轨道交通 – 交通设施 – 高等学校 – 教材 Ⅳ. ①U239.5

中国版本图书馆 CIP 数据核字（2018）第 159059 号

高等学校城市轨道交通专业规划教材
城市轨道交通基础设施与设备
薛 锋 罗 建 主编

责任编辑	周 杨
助理编辑	宋浩田
封面设计	何东琳设计工作室
出版发行	西南交通大学出版社 （四川省成都市二环路北一段 111 号 西南交通大学创新大厦 21 楼）
发行部电话	028-87600564 028-87600533
邮政编码	610031
网 址	http://www.xnjdcbs.com
印 刷	四川森林印务有限责任公司
成品尺寸	185 mm × 260 mm
印 张	14.5
字 数	292 千
版 次	2018 年 8 月第 1 版
印 次	2023 年 2 月第 2 次
书 号	ISBN 978-7-5643-6289-8
定 价	42.00 元

课件咨询电话：028-81435775
图书如有印装质量问题 本社负责退换

前 言

城市轨道交通具有节能、省地、运量大、少污染、安全可靠等特点，属于绿色环保交通体系，符合可持续发展的原则，特别适合大中城型市，在世界各国中发挥着日益重要的作用。近年来，随着我国经济的飞速发展，大城市日益繁荣，城市人口迅速增加，交通压力不断增大，发展大运量的城市轨道交通已成为解决大城市交通问题的关键。城市轨道交通包括地铁、轻轨、单轨、有轨电车、磁浮系统、自动导向轨道系统、市域快速轨道系统等，由一系列相关基础设施与设备组成。这些设备可以分为一线、二线、三线设备，包括线路、供电系统、车站设备、监控系统、给排水及消防系统等，它们的协同合作是为用户提供满意服务的保证。

当前，我国轨道交通行业正处于快速发展时期，各地区均急需大批轨道交通建设、运营管理的技术人员和应用型人才。本书是针对城市轨道交通专业全日制本科生、专升本学生的专业基础课程教学编写出来的，在学习这门课程时需要注意以下几点：

（1）城市轨道交通系统复杂，设备众多，学习时要抓住重点。比如：城市轨道交通运营管理专业的学生日后主要从事站务、乘务、行车调度等方面的管理工作，所以应当把学习重点放在车站设备方面，当然其他方面的知识也要有了解。

（2）本书所介绍的设备，有些只是作为例子说明其工作原理，而现场的实际设备形式多样，这就要求学生在学习这门课程时，能够举一反三，掌握设备的功能作用及其工作原理。

全书由西南交通大学交通运输与物流学院薛锋、西华大学汽车与交通学院罗建担任主编，吕丹、袁野、邹彪参与了部分章节的撰写工作。其中，薛锋完成第一、四、六章；罗建完成第二、七章；吕丹完成第八章；袁野完成第三章；邹彪完成第五章的编写工作。

在本书的编写过程中，参考了大量国内外城市轨道交通方面的教材、著作和论文，在此向相关作者表示衷心感谢！由于编者水平和时间有限，书中难免存在错漏和不完善之处，敬请各位读者批评指正。

编 者

2016 年 9 月

目　录

第一章　绪　论

第一节　世界城市轨道交通的发展

在工业革命以前的城市发展阶段，其社会经济基础是自然经济和小农经济，马车作为重要的交通工具，在当时的社会盛极一时。公元1600年，公共四轮马车在伦敦出现；1662年，巴黎出现了固定线路上运行的公共马车，也叫有轨马车，这是世界上最早的城市轨道交通工具。它用马匹作动力，牵引着车辆在钢轨上滚动行驶，可搭载双倍于普通马车的乘客人数和货物重量。1789年，能运送20人的长途公共马车产生，由于车辆是在轨道上行驶的，减少了颠簸，提高了运行的速度和舒适性，因而得到了迅速发展。1832年，约翰·斯蒂芬森在美国纽约第四大街建立了第一条市区有轨马车的线路，并运营达3年之久。第一个提出将马车轨道嵌入路面的是法国人埃米尔·卢巴，利用这项发明，1835年他为巴黎修建了第一条嵌入式凹形马车轨道。

1804年，英国人理查德·特雷维塞克设计制造的蒸汽机车“新城堡号”，在圆形轨道上试车后，沿着专门铺设的轨道由默尔瑟开到阿伯西昂，这是世界第一条成功行驶蒸汽机车的轨道。1825年9月27日，蒸汽机车出现，铁路运输开始发展，这给城市对外交通带来了一场革命。此后相当长的一段时间内，铁路运输成了城市对外交通的主导方式。

1843年，英国律师查尔斯·皮尔逊针对当时伦敦人口日益膨胀给交通造成压力的状况，向国会提交了修建地下铁道的建议。经过20年的酝酿，1860年英国开始修建地下铁道。它采用明挖法施工，为单拱砖砌结构。1863年1月10日，世界上第一条长6.5 km、采用蒸汽机车牵引的地铁线路在伦敦建成并通车。它是世界首条地下铁道（简称“地铁”）。

第二次世界大战后，地铁建设随着全世界经济的复苏而启动、加快。20世纪70年代和80年代是各国地铁建设的高峰。发达国家的主要大城市如纽约、华盛顿、芝加哥、伦敦、巴黎、柏林、东京、莫斯科等已基本完成了地铁网络的建设。但后起的中等发达国家和地区，尤其是发展中国家的地铁建设还在如火如荼地进行，比如亚洲共有26个城市有地下铁道。除了东京与大阪在第二次世界大战前就建有地铁外，其余城市均是在战后建成的。

旧式有轨电车行驶在道路中间，与其他车辆混合运行，又受路口红绿灯的控制，运行速度很慢，正点率低，而且噪声大，加减速性能较差。随着汽车工业的迅速发展，西方国家私人小汽车数量急剧增长，大量的汽车涌上街头，城市道路面积明显不够用。

20 世纪 50 年代开始，世界各国的大城市开始纷纷拆除有轨电车线路，这阵风也波及中国。到 20 世纪 50 年代末，我国各大城市的有轨电车线基本拆完，仅剩下大连、长春的个别线路没有拆光，并一直保留至今，继续承担着正常公共客运任务。20 世纪 60、70 年代在地铁建设的高潮发展时期，由于地铁造价昂贵，建设进度受财政和其他因素的制约，西方大城市在建设地铁的同时，又重新把注意力转移到地面轨道上来。利用现代高科技开发了新一代噪声低、速度高、转弯灵活、乘客上下方便，甚至可以照顾到老人和残疾人的低地板新型有轨电车。在线路结构上，也采用了降噪声技术措施。在速度要求较高的线路上，采用专用车道，与繁忙道路交叉处，进入半地下或高架交叉互不影响。对速度要求不高的线路，可与道路平齐，与汽车混合运行。到 20 世纪末，以地铁和轻轨为代表的城市轨道交通又恢复了它的主导地位，这是个螺旋式的上升过程。至今为止，已有 50 多个国家的将近 200 个城市都建造了地铁，线路总长超过了 7 000 km。

现代轻轨交通，作为城市轨道交通的另一种形式则是在有轨电车的基础上发展起来的。1879 年柏林工业展览会上展出了第一辆以输电线供电的电动车。1886 年美国阿尔拉巴州的蒙哥马利市开始出现有轨电车系统，而世界上第一个真正投入运行的有轨电车系统是弗克尼的里兹门德有轨电车系统。此后有轨电车系统的发展很快，20 世纪 20 年代，美国的有轨电车系统总长达到 25 000 km；20 世纪 30 年代，欧洲、日本、印度和我国的有轨电车有了很大的发展，但旧式有轨电车一般都在城市道路中间行驶，行车速度慢、噪音大、舒适度差（图 1-1）。

图 1-1　城市道路中间的有轨电车

随着汽车的迅速发展，尤其是私家小汽车大量涌现，大大加重了城市道路交通的堵塞，于是各国城市纷纷拆除有轨电车，为日益增加的汽车让道。到 1970 年，世界上仅有 8 个城市还保留着有轨电车。到了 20 世纪后半叶，伴随着世界各国的城市区域不断扩大，城市经济快速发展，人口逐渐增长。随着流动人口及汽车的猛增，城市道路的相对有限性与汽车发展的相对无限性之间产生了尖锐的矛盾。在城市，汽车的大量上路带给人们的是交通堵塞、事故频繁、能源过度消耗、尾气与噪声污染等一系列经济社会环境的问题。行车难、乘车难，不仅成为市民工作和生活中的一个突出问题，而且制约着城市经济的发展，世界各国纷纷探索和思考如何走出这一困境。

20 世纪 60 年代初，西方一些人口密集的大城市，在考虑修建地铁的同时，又重新把注意力转移到有轨交通上。欧洲一些发达国家，为满足城市公共交通客运量日益增长的需要，着手在旧式有轨电车的基础上，利用现代化技术，改造和发展有轨电车系统，开发出新一代噪声低、速度高、走行部件转弯灵活、乘客上下方便，甚至可以照顾到老人和残疾人的低地板新型有轨电车（如图 1-2 所示）。新型有轨电车在线路结构上采用了降噪减震技术等措施，采用专用车道，在与繁忙道路交叉处进入半地下或与高架交叉时互不影响，使其在运行速度、技术水平和服务质量上都有很大的提高。1978 年 3 月在国际公共交通联合会（UITP）会议上，确定了新型有轨电车交通的统一名称，即轻型轨道交通（Light Rail Transit），简称轻轨交通（LRT）。

图 1-2　行驶在重庆市街头的低地板新型有轨电车

20 世纪 80 年代，国际上一些大城市已相继建成现代化轻轨交通系统。如美国的萨克拉门托市，1987 年 3 月建成一条穿越市中心的轻轨线路，全长 29.4 km，共设 27 座车站，行车间隔 1.5 min，自建成到 1987 年 9 月，运送乘客达百万人次。20 世纪 80、90 年代，由于环境保护和能源结构问题突出，在经济可持续发展战略方针的指导下，全世界掀起了新一轮的轻轨交通系统的建设高潮。据粗略统计，已有 50 个国家建有 360 条轻轨线路。1994 年 4 月，在新加坡召开的国际市长会议提出，要把城市轨道交通当作现代化城市的重要交通工具之一。

第二节　我国城市轨道交通的发展

一、我国城市轨道交通发展概况

我国城市轨道交通的发展是从大城市开始的。最早建设的城市有轨公共交通是 1908 年的上海有轨电车，全长 6.04 km；第一个建设城市铁路的也是上海；第一个建设城市地铁的是首都北京。因此，上海和北京是我国城市轨道交通发展的先驱。

从 1876 年中国第一条营业的铁路——上海吴淞铁路诞生开始，至 1949 年中华人民共和国成立时，我国先后有北京、天津、沈阳、哈尔滨、长春、鞍山、香港等城市修建了有轨电车等轨道交通设施，但由于有轨电车没有专用路权，具有容易与路面车辆发生冲突、速度慢、通行能力低等缺点，从 20 世纪 50 年代开始，各城市陆续拆除其有轨电车线路。

从中华人民共和国成立到 1978 年改革开放前，我国城市轨道交通基本处于时断时续的缓慢发展期，轨道交通结构和质量处于常规水平。作为我国第一条地铁线路的北京地铁 1 号线于 1965 年 7 月 1 日动工，主要是为战备而修建的，历经 4 年时间，于 1969 年 10 月建成，全程 28.07 km。由于属于战备工程，北京地铁在通车后很长时间内不对公众开放，需凭介绍信参观及乘坐，于 1971 年 1 月 15 日才开始试运营。这一时期，由于贯彻“备战兼顾交通”的指导思想，仅在少数大城市修建了以人防设施为主的地铁，如北京 24 km 地铁、天津 7.4 km 地铁以及哈尔滨人防隧道等。

改革开放以后，地铁的建设由服务于战备转为服务于经济发展和城市客运。进入 20 世纪 90 年代后，随着经济体制改革的逐步深入，我国国民经济得到持续快速的增长，城市居民收入水平不断提高，居民出行次数逐年增加。与此同时，我国城市化进程加快，城市交通需求剧增，道路交通供给能力严重不足，交通供需矛盾日益突出，已成为城市社会经济发展的一个重要制约因素。为适应城市发展的需要，缓解城市交通的紧张状况，从 20 世纪 90 年代开始，我国政府开始加大对城市交通基础设施的投入，并认识到轨道交通对解决城市交通问题以及引导城市发展的重要作用，发展大容量轨道交通方式的理念开始提出，城市轨道交通开始进入能力扩张与质量提高并举的发展阶段。大力发展运能大、污染小、占地少的大容量城市轨道交通，加快建设以轨道交通为骨干的公共交通系统，已开始成为各个城市交通发展的重点，并逐步成为共识。“十三五”期间，国家将继续构建多层次轨道网，计划我国城市轨道交通总里程达到 6 000 km。至今，全国已有 28 个城市开通了 119 条城市轨道交通线路，运营线路总里程达到 3 473.33 km。与此同时，41 个城市在建里程突破 4 400 km，车站数已经达到 2 350 座。随着科技与经济的发展，城市轨道交通必将覆盖全国主要大中城市。在我国，投入巨额资金大力发展城市轨道交通，不仅对于缓解城市交通拥堵和减少交通事故有重大的意义，同时城市轨道交通的普及与发展，必将进一步顺应节能减排、绿色环保的低碳经济时代和全球经济发展的趋势。

二、我国城市轨道交通发展阶段

总的来说，我国的城市轨道交通经历了 50 年的发展历程，大致可以划分为以下 5 个阶段。

1. 起步阶段

从 20 世纪 50 年代，我国开始筹备地铁建设，规划了北京地铁网络。北京地铁 1 号线于 1969 年 10 月 1 日建成通车，全长 23.6 km，开创了我国地铁建设的先河，当时地铁建设的指导思想更注重人防功能。随后建设了天津地铁（7.1 km，现已拆除重建）、哈尔滨人防隧道等工程。

2. 发展阶段

20 世纪 80 年代末至 90 年代初，由于城市规模限制及道路等基础设施比较薄弱，北京、上海、广州等特大城市的交通问题非常突出。以上海轨道交通 1 号线（21 km）、北京地铁复八线（13 km）和地铁一期工程改造、广州地铁 1 号线（18.5 km）等建设项目为标志，我国真正以城市交通为目的的地铁项目开始建设。台湾地区台北市于 1996 年 3 月开通了第一条地铁线路。

3. 建设高潮开始阶段

进入 20 世纪 90 年代，随着上海、广州地铁项目的建设，一批城市包括沈阳、天津、南京、重庆、武汉、深圳、成都、青岛等开始计划建设轨道交通项目，并进行了大量的前期工作。

4. 调整阶段

由于各大城市要求建设的地铁项目较多，且在建地铁项目的工程造价较高，1995 年 12 月国务院发布国办 60 号文，暂停了地铁项目的审批，并要求做好发展规划和国产化工作。同时，国家计委开始研究制定城市轨道交通设备国产化政策。至 1997 年年底，提出以深圳地铁 1 号线（19.5 km）、上海轨道交通 3 号线（24.5 km）和广州地铁 2 号线（23 km）作为国产化依托项目，并于 1998 年批复了上述三个项目的立项，从此城市轨道交通建设项目重新启动。

5. 建设高潮阶段

我国于 1999 年开始陆续批准一批城市轨道交通项目的开工建设。一是随着国家积极财政政策的实施，国家对城市轨道交通从建设资金上给予有力支持；二是通过引进技术、国内企业与国际先进制造企业的合作，实现了城市轨道交通车辆、设备的本土化，使城市轨道交通建设造价大大降低。国家先后批准了深圳、上海、广州、重庆、武汉、南京、杭州、成都、哈尔滨等 10 多个城市轨道交通项目的开工建设，并投入 40 亿的国债资金予以支持，我国轨道交通建设进入高速发展期。除了线路和运营里程大幅度增加外，我国城市轨道交通也由原来的地铁单一形式向多样化发展。已建和在建的轨道交通系统中，有轻轨系统、高速磁悬浮系统以及独轨系统等。

三、我国城市轨道交通代表城市

（一）北京地铁

北京地铁是服务于中国北京市的城市轨道交通系统。其规划始于 1953 年，工程始建于 1965 年，最早的线路竣工于 1969 年，于 1971 年开始运营，是中国的第一个地铁系统。根据《北京市城市轨道交通第二期建设规划（2015—2021 年）》，北京将再建设 12 条地铁线路。到 2021 年，北京将建成 24 条线路、998 千米的轨道交通网络，届时北京市公共交通占机动化出行量的比例将达到 60%，轨道交通占公共交通出行量的比例将达到 62%，如图 1-3 所示。

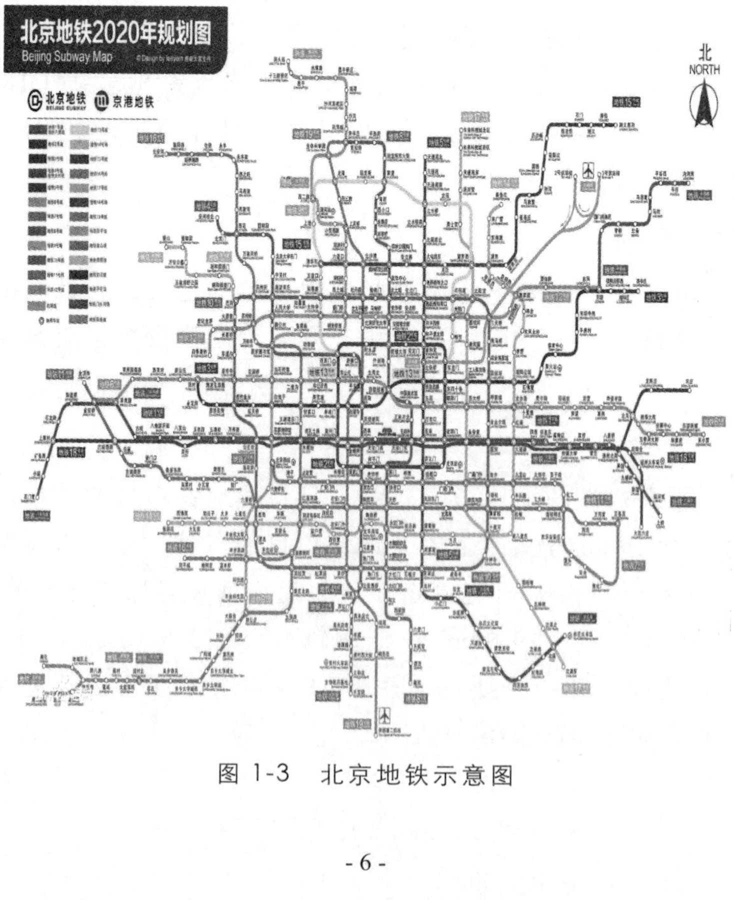

图 1-3 北京地铁示意图

北京地铁由两家公司负责运营：北京地铁运营有限公司和北京京港地铁有限公司。

（二）上海地铁

上海轨道交通，又称上海地铁，其第一条线路上海轨道交通 1 号线于 1993 年 5 月 28 日正式运营，是继北京地铁、天津地铁建成通车后中国大陆投入运营的第三个城市轨道交通系统。上海轨道交通共开通线路 14 条（1～13 号线、16 号线），全网运营线路总长 617 km，车站 366 座（不含上海磁浮示范运营线，3～4 号线共线段 9 个车站的运营路程不重复计算，多线换乘车站的车站数分别计数），并有 5 条线路延伸规划、4 条线路新建计划如图 1-4 所示。上海轨道交通由上海申通地铁集团有限公司负责运营，按照上海市物价主管部门批复的轨道交通网络票价体系计价，有多种票价优惠情况和车票种类。上海轨道交通的标徽由字母 S 和字母 M 变形组合，吉祥物是来自“未来”的小机器人畅畅。

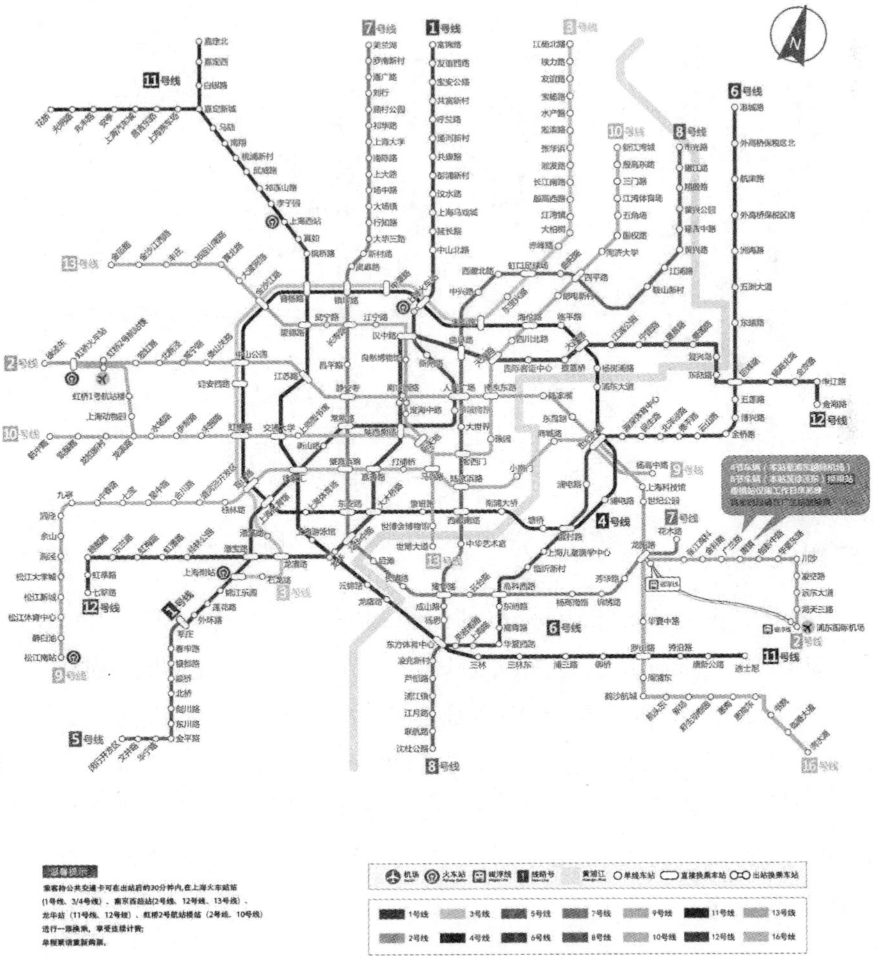

图 1-4　上海地铁示意图

（三）香港地铁

香港地铁曾经是香港两大城市轨道交通系统之一，原称地下铁路，由香港铁路有限公司负责营运。地铁自 1979 年起为乘客提供市区列车服务。自 1979 年开通以来，香港地铁是一个既快捷又安全可靠的集体运输网络，覆盖香港心脏地带，连接中国内地。香港地铁是世界上运营效率最高、营利情况最好的地铁，也是世界上最繁忙的地铁系统之一，其线路图如 1-5 所示。

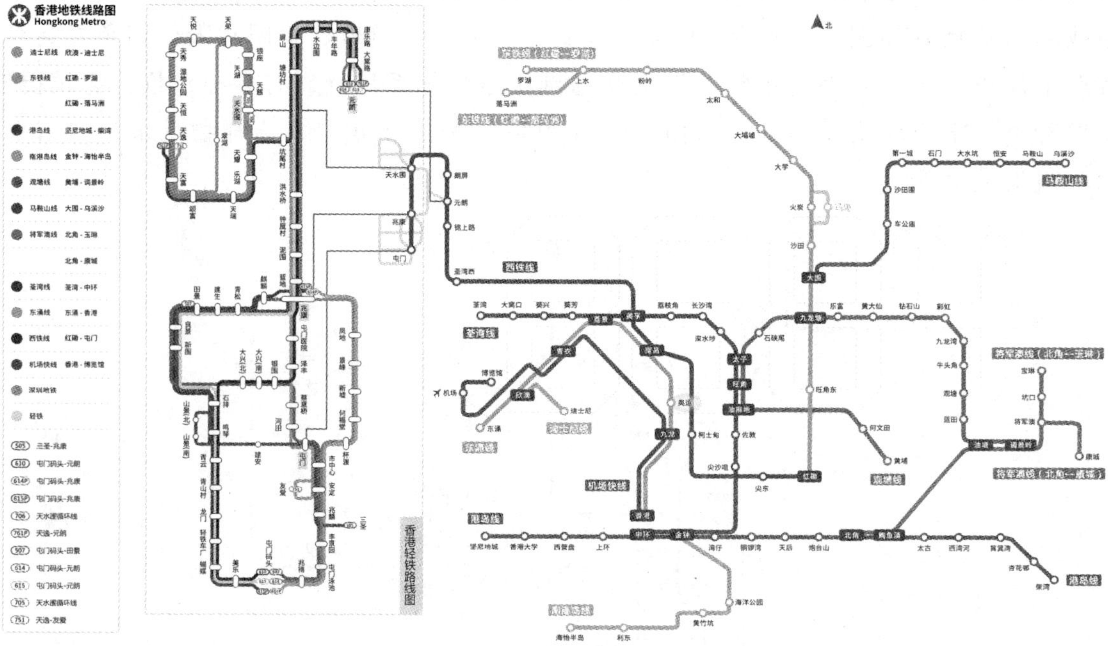

图 1-5　香港地铁示意图

（四）广州地铁

广州地铁是中国第三大城市广州市的城市轨道交通系统，于 1997 年 6 月 28 日开通，是中国大陆第四个开通并运营地铁的城市。到 2020 年，广州计划建成并开通的城市轨道交通里程超过 520 km，形成“环线+放射线”的地铁线路网。推进新一轮地铁线网规划建设，分期启动建设 15 条、里程规模 413.5 km 的地铁新线，引导和整合中心城区功能沿走廊向南部重点开发地区拓展如图 1-6 所示。广州地铁由广州市地下铁道总公司负责营运管理，并且还是广佛地铁的实际建设及营运者，因此广州地铁的服务范围亦延伸至佛山市。

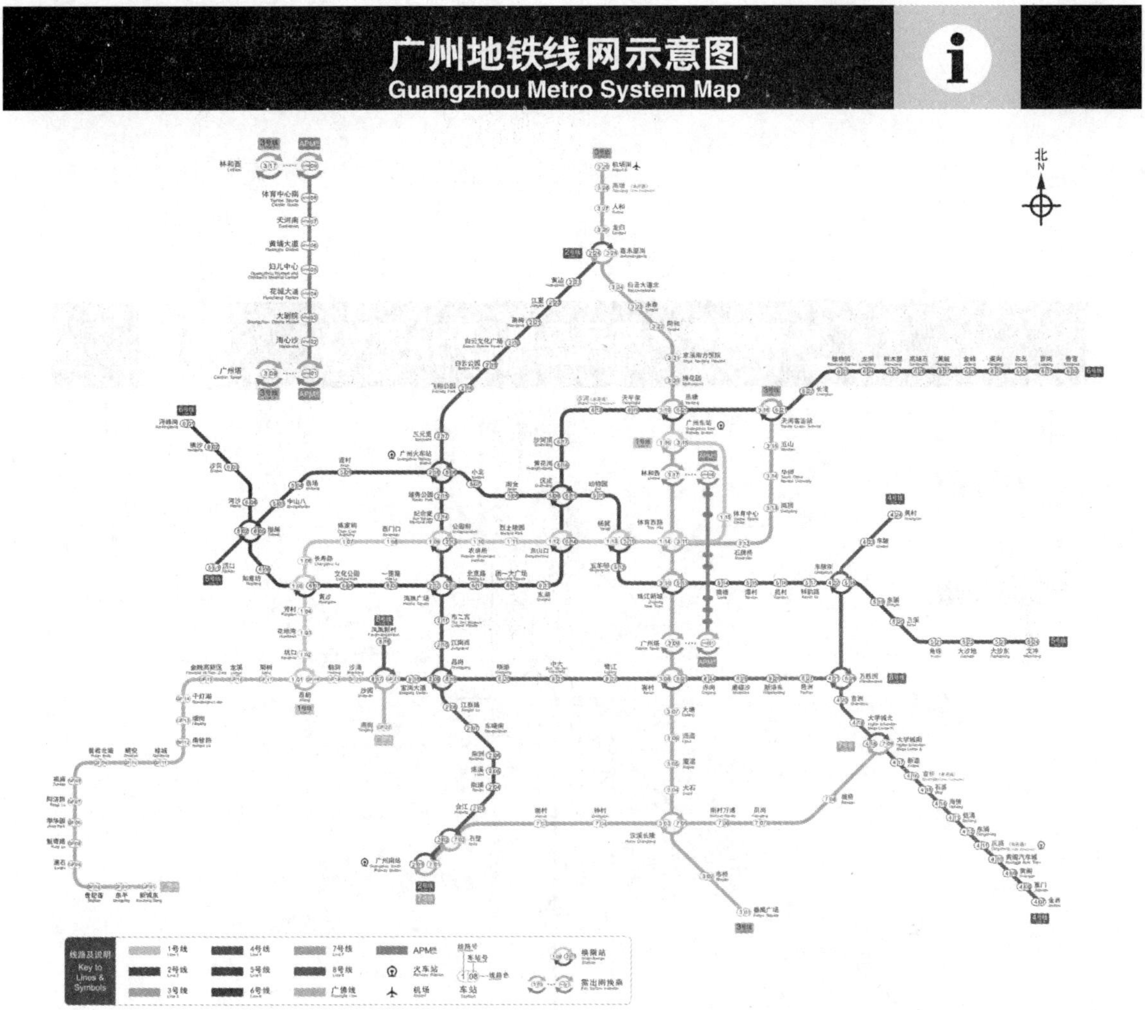

图 1-6　广州地铁示意图

（五）成都地铁

成都地铁是成都轨道交通的组成部分。由成都地铁有限责任公司负责建设与规划，由成都地铁运营有限公司负责运营，服务于四川省成都市。2005 年 12 月 28 日，成都地铁 1 号线一期工程开始建设，并于 2010 年 9 月 27 日投入运营，标志着成都迈入“地铁时代”，且成为了中国内地第八个开通地铁的城市。此后，在成都市实行的“交通先行”战略的影响下，成都地铁先后开通多条地铁线路，力争于 2020 年达到开通及建设里程超过 650 km 的目标，达到一流城市轨道交通水平。目前，成都地铁已规划包括了 39 条线路、长达 2 370 km 的轨道交通网络，覆盖全市各个区域，并辐射了周边县市区如图 1-7 所示。

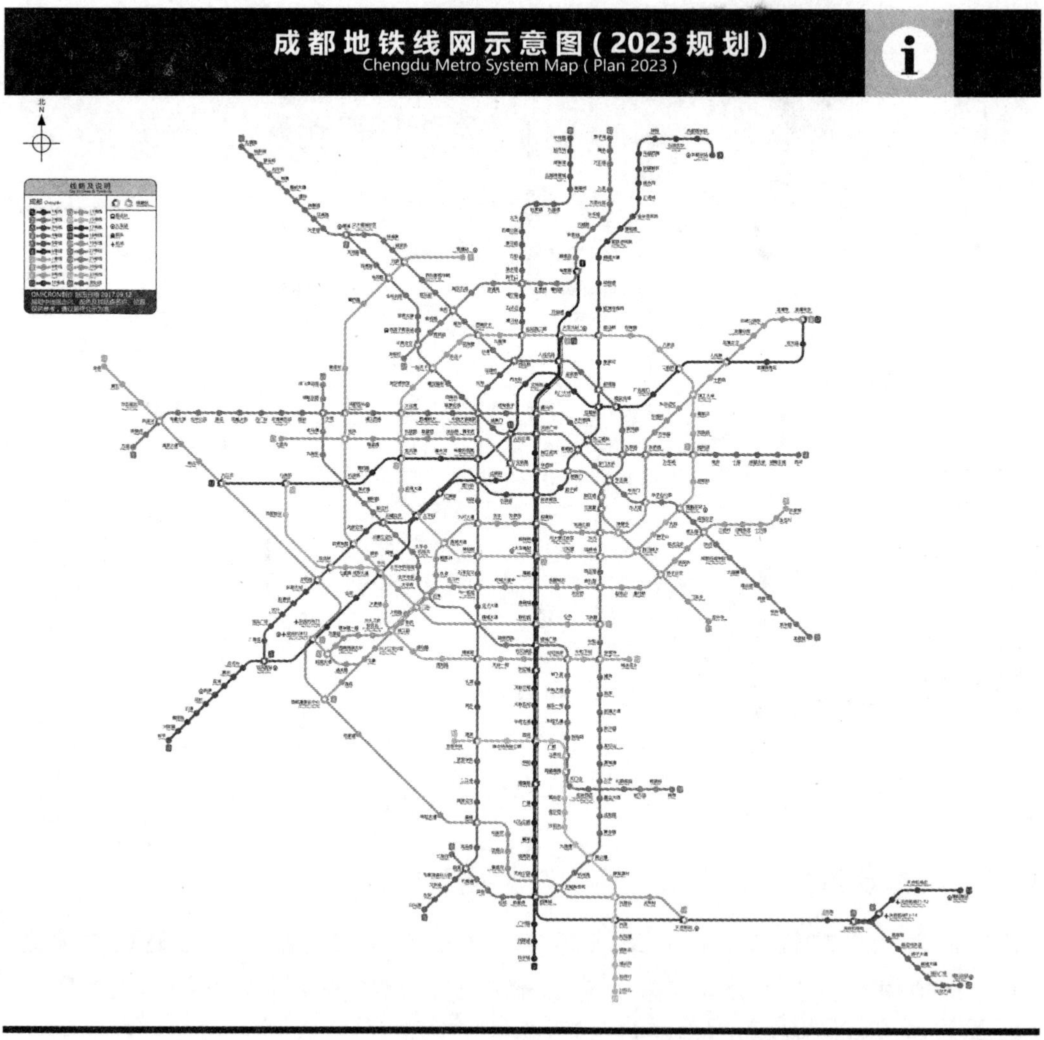

图 1-7　成都地铁示意图

第二章　城市轨道交通的分类与设备组成

第一节　城市轨道交通的分类及特点

一、城市轨道交通的概念

根据轨道交通的特性，从广义上讲，凡车辆运行在导轨上的交通运输方式都可称为轨道交通运输。但在轨道交通运输发展的历史进程中，人们常把担当长大运输的铁路称为大铁路（或称干线铁路），用于与城市轨道交通运输相区别。因此，我们这里的城市轨道交通不包括大铁路。

国际上对城市轨道交通并没有统一的定义。我国的国家标准《城市公共交通常用名词术语》中，将城市轨道交通定义为“通常以电能为动力，采取轮轨运转方式的快速大运量公共交通的总称”。而在胡思继教授所著的《综合运输工程学》中的定义为“城市轨道交通系统是指服务于城市旅客运输，通常以电力为动力，轮轨运行方式为特征的车辆或列车与轨道等各种相关设施的总和”。或者说，一般将城市中使用在固定导轨上运行并主要用于城市客运的交通系统称为城市轨道交通。

城市轨道交通一般包括地铁、轻（独）轨列车、有轨电车、磁悬浮铁路等。在我国，随着区域经济和城市群的发展，人们又把连接城市间的铁路（简称为“城际铁路”）或铁路客运专线也称为城市轨道交通。因此，从广义的角度讲，城市轨道交通又包括城际铁路和铁路客运专线。

二、城市轨道交通的分类

按照不同的标准和方式，城市轨道交通可以有多种不同的分类方法，主要可归纳为以下几类。

（一）按基本技术特征分类

根据轨道交通系统基本技术特征的不同，轨道交通系统主要有地下铁道、轻轨交通、独轨铁路和有轨电车、市郊铁路、磁悬浮铁路等类型。

1. 地下铁道

地下铁道是指修建在地下隧道中的铁路。地下铁道又可分为重型地铁、轻型地铁与微型地铁三种类型。重型地铁一般是指传统的普通地铁，轨道基本采用干线铁路技术标准，线路以地下隧道为主，仅在市郊等部分地段采用地面线路，路权专用、运能最大；轻型地铁是一种在轻轨线路、车辆等技术设备工艺基础上发展起来的地铁类型，路权专用，运能较大，通常采用高站台（车厢地板面与站台高度相同，站台高度为900 mm，站台高度比车厢地板面低一、二个台阶，站台高度为650 mm或450 mm）；微型地铁，又称为断面地铁，隧道断面、车辆轮径和电动机尺寸均小于普通地铁，路权专用，运能中等，行车自动化程度较高。

由于地铁已是一个历史名词，如今其内涵与外延均都有较大的扩展，它已不局限于运行在地下隧道这一种形式，而是泛指高峰小时单向运输能力在3～6万人左右，地下、地面、高架运行线路三者结合的一种大容量轨道交通系统。

地铁常建于城市中心地区，其特点是运量大，能迅速疏散旅客，不易堵塞，运量可达4～6万人次/h，速度可达30～60 km/h，运行采用全封闭信号控制，运行间隔为2～2.5 min图2-1和图2-2分别是东京地铁和伦敦地铁。所以，凡城市运量在4万人次/h以上的，可以选用地铁。地铁的安全、快速、准时是其他轨道交通无法比拟的，但由于造价昂贵（每公里造价达4～8亿元），制约了其发展。

图 2-1　东京地铁

图 2-2　伦敦地铁

2. 轻轨铁路

轻轨铁路（简称“轻轨”）是在有轨电车的基础上发展起来的运量和速度接近中等的城市轨道交通系统。与地铁相比，轻轨的车辆相对较轻，线路半径、坡度等限制也相对宽松，因此适用性较强，成本也较低。早期的轻轨系统一般是直接对旧式有轨电车系统改建而成的。20 世纪 70 年代后期，一些国家才开始修建全新的现代轻轨系统。现代轻轨系统与旧式有轨电车系统相比，具有自动控制、乘坐舒适、动力大、速度快、噪声低等优点图 2-3 是长春的低地板轻轨车。对世界各国轻轨系统进行分类研究表明，轻轨也存在多种技术标准并存发展的情况。高技术标准的轻轨接近于轻型地铁，而低技术标准的轻轨则接近于有轨电车。

图 2-3　长春低地板轻轨车

轻轨适用于中等运量，多采用全封闭或半封闭的方式，实行信号控制。其线路在市区部分可置于地下或高架，在郊区部分一般多在地面运行。轻轨平均速度为 20 ~ 25 km/h，在单向高峰流量 1 ~ 3 万人次/h 时采用，适用于道路坡道较大或弯曲的大中城市，也可在特大城市配合地铁在郊区的延伸。在运输能力上有较大的灵活性，其造价仅为地铁的 1/5 ~ 1/3。我国北京东直门—西直门间的 40.5 km 的线路，就是一条城市轻轨铁路线。欧洲、日本等轨道运输发达的国家，城市轻轨被广泛使用。如日本东京地铁只有 200 多 km，而城市铁路共有 2 000 多 km。因此，建设城市轨道交通绝不限于地铁一种形式。目前，轻轨已形成三种主要类型：钢轮钢轨系统；线性电机牵引系统（主要用于机场各场间）；橡胶轮系统。由于轻轨的造价低，且施工简便，建设工期较短，单向高峰小时客运量足以缓解城市交通拥挤的状况，且轻轨交通建设标准也低于地铁，易满足国产化的要求。因此，轻轨是适合我国大、中城市，特别是中等城市的一种城市轨道交通方式。

快速轻轨交通是指具有专用路权的轻轨系统。快速轻轨交通又可分旧车改进型、新线建设型及新交通系统型三种：

（1）旧车改进型：是将有轨电车分阶段加以改进，使其车辆逐步实现高性能，轨道线路路权专门化、地下化或高架化，并实现运转单人操纵。德国、比利时、瑞士、意大利等国修建的轻轨交通就属于这种类型。

（2）新线建设型：是英、法及美、加等国自 20 世纪 70 年代开始利用城市废弃的既有铁路修建的比较经济的城市轨道交通系统，如法国巴黎的 RER 系统即属于这种类型。

（3）新交通系统型：它比新线建设型更进一步，是作为一个独立系统开发的快速轻轨运输系统。加拿大开发的线性电机驱动的轻轨车辆和英国伦敦船坞地（Docklands）的轻轨车辆就属于这种类型，加拿大研制的线性电机车已在多伦多、温哥华、底特律等城市使用。

地铁与轻轨的主要区别也是最基本的区别就是运量不同，但地铁与快速轻轨交通又统称为快速轨道交通，是具有专用路权的大容量客运列车系统，分为地下、高架或采用立交的地面铁路，具有高标准的站台，并有不同程度的自动化设施。

3. 独轨铁路

独轨铁路，又称单轨铁路，是车辆或列车在单一轨道上运行的城市轨道交通系统。独轨的线路一般采用高架结构，车辆则大多采用橡胶轮胎。从构造形式上可分为跨骑式独轨与悬挂式独轨两种，跨骑式独轨是列车跨坐在轨道梁上运行的形式如图 2-4 所示，而悬挂式独轨则是列车悬挂在轨道梁下方运行的形式如图 2-5 所示。因其轨道梁比较窄，故对城市的景观及日照影响较小。独轨交通有噪声低、振动小、对城市的景观及日照等影响小、通过小半径曲线能力和爬坡能力强等优点，但是独轨车也有运能小、速度低、能耗大、粉尘污染等缺点。由于橡胶轮与混凝土轨面的滚动摩擦阻力比钢轨大，所以其能耗要比普通钢轮钢轨的轨道交通大 40%左右；橡胶轮与轨道间的摩擦会形成橡胶粉尘，对环境有轻度污染；列车运行在区间发生事故时，面积狭小的轨道梁难以安设救援设施，疏散和救援工作都比较困难。该系统适宜于在市区较窄的街道上建造高架线路，目前一般多用于运动会、体育场、机场和大型展览会等场所与市区的短途联系。

图 2-4　跨座式单轨

图 2-5　悬挂式单轨

独轨运输能力一般为 0.5～2 万人次/h，多采用跨座式，轨道梁、转辙机、转向架的相关技术是独轨系统的关键技术。由于采用橡胶轮胎，因而车体结构必须轻量化，对轨道梁和支座材料的耐潮湿、耐酸性的要求也较高。目前，我国重庆市轨道交通采用的就是这种制式，如图 2-6 所示。

（a）　（b）

图 2-6　重庆 3 号线独轨

4．有轨电车

新型有轨电车是介于公共汽车与地铁间的一种低运量的轨道交通系统，它与地铁、轻轨的区别比较大，其最主要的区别是不享有独立的路权图 2-7 是上海长江有轨电车。有轨电车通常采用地面线，有时有隔离的专用路基和轨道，隧道或高架区间仅在交通拥挤的地带才被采用。旧式的有轨电车由于其与公共汽车及行人共用街道路权，且平交道口多，因而其运行所受的干扰多，速度慢，通行能力低，单向运输能力一般在 1 万人次/h 以下。现代有轨电车不同于原来的电车，它除保留全地面、不封闭、无信号系统等原电车的特点外，将轨道结构按国际通用标准进行了改造（减振、降噪），并采用运量大、性能好、技术先进的新型车辆（如低重心及采用交流变频调速的车辆等），具有投资少、运营费用低、对环境污染小等优点。现代有轨电车与性能较差的轻轨交通已很接近，只是车辆尺寸稍小一些，运营速度接近 20 km/h，单向运能可达 2 万人次/h，在中小城市很有发展前景，有很好的经济性。

图 2-7　上海张江有轨电车

5. 市郊铁路

市郊铁路，又称通勤铁路，是连接城市市区与郊区，以及连接城市周围几十千米甚至更大范围的卫星城镇或城市圈的铁路，同时又是连接大中城市干线铁路的一部分，因此它具有干线铁路的技术特征，如轨道通常是重型的。与城市轨道交通系统中的地下铁道等其他类型不同，在市郊铁路上通常是市郊旅客列车与干线旅客列车和货物列车混跑。市郊铁路的车辆运行速度远远大于其他城市交通工具，平均运行速度达 40 km/h 以上，最高可达到 120 km/h。如在法国，远郊的乘客只用半小时就可以到达市中心，如此快捷的运输速度吸引了大量客流。虽然市郊铁路采用干线铁路的技术标准，但其功能与干线铁路不同，因此在技术性能上也略有差别。市郊铁路的运行速度比干线铁路低，但其起动、制动加速度远高于干线列车，略低于地铁列车；站间距离 1 ~ 3 km。日本研究资料表明，市郊铁路的运营效率、能源消耗、投资费用以及土地利用等指标明显优于其他交通方式，市郊铁路的投资额是地铁的 1/10 ~ 1/5，1 人 · km 里的能源消耗是汽车的 1/7 左右，而运送能力单向每小时高达 6 万人次，是一种快速、经济、环保且可行的城市轨道交通方式。

6. 磁悬浮铁路

磁悬浮铁路是根据电磁学原理，利用电磁铁产生的电磁力将列车浮起，并推动列车前进的高速交通工具。由于它运行时悬浮于轨道上，因而没有轮轨的摩擦，突破了轮轨粘着极限速度的限制，成为人们理想的现代化高速交通工具。

磁浮交通分为常导和超导两种类型。常导式磁浮线路能使车辆浮起 10～15 mm 的高度，运行速度较低，用感应线性电机来驱动。超导式磁浮线路能使车辆浮起 100 mm 以上，速度较高，用同步线性电机来驱动，技术难度较大。日本使用超导体产生的磁力使列车悬浮，列车时速可达 500 多 km。德国使用常导相吸原理达到磁浮，时速也提高到 400 多 km。中国的上海浦东建成的磁浮交通（见图 2-8），最高时速可达 430 千米。

图 2-8　上海磁浮列车

7. 新交通系统

目前世界上还开发了自动导轨运输系统、直线电机轨道交通等新型轨道交通系统制式，一并统称为新交通系统。

自动导向交通系统的主要技术特征是轨道采用混凝土道床，车辆采用橡胶轮胎，由一组导向轮引导车辆运行，列车运行自动控制，可实现无人驾驶等，它是完全自动操作的车厢，沿着具有专用路权的固定轨道载运人员的快速轨道交通系统，固定轨道可能为地下或高架方式，也可以敷设于地面，但必须完全与街道中的车辆及行人交通隔离。自动化导向交通系统从列车发出开车信号到列车启动、加速运行，以及在到站前的减速停车等，这一切均通过计算机进行控制，一般情况下不需要司机介入，因此车辆可以实现无人驾驶以及较小的运行间隔。

虽然自动导向交通系统比其他城市轨道交通系统的输送能力小，但建设费用较低，并且由于使用橡胶轮胎，噪音比较小。新交通系统的运输能力为 2 000～20 000 人/h，车速最高可达 50～60 km/h，额定速度为 30～40 km/h，每辆车厢定员为 60～70

人，以 4～6 辆编组运行，运行间隔可通过计算机控制，根据需求变动进行调整。

对于城市人口为 20 万～100 万的中等城市，自动导向交通系统容易发挥它的运量大、速度快、安全、准时的优点，是取代公共汽电车的主要交通方式。

属于自动导向交通系统主要有法国的轻型自动车辆系统（VAL）（见图 2-9）、德国的悬挂铁道系统（H-Bahn）、日本山梨县大月市的磁石轻便轨道（BTM）、美国的快运 PRT2000 系统。

图 2-9　法国 VAL 系统车辆

城市和区域轨道交通种类繁多，且在系统运能、铺设形式、运营组织等方面都存在不同，应用范围也不尽相同，因此不同的城市应根据当地情况选择与之相适应的模式。表 2-1 对不同类型轨道交通系统的技术特点进行了对比。

表 2-1　城市轨道交通各种方式的技术特性对比

特性＼制式	地铁	轻轨	独轨	市郊铁路	有轨电车	新交通系统
系统运能/（万人次/h）	3～6	1.5～3	0.5～2	4～7	0.2～1	2～4
封闭形式	全封闭	全封闭半封闭	全封闭	全封闭	开放式	全封闭
铺设形式	地下、地面、高架	地面、高架、地下	高架	地下、高架、地面	地面	地面、高架、地下
站间距/km	0.8～1.5	0.5～1.0	0.5～1.0	2.0～5.0	0.3～0.8	0.8～1.2
运营组织	追踪	追踪	追踪	追踪、越行	追踪	追踪
最小间隔时间/min	1.5	2.5	2.5	2	2	2.5
最高速度/（km/h）	80	60～80	75～80	120	50～70	50～60
平均旅速/（km/h）	30～40	25～35	30～45	45～60	10～20	20～30

（二）按高峰小时单向运输能力分类

根据城市轨道交通系统高峰小时单向运输能力的大小，轨道交通系统可分为高运量、中运量和低运量三种类型。

（1）高运量是指轨道交通系统的高峰小时单向运输能力达到 30 000 人次以上，属于这种类型的轨道交通系统主要有重型地铁、轻型地铁和市郊铁路等；

（2）中运量是指轨道交通系统的高峰小时单向运输能力为 15 000 ~ 30 000 人次，属于这种类型的轨道交通系统主要有微型地铁、高技术标准的轻轨和独轨铁路；

（3）低运量是指轨道交通系统的高峰小时单向运输能力为 5 000 ~ 15 000 人次，属于这种类型的轨道交通系统主要有低技术标准的轻轨和有轨电车。

当然，对于城市轨道交通，从不同的角度还可以有多种不同的分类方法。如：按轨道空间位置分类，将城市轨道交通划分为地下铁道、地面铁路和高架铁路等；按支承导向制式划分，划分为钢轮双轨系统、胶轮单轨系统和胶轮导轨系统等；按服务区域分类，可以划分为市郊铁路、市内铁路和区域快速铁路等；按路权专用程度划分，可以划分为线路全封闭型、线路半封闭型和线路不封闭型；按照运行控制方式分类，可以划分为自动控制、半自动控制、人工操纵等。

城市轨道交通种类繁多，技术指标差异较大，各国评价标准不一，并无严格的分类，如德国、奥地利等欧洲国家将城市轨道交通简单分为两大类：U-bahn，城市内的轨道交通，如地下铁道、轻轨；S-bahn，如郊区通勤铁路、铁路在城市内的延伸线等。

应当指出，上述根据城市轨道交通系统的基本技术特征、路权是否专用、列车运行控制方式的不同以及高峰小时单向运输能力的大小进行的分类并不是绝对的。事实上，在一些不同类型城市轨道，交道系统之间并没有明确的、清晰的界限。专业文献资料表明，国外针对同一种轨道交通系统也有轻型地铁和轻轨等不同的称呼。此外，一种轨道交通系统归入何种运量类型也是有条件的，因为计算轨道交通系统高峰小时单向运输能力的基本参数是列车间隔时间、车辆定员人数和列车编组辆数等，即使是同一轨道交通系统，这些参数也可能是多值的，这里进行分类的基本依据是根据某一轨道交通系统有关参数的常用取值。

（三）按路权及列车运行控制方式分类

路权是指轨道交通系统运行线路与其他交通的隔离程度。以此为依据，轨道交通系统可分为 A、B、C 三种基本类型。

C 类即开放式系统，代表地面混合交通，不具有实体分隔，轨道交通或与其他交通混合出行，在路口按照信号规定驶停，也可享有一定的优先权，诸如用道路标线或特殊信号等保留车道，有轨电车通常使用此形式如图 2-10 所示。

图 2-10　C 类路权用地

B 类即半封闭系统，沿行车方向采用缘石、隔离栅、高差等措施与其他交通实体隔离，但在交叉路口仍与横向的人车平交混行，受信号系统控制，一般用于 1.6 万人/h 以下的中等容量轨道交通系统如图 2-11 所示。

图 2-11　B 类路权用地

A 类即全封闭系统，与其他交通完全隔离，不受平交道和人车的干扰，亦称“完全隔离”，一般用于高、大容量及 1.6 万人/h 以上的中等容量轨道交通系统如图 2-12 所示。

图 2-12 A 类路权用地（东京地铁）

根据城市轨道交通系统是否专用及列车运行控制方式的不同，轨道交通系统可分为路权专用、按信号指挥运行；路权专用、按视线可见距离运行；路权混用、按视线可见距离运行等类型。

1. 路权专用，按信号指挥运行

路权专用、按信号指挥运行类型系统的特点是线路专用，与其他城市交通线路没有平面交叉。由于路权专用以及按信号指挥运行，可实行自动化的无人驾驶，行车速度高且行车安全性好。属于这种类型的轨道交通系统主要有地下铁道、高技术标准的轻轨以及市郊铁路等。

2. 路权专用，按视线可见距离运行

路权专用、按视线可见距离运行类型系统的特点是线路专用，与其他城市交通线路没有平面交叉，行车安全性好，但由于无信号、按可视间隔运行，行车速度稍低。属于这种类型的轨道交通系统主要是中等技术标准的轻轨。

3. 路权混用，按视线可见距离运行

路权混用、按视线可见距离运行类型系统的特点是线路与其他运输车辆和行人共用，与其他城市交通线路有平面交叉。除在交叉口设置信号控制外，其余线路段按可视距离间隔运行，行车速度与安全性稍差。属于这种类型的轨道交通系统主要是低技术标准的轻轨和有轨电车。

三、城市轨道交通的特点

1. 城市轨道交通具有较大的运输能力

城市轨道交通由于高密度运转、列车行车时间间隔短、行车速度高、列车编组辆数多而具有较大的运输能力。单向高峰每小时的运输能力最大可达到 6 万～8 万人次（市郊铁道）；地铁达到 3 万～6 万人次，甚至达到 8 万人次；轻轨达到 1 万～3 万人次，有轨电车能达到 1 万人次，城市轨道交通的运输能力远远超过公共汽车。据文献统计，地下铁道每千米线路年客运量可达 100 万人次以上，最高达到 1 200 万人次，如莫斯科地铁、东京地铁、北京地铁等。城市轨道交通能在短时间内输送较大的客流，据统计，地铁在早高峰时 1 h 能通过全日客流的 17%～20%，3 h 能通过全日客流的 31%。

2. 城市轨道交通具有较高的准时性

城市轨道交通由于在专用行车道上运行，不受其他交通工具的干扰，不产生线路堵塞现象并且不受气候影响，是全天候的交通工具，列车能按运行图运行，具有可信赖的准时性。

3. 城市轨道交通具有较高的速达性

与常规公共交通相比，城市轨道交通不受其他交通工具的干扰，车辆有较高的运行速度，有较高的启、制动加速度，多数采用高站台的形式，列车停站时间短，上、下车迅速方便，而且换乘方便，从而可以使乘客较快地到达目的地，缩短了出行时间。

4. 城市轨道交通具有较高的舒适性

与常规公共交通相比，城市轨道车辆具有较好的运行特性，车辆、车站等装有空调、引导装置、自动售票等直接为乘客服务的设备，城市轨道交通具有较好的乘车条件，其舒适性优于公共电车、公共汽车。

5. 城市轨道交通具有较高的安全性

城市轨道交通由于运行在专用轨道上，没有平交道口，不受其他交通工具干扰，并且有先进的通信信号设备，极少发生交通事故。

6. 城市轨道交通能充分利用地下和地上的空间

大城市地面拥挤、土地费用昂贵，城市轨道交通由于充分利用了地下和地上空间的开发，不占用地面街道，能有效缓解由于汽车大量增多而造成的道路拥挤、堵塞，有利于城市空间合理利用，特别有利于缓解大城市中心区过于拥挤的状态。提高了土地的利用价值，并能改善城市景观。

7. 城市轨道交通的系统运营费用较低

城市轨道交通由于主要采用电气牵引，而且轮轨摩擦阻力较小，与公共电车、公共汽车相比节省能源，运营费用较低。

8. 城市轨道交通对环境污染小

城市轨道交通由于采用电气牵引，与公共汽车相比不产生废气污染。由于城市轨道交通的发展，还能减少公共汽车的数量，进一步减少汽车的废气污染。由于在线路和车辆上采用了各种降噪措施，一般不会对城市环境产生严重的噪声污染。

第二节　城市轨道交通的设备组成

城市轨道交通系统是一个庞大复杂的技术系统，其专业涵盖了土建、机械、电气、电子信息、环境控制、运输组织等各个门类。轨道交通系统由一系列相关设备组成，这些设备可以分为一线、二线、三线设备，包括车辆、线路、供电系统、通信信号系统、监控系统、给排水及消防系统等，它们的协同合作是为用户提供满意服务的保证。上述设备有些是与乘客关系最为紧密的，同时也与运营管理人员的工作息息相关的，如自动售检票、站台隔离门、车辆等；有的则是不直接面向乘客的，但对系统的正常运营起辅助支撑作用的，如轨道、线路、供电系统、通信信号系统等；有的是专门为其他设备检修的，如车辆维修设备、线路维修设备等。

轨道、线路、车辆、限界、车站、机电设备、牵引供电系统、通信信号系统、综合监控系统等，是城市轨道交通最主要的设备。

一、线路及轨道

线路和轨道其实是同一事物在两个层面上的反映：线路是宏观上的，而轨道是微观上的。地铁的线路铺设方式，应根据城市总体规划和地理环境条件因地制宜地选择，一般在城市中心地区宜采用地下线，其他地区条件许可时采用高架线或地面线。轨道交通线路根据其在运营中的作用，分为正线、辅助线和车场线。正线是车辆载客运营线路，行车速度高、密度大，要保证行车的安全和乘坐的舒适，线路标准要求高；辅助线是为了保证正线运营而配置的线路，速度要求低，标准也低；车场线是车辆检修作业用的线路，行车速度较低，线路标准只要满足场区作业即可。

轨道是列车运行的基础，直接承受列车荷载，并引导列车运行。城轨交通的轨道和传统铁路有许多相似之处，但新型城轨交通展现出多种多样的轨道形式，比如胶轮城轨系统所采用的钢筋混凝土轨道以及跨座式独轨、悬挂式独轨系统所采用的梁式轨道。轨道分为有砟轨道和无砟轨道，轨道结构是城市轨道交通系统的重要组成部分，一般由钢轨、扣件、轨枕、道床、道岔及其他附属设备组成。为保证列车运行的安全，轨道结构应具有足够的强度和稳定性、耐久性、绝缘性和适量弹性，且养护维修量小，以确保列车安全运行和乘客乘坐的舒适。

二、车　辆

城市轨道车辆主要是指地铁车辆和轻轨车辆，它们是城市轨道交通系统最重要的设备，也是技术含量最高的机电设备。车辆作为旅客运载工具，不仅要保证运行的安全、可靠、快速，而且还应考虑乘客的舒适、方便以及公共交通所需的大容量。

地铁车辆有动车和拖车，带司机室和不带司机室等多种形式。无论是动车还是拖车，地铁车辆主要由以下几部分组成：车体、转向架、牵引缓冲装置、制动装置、受流装置、车辆内部设备、车辆电气系统。

由于地铁车辆主要运行在地下隧道中，而且地铁线路曲线半径小、坡度大、站距短，与地面轨道车辆相比就要具备更好的技术性能。地铁车辆不同于其他轨道车辆的主要特征在于地铁车辆具有较好的加减速性能，起动快、停车制动距离短、平均运行速度高；地铁车辆具有较大的载客容量，车门数多，便于乘客上下车；地铁车辆车型小，适合隧道内运行，而且车辆采用难燃或阻燃材料制成，不容易发生火灾；地铁车辆技术含量较高，一般都安装列车自动控制、自动停车、自动驾驶装置等。

三、限　界

限界是指列车沿固定的轨道安全运行所需要的空间尺寸。为保证列车运行，各种建筑物及设备均不得侵入限界范围。城市轨道交通工程地下隧道的断面形式及高架桥梁的宽度都是根据限界确定的，限界越大，安全度越高，但工程量及工程投资也随之增加。因此，合理限界的确定既要考虑对列车运行安全的保证，又要考虑系统建设的成本。

根据城市轨道交通系统的构成和设备运营要求，限界分为车辆限界、设备限界、建筑限界。受电弓限界或受流器限界是车辆限界的组成部分，接触轨限界属于设备限界的辅助限界。它们是根据车辆外轮廓尺寸及技术参数、轨道特性、各种误差及变形，并考虑列车在运动中的状态等因素，经过科学的分析计算后确定的。

（1）车辆限界是车辆在正常运行状态下形成的最大动态包络线。直线地段车辆限界分为隧道内车辆限界和高架或地面线车辆限界，高架或地面线车辆限界应在隧道内车辆限界基础上，另加当地最大风荷载引起的横向和竖向偏移量。

（2）设备限界是用以限制设备安装的控制线。

（3）建筑限界是在设备限界基础上，考虑设备和管线安装尺寸后的最小有限断面。

四、车　站

车站是客流的节点，也是地铁面向公众开放的窗口，旅客上下车以及相关的作业都是在车站进行的，车站也是列车到发、通过、折返、临时停车的地点。因此，世界各国大都市都比较重视地铁车站的建设，莫斯科地铁车站富丽堂皇，艺术价值和观赏性相当强；蒙特利尔地铁车站与周围环境有机地融为一体，环境优美，令人流连忘返；华盛顿地铁车站朴实大方，极具实用性；东京地铁车站则多设于都市繁华闹市区，既吸引客流，也进一步促进商务中心的繁荣。

地铁车站可以根据所处位置、埋深、运营性质、结构横断面形式、站台形式、换乘方式的不同进行分类。按运营性质可分为中间站、尽头站、换乘站和折返站；按结构形式可分为地面车站和高架车站；按顶板覆土埋深可分为浅埋车站和深埋车站；按功能又分为郊外站、市内站、联络站和待避站；按站台形式又可分为岛式站台车站和侧式站台车站两种。

岛式站台设在上下行线路中间，可以供上下行两条线路合用，所以利用率较高。侧式站台是上下行线路两侧各设一站台，两侧客流不会混合，但不能起调节作用，站台的利用率低。在一条轻轨线路与另一条轻轨线路换乘的车站，可采用岛式与侧式混合站台。

五、机电设备

机电设备就是包含有电能与其他能量相互转换的电气和机械设备的总称。机电设备包含的范围非常广泛。城市轨道交通的机电设备包含在各个系统中，如供电、车辆、信号、通信系统中的很多设备，都属于机电设备，其种类繁多、复杂，涉及很多专业，因此，其管理与维修也比较复杂。另外，机电设备中的通风空调系统、电梯系统都是城市轨道交通设备中耗能较多的，城市轨道交通系统应该在满足设备及人员安全和舒适性要求的前提下，控制运营成本、降低能耗，因此设备的节能研究和设计是非常重要的。国内城市轨道交通机电设备发展阶段见表 2-2。

表 2-2　城市轨道交通机电设备发展阶段

发展阶段	年代	城市	系统构成	技术水准	制造厂商	运营管理
第一阶段	1965—1984 年	北京	独立分散	传统工艺	国内生产	手工操作为主
第二阶段	1985—1999 年	上海 广州	部分集成	核心设备采用 最新技术	关键设备 大部分国外	自动化程度低
第三阶段	2000 年以后	各城市	多数集成	广泛采用 最新技术	国内为主	自动化程度高

通风空调系统是城市轨道交通的内部空气环境控制系统，应保证其内部空气环境的空气质量、温度、湿度、气流组织、气流速度和噪声等均能满足人员的生理及心理条件要求和设备正常运转的要求。给排水系统主要满足车站和车辆段、控制中心、主变电站、集中冷站等附属建筑内工作人员的生活用水、厕所冲洗用水、通风空调系统的循环冷却、冷冻补充用水的水量、水压和水质的要求。屏蔽门系统沿着站台线全程

安装，以便形成一个不间断的装饰面，将整个车站与隧道完全隔离，这种装饰面同站台的结构和建筑完全连成一体，从而为乘客创造了安全、舒适的候车环境。自动售检票系统（AFC）在城市轨道交通系统中，扮演着售票员、检票员、会计、统计、审计等角色，以数据收集和控制系统实现了票务管理的高度自动化，它不但是地铁运营面向乘客的窗口，也是运营收入的现金流，它性能的好坏直接影响到城市公共交通系统的形象，影响到城市畅通工程的顺利实施。

六、牵引供电系统

地铁牵引供电系统一般包括牵引供电系统、动力照明系统和高压电源系统。牵引供电系统供给电动车辆运行的电能，它是由牵引变电所和牵引网组成的；动力照明供电系统给车站和区间各类照明、扶梯、风机、水泵等动力机械设备电源和通信、信号、自动化等设备提供电源，它是由降压变电所和动力照明配电线路组成的；高压电系统视各城市的具体情况而定，可以是市电直接供给地铁各变电所，也可由城市高压供电线路集中供给地铁线路，然后由电源变电器再分配给地铁沿线各变电所，还可以是这两种情况的综合。

七、通信信号系统

通信信号系统在城市轨道交通系统中的作用非常重要，既要确保行车安全，指挥列车运行，又要提高运营效率，充分利用通过能力。因此，目前国内外的有关科研机构都在进一步加紧研制更加先进的通信信号设备。

根据城市轨道交通高速度、高密度、短间隔的特点，城市轨道交通的信号系统从传统的以地面信号为主发展到自动监控列车速度和自动调整列车追踪间隔的方式。信号系统按其功能可分为以下几部分：自动闭塞、联锁、列车自动监视系统、列车自动防护系统、列车自动运行系统。

为了迅速、准确、可靠地传递和交换语音、图像、数据信息，城市轨道交通的通信系统是个自成体系的、独立完整的内部通信网。通信网由光纤数字传输系统、数字电话交换系统、闭路电视监视系统、无线调度系统以及车站广播系统等组成。

八、综合监控系统

为了提高运输效率、保证行车安全和旅客舒适度等，必须建立对这些子系统的设备进行监视和控制的综合监控系统（ISCS），使之运行在可控制的范围内，从而保证轨道交通运行的安全、高效。综合监控的主要思想是将彼此孤立的各类控制系统通过网络有机地连接在一起，并建设智能综合监控中心，监控和协调各相关子系统的工作，充分提高各类系统的工作效率，降低城市轨道运营成本，提高综合决策水平，为乘客提供一个便利、快捷、舒适的乘车环境，并在灾害发生的情况下最大限度地保护人的生命和财产安全，实现“高安全、高效率、高品质服务”的智能型城市轨道交通。

目前，在国内，城市轨道交通综合监控系统中，广州轨道交通3、4、5号线采用的是基于法国的 SCADASOFT 平台，北京轨道交通指挥系统采用的是基于新加坡的 OASYS 平台，北京轨道交通 5 号线、上海轨道交通 10 号线采用的是基于英国的 RAILSCADA 平台，北京首都机场线采用的是基于国产化的 RAILSYS 平台，南京二号线采用的是基于国产化的 RT21-ISCS 平台。

综合监控系统按功能划分包括中央级综合监控系统（CISCS）、车站级综合监控系统（SISCS）、车辆段/停车场综合监控系统（DISCS）。另外，综合监控系统还提供网络管理系统（NMS）、仿真实验系统（STP）、培训管理系统（TMS）、设备维护系统。

轨道交通综合监控系统主要集成和互联子系统如表 2-3 所示。

表 2-3　城市轨道交通综合监控系统主要集成和互联子系统

环境与设备监控系统（BAS）	电力监控系统（PSCADA）
火灾自动报警系统（FAS）	闭路电视监控系统（CCTV）
乘客信息系统（PIS）	门禁系统（ACS）
广播系统（PA）	综合安防系统（ISDS）
防淹门系统（FG）	屏蔽门系统（PSD）
不间断电源（UPS）	信号系统（SIG）
时钟系统（CLK）	无线通信系统（RAD）
机电设备监控系统（EMCS）	传输及电话系统（TXM）

第三章　城市轨道交通线路与土建设施

轨道交通线路简称线路，是由路基和轨道组成的一个整体工程结构，如图 3-1 所示。

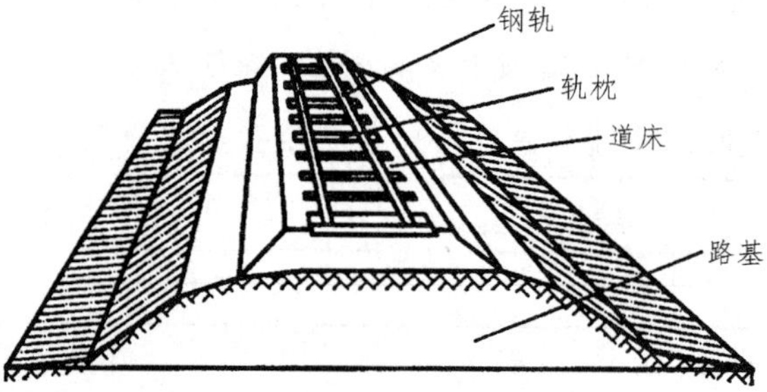

图 3-1　线路的组成

第一节　轨　道

一、轨道的几何形位

轨道的几何形位是指轨道各部分的几何形状、相对位置及基本尺寸，是保证列车按规定速度安全平稳运行的重要条件之一。

轨道的几何形位要素主要有轨距、水平、高低、方向及轨底坡。各种轨道的几何形位允许存在一定的偏差，但不得超过其容许值，即轨道几何尺寸的容许偏差。

（一）轨　距

1. 直线地段轨距

轨距为两股钢轨头部内侧与轨道中线相垂直的距离。因为钢轨头部外形由不同半径的复曲线组成，钢轨底面设有轨底坡，钢轨向内倾斜，车轮轮缘与钢轨侧面接触点发生在钢轨顶面下 10 ~ 16 mm 处，所以我国《铁路技术管理规程》（简称《技规》）规定轨距测量部位在钢轨顶面下 16 mm 处。

我国城市轨道交通线路直线地段的轨距均采用 1 435 mm 的标准。《技规》规定线路、道岔轨距的静态允许最大偏差为 + 6 mm 和 – 2 mm。轨距用道尺或轨检车进行测量。前者测得的是静态的轨距，后者则可以测得列车通过时轨距的动态变化。

为使轨道交通车辆能顺利通过轨道，轨道的轨距必须略大于轮对宽度。当轮对的一个车轮轮缘与钢轨贴紧时，另一车轮轮缘与钢轨之间应留有一定的空隙。此空隙称为游间，如图 3-2 所示。

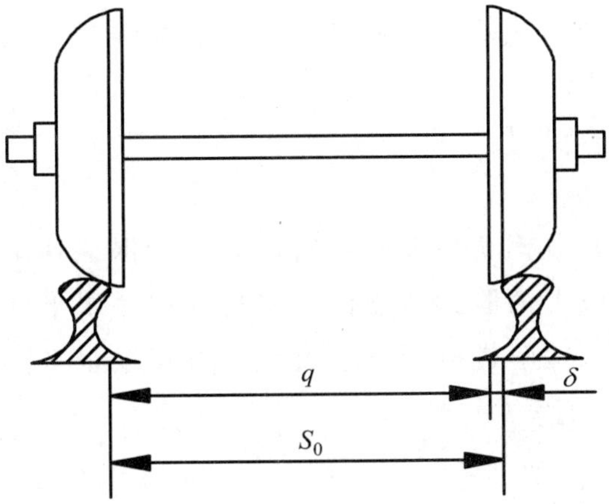

图 3-2　游间图

游间的大小对列车运行的平稳性和轨道的稳定性有重要的影响。如果游间太大，则列车运行时的蛇行幅度加大，作用于钢轨上的横向力也增大，会加剧轮轨磨耗和轨道变形，严重时将引起列车脱轨；如果游间太小，则增加行车阻力和轮轨磨耗，严重时还可能卡住轮对，挤翻钢轨或导致爬轨事故的发生。

2. 曲线地段轨距

当车辆进入曲线轨道时，因惯性作用仍然要保持原来的行驶方向，当前轴外轮碰到外轨，受到外轨引导时，才沿着曲线轨道行驶。这时车辆的转向架与曲线在平面上保持一定的位置和角度。车辆运行在曲线上可能会出现三种情况：① 当轨距足够宽时，只有前轴外轮的轮缘受到外轨的挤压力或导向力，后轴则居于曲线半径方向，两侧轮缘与钢轨间有一定的间隙，行车阻力最小；② 当轨距不够宽时，后轴的内轮轮缘也将受到内轨的挤压，产生第二导向力，行车阻力较前者大为增加；③ 轨距更小，前后轴均同时受到内外轨挤压，车轮被楔在两轨之间，不仅行车阻力大，甚至可能把钢轨挤开。

因此，在小半径曲线上的轨距必须加宽。确定轨距加宽的原则是保证最常用的车辆转向架能以第一种情况自由通过曲线，并保证轴距较长的多轴列车能以第二种情况通过，而不至于出现第三种情况。

根据国产地铁和轻轨车辆的资料，当曲线半径 = 200 m 时，应按表 3-1 规定的数值对轨距进行加宽。

表 3-1　曲线轨距加宽值

	加宽值/mm		轨距/mm	
曲线半径/m	B 型车	A 型车	B 型车	A 型车
200 = R>150	5	10	1 440	1 445
150 = R>100	10	15	1 445	1 450

轨距加宽值应在缓和曲线范围内递减，无缓和曲线时，在直线地段的递减率不宜大于 2‰，困难地段不应大于 3‰。

（二）水　平

水平是指线路左右两股钢轨顶面的相对高差。为保证列车运行平稳，并使两股钢轨均匀受力，在直线地段上两股钢轨顶面应保持在同一水平面上。

水平也可用道尺或轨检车进行测量。直线地段正线水平容许误差根据《技规》的相关规定为 4 mm。

（三）高　低

高低是指轨道沿线路纵向的竖向平顺情况，即轨面的上下起伏。

轨道前后高低不平顺，会引起轮轨间的振动和冲击，加速道床变形，进而扩大不平顺，进一步加剧轮轨的动力作用，形成恶性循环。经过维修或大修的轨道，要求目视平顺，一股钢轨前后高低偏差用 10 m 弦测量最大矢度值，根据《铁路线路修理规则》规定正线不应超过 4 mm。

（四）方　向

轨道的方向是指轨道中心线在水平面上的平顺性，又称轨向。

按照行车平稳与安全的要求，直线应当笔直，曲线应当圆顺，否则会引起列车蛇形运动。相对轨距来说，轨道方向往往是行车平稳性的控制因素。根据《铁路线路修理规则》规定，连续正矢差不应超过 2 mm。

（五）轨底坡

因车轮踏面的主要部分为 1∶20 的斜坡，为使轮轨接触集中于轨顶中部，提高钢轨的横向稳定性，避免或减小钢轨偏载，减小轨腰的弯曲应力，减轻轨头不均匀磨耗，延长钢轨的使用寿命，在直线上，钢轨不应竖直铺设，而要适当地向内倾斜，钢轨的这种内倾度段称为轨底坡，也叫内倾度，即钢轨底面对轨枕顶面的倾斜度。《设规》规定：正线、辅助线和车场线上的钢轨，应设置 1/40 或 1/30 的轨底坡，但在无轨底坡的两道岔间不足 50 m 的地段不应设置轨底坡。

在曲线地段，由于超高的存在，内股钢轨的轨底坡要适当调整才能保证其不向轨道外方倾斜。

轨底坡设置是否正确，可根据钢轨顶面由车轮踏面碾磨形成的光带位置判断，一般情况下要求光带宽度一致，并稍偏向轨头中心内侧。如光带偏向钢轨中心内侧较多，则说明轨底坡不足；如偏向外侧过多，则说明轨底坡过大。

北京、上海地铁的运营实践表明，小半径曲线地段钢轨磨耗较严重，光带偏离轨顶中心向内，说明 1/40 轨底坡偏小，设置 1/30 或 1/20 轨底坡较为适宜。

二、下部基础

（一）路　基

地铁及轻轨线路一般由上部建筑和下部基础组成。上部建筑是指轨道部分，下部基础主要指路基、桥梁及隧道。

路基是铺设轨道的基础，直接承受轨道和列车的荷载，并将其传递至大地，它的状态如何直接关系到线路的质量，并直接影响列车运行的速度和行车安全。路基必须具备足够的强度、稳定性和耐久性。

1. 路基横断面形式

垂直于线路中心线的路基断面，称为路基横断面。路基的主要横断面形式有路堤和路堑两种，如图 3-3 和图 3-4 所示。城市轨道交通一般采用路堤式路基，用取土填筑的办法，按规定断面尺寸夯实而成。

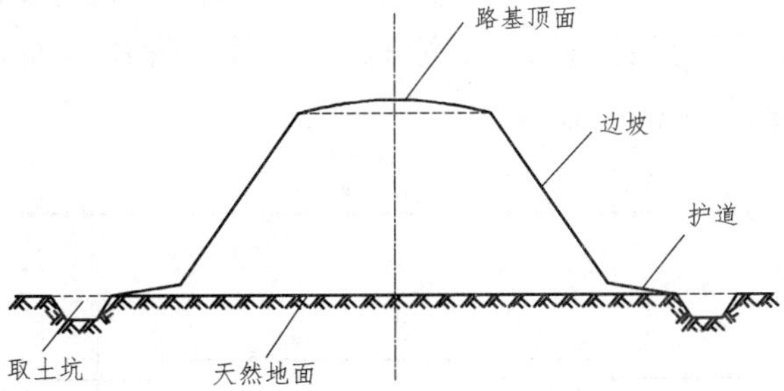

图 3-3　路　堤

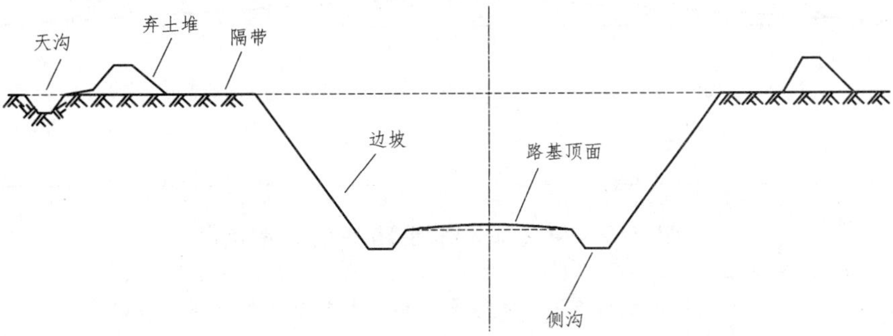

图 3-4　路　堑

2. 路基组成

（1）路肩。

路肩是指路基顶面两侧无道砟覆盖的部分，其作用是增强路基的稳定性，防止道砟滚落至路基面外，设置有关设备，便于人员避车，暂放维修材料和机具等。当路肩埋有设备时，路堤及路堑的路肩应保证一定的宽度。

当线路通过地下水位高或常年有地面积水的地区，路堤过低容易引起基床翻浆冒泥等危害，路肩设计高程应高出线路通过地段的最高地下水位和最高地面积水水位，还应考虑毛细水强烈上升高度和有害冻胀深度。

（2）路基顶面。

① 路基顶面形状。

路基顶面，即铺设轨道的工作面，按形状可分为有路拱和无路拱两种形式。路拱的作用是迅速排除道床下的积水，以保持路基顶面的干燥。

路基顶面应根据基床填料的种类确定是否需要设置路拱。不易渗水的填料必须设置路拱，路拱的形状为三角形，由中心向两侧按大约 4%的排水坡确定，底宽等于路基面宽度。渗水性好的填料能较快地向下渗水，故不需要设置路拱，即渗水土和岩石的路基面为平面。

② 路基顶面宽度。

路基顶面宽度应根据正线数目、配线情况、线间距、轨道结构尺寸、路基面形状、路肩宽度等计算确定。

单线非渗水土路基顶面宽度如图 3-5 所示。当采用混凝土枕碎石道床（厚度 0.45 m，路肩宽 0.6 m、无缝线路砟顶面宽 3.3 m）时，路基顶面宽度为 7.0 m。非无缝线路地段，路基顶面宽度可相应地减小。

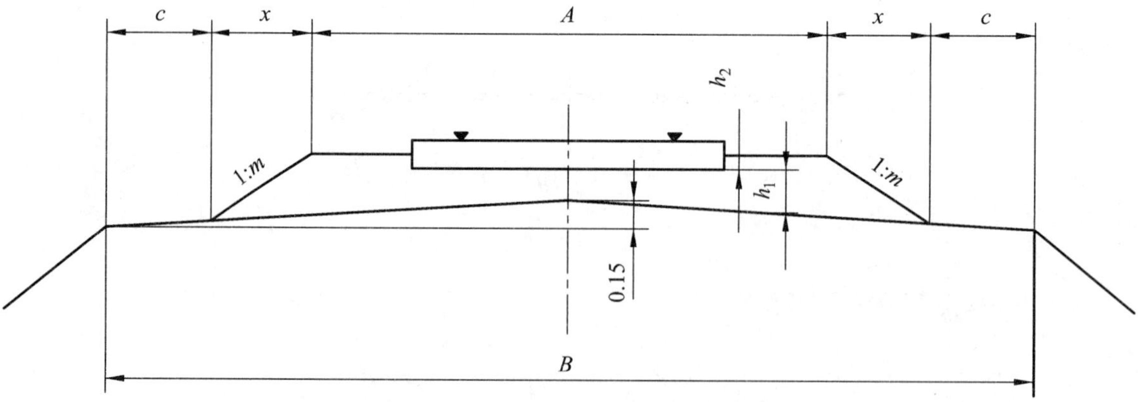

图 3-5　单线非渗水土路基顶面宽度

B—路基顶面宽度；*A*—道床顶面宽度；*c*—路肩宽度；*m*—道床边坡坡率；
h_1—钢轨处轨枕下道床厚度；h_2—轨枕埋入道床深度

单线渗水土路基顶面宽度如图 3-6 所示（图中各符号含义同图 3-5）。当采用混凝土枕碎石道床（厚度 0.3 m，路肩宽 0.6 m，砟顶面宽按无缝线路 3.3 m 计算）时，路基顶面宽度为 6.2 m。

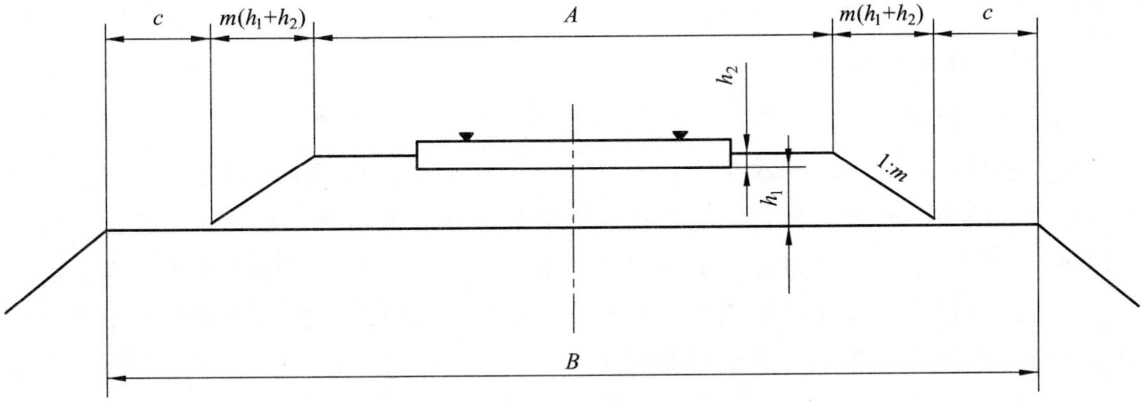

图 3-6 单线岩石、渗水土路基顶面宽度

双线非渗水土路基顶面宽度如图 3-7 所示。地铁正线多为双线，其线间距常因布置道岔需要有所不同。

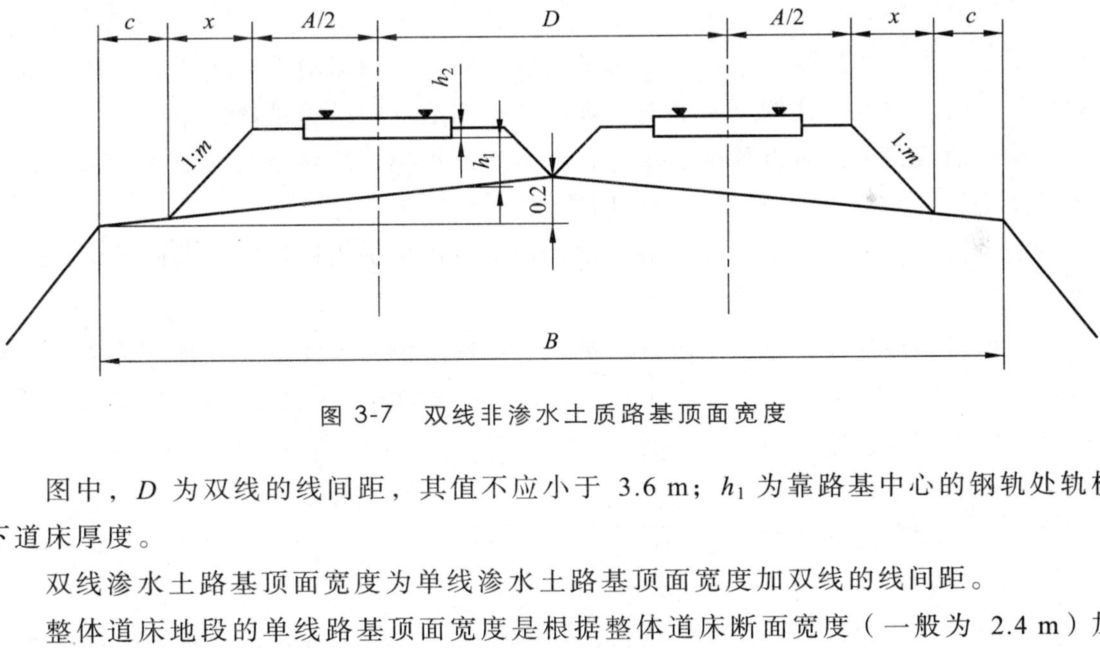

图 3-7 双线非渗水土质路基顶面宽度

图中，D 为双线的线间距，其值不应小于 3.6 m；h_1 为靠路基中心的钢轨处轨枕下道床厚度。

双线渗水土路基顶面宽度为单线渗水土路基顶面宽度加双线的线间距。

整体道床地段的单线路基顶面宽度是根据整体道床断面宽度（一般为 2.4 m）加两侧路肩宽度计算确定，双线地段再加线间距。

（3）路基边坡的。

路基边坡即路肩边缘外两侧的斜坡，其作用是增强路基的稳定性。路基边坡的坡度应根据填料或土质的物理力学性质、边坡高度、列车荷载和地基工程地质条件确定。地铁地面线路一般多为低路堤，其边坡坡度一般取 1/1.5。

（4）路堤护道。

护道是指路堤坡脚与取土坑（或排水沟）之间的部分，其作用是保持路基边坡的稳定，防止雨水冲刷坡脚造成边坡塌方。地铁路堤护道宽度不小于 1.0 m，并应向外做成规定坡度的排水坡。

3. 路基排水与防护

（1）路基排水。

地铁全线应有完善的排水系统，并宜利用市政排水设施。排水设施应布置合理，当与桥涵、隧道、车站等排水设施衔接时，应保证排水的畅通。地面线路基排水必须使降水能顺利排走，同时阻止路基范围外的地表水流入路基，确保路基的干燥稳固。

路堤应在护道外设置单侧或双侧排水沟。路堑应于路肩两侧设置侧沟，堑顶外应设单侧或双侧天沟。排水沟的横断面应按流量及用地情况确定，并确保边坡稳定。排水沟断面形式一般采用梯形，两侧边坡根据土质及边坡高度确定，纵向排水坡不应小于 2%。

对路基有危害的地下水，应根据地下水类型、含水层的埋藏深度、地层的渗透性等条件，设置暗沟（管）、渗沟、检查井等地下排水设施。

（2）路基防护。

对受自然因素作用易产生损坏的路基边坡坡面，应根据边坡的土质、岩性、水文地质条件、边坡坡度与高度以及周围景观等，选用适宜的防护措施。

地铁地面线路地处城市外围、郊区，大多地形平坦，线路路基一般为 2～5 m 的土质低路堤，坡面防护可选用铁路路基常用的一般防护措施。

一般地段，在适宜于植物生长的土质边坡上应优先选用植物防护，同时也可绿化环境。

沿河地段路堤的坡面防护工程常用类型有植物防护，如铺草皮、种防护林，干砌片石护坡，浆砌片石护坡，混凝土护坡。线路穿过郊区水塘、鱼塘的常年浸水路堤，一般采用浆砌片石护坡。

（二）道　床

1. 道床的功能

道床的主要功能是：承受来自轨枕的压力并将其均匀地传递到路基面上；以减小路基面上的荷载压强，保护路基顶面；提供轨道的纵横向阻力，保持轨道的稳定；提供良好的排水性能，以提高路基的承载能力及减少基床的病害；提供轨道弹性，减缓和吸收轮轨的冲击和振动；便于轨道养护维修作业，校正线路的平纵断面。道床一般分为碎石道床（有砟）和整体道床（无砟）两种类型。

2. 碎石道床

为了满足道床功能，道砟应质地坚硬、有弹性、不易压碎和捣碎、排水性能良好、吸水性差、不易风化、不易被风或水冲走。

（1）碎石道砟标准。

为了适应上述道床的功能，道砟应具有以下性能；质地坚韧，有弹性，不易压碎和捣碎；排水性能好，吸水性能差；不易风化，不易被风吹动或被水冲走。

道砟材料有碎石（花岗岩、大理石、石灰岩）、筛选级配卵石、天然级配卵石、粗砂、中砂及熔炉渣等。选用何种道砟材料，应根据线路运量、机车车辆轴重、行车速度，结合成本和就地取材等条件来决定。目前我国铁路的道砟分面砟和底砟两类。面砟的材料一般为级配碎石。

（2）碎石道床铺设规定。

① 铺设地段。

地面正线宜采用混凝土枕碎石道床；地面的出入线、试车线和库外线宜采用混凝土枕碎石道床或木枕碎石道床。

② 道床厚度。

道床厚度是指直线上钢轨或曲线上内轨中轴线下轨枕底面至路基顶面的距离。道床的厚度与道床弹性、道床脏污增长率、垫砟层的承载能力、路基面的承载能力有关。道床厚度根据运营条件、轨道类型、路基土质选用。碎石道床厚度应符合表 3-2 要求。

表 3-2　碎石道床厚度

<table>
<tr><td rowspan="2">路基类型</td><td colspan="3">道床厚度/mm</td></tr>
<tr><td colspan="2">正线</td><td>车场线</td></tr>
<tr><td rowspan="2">非渗水土路基</td><td rowspan="2">双层</td><td>面砟 250</td><td rowspan="3">单层 250</td></tr>
<tr><td>底砟 200</td></tr>
<tr><td>岩石、渗水土路基</td><td colspan="2">单层道砟 300</td></tr>
</table>

桥梁上道砟槽内碎石道床厚度不应小于 250 mm，与两端的道床厚度差应在桥台外不小于 10 m 的范围内递减。

③ 道砟材质。

正线、辅助线、出入线和试车线应采用一级道砟，车场线可采用二级道砟。

碎石道床材料应符合现行铁路标准中有关铁路碎石道砟和铁路碎石底砟的规定。

④ 道床肩宽及边坡。

道床宽出轨枕两端的部分称为道床肩宽，适当的肩宽及边坡可保持道床的稳定，并提供一定的横向阻力。

正线、联络线、出入线和试车线无缝线路地段碎石道床道砟肩宽不应小于 400 mm（道床顶面宽度为 3.3 m），非无缝线路地段道砟肩宽不应小于 300 mm（道床顶面宽度 3.1 m）。无缝线路半径小于 800 m、非无缝线路半径小于 600 m 的曲线地段，曲线外侧道砟肩宽应增加 100 mm。道床边坡均为 1 : 1.75。

车场线碎石道床道砟肩宽不应小于 200 mm；半径小于 300 m 的曲线地段，曲线外侧道砟肩宽应增加 100 mm。道床边坡均为 1 : 1.5。

无缝线路道砟肩宽应在碎石道砟上堆高 150 mm，堆高道砟的坡度为 1 : 1.75。

坡度大小对保证道床的坚固稳定，有十分重要的意义。增大肩宽可以容许采用较陡的边坡，而减小肩宽则必须采用较缓的坡。在肩部承载能力相同的情况下，一般趋于采用较大的肩宽和较陡的边坡因为这样可以减小路基面的宽度。但过陡的边坡也是不适宜的，因为边坡坡角受到散粒体自然坡角的限制和列车振动的影响。

⑤ 道床顶面高度。

混凝土枕碎石道床顶面应与轨枕中部顶面平齐，木枕碎石道床顶面应低于木枕顶面 30 mm。

⑥ 道床过渡段。

正线、联络线、出入线和试车线的整体道床与碎石道床间应设轨道弹性过渡段。

同一曲线地段宜采用同一种道床形式，使同一曲线轨道弹性一致，有利于行车，保持轨道的稳定性，减少维修工作量。

碎石道床的优点是结构简单，减振、降噪性能较好，造价低。但因其轨道建筑高度较高，需要增加隧道的开挖量，增加结构投资，同时轨道维修量大，隧道内捣固道砟粉尘影响作业人员健康，所以新建地铁和轻轨交通隧道内不宜采用碎石道床，应采用整体道床。

3. 整体道床

整体道床具有以下优点：整体性强，稳定性好，轨道几何形位易于保持，有利于铺设无缝线路及高速行车。轨道变形小，发展较慢，从而减少养护维修工作量，这对于运量大、行车速度和密度均较高的线路，以及通风照明条件差的长大隧道，效果尤为显著。此外，还可减少隧道开挖面积，增加隧道或桥梁净空，外观整洁美观，坚固耐久。但整体道床工程投资费用高，并要求有较高的施工精度和特殊的施工方法，对扣件和垫层也有特殊要求，一旦出现病害，整治起来非常困难。

整体道床一般分无枕式和轨枕式两种。轨枕式整体道床又分为短枕式和长枕式两种，如图 3-8 和图 3-9 所示。

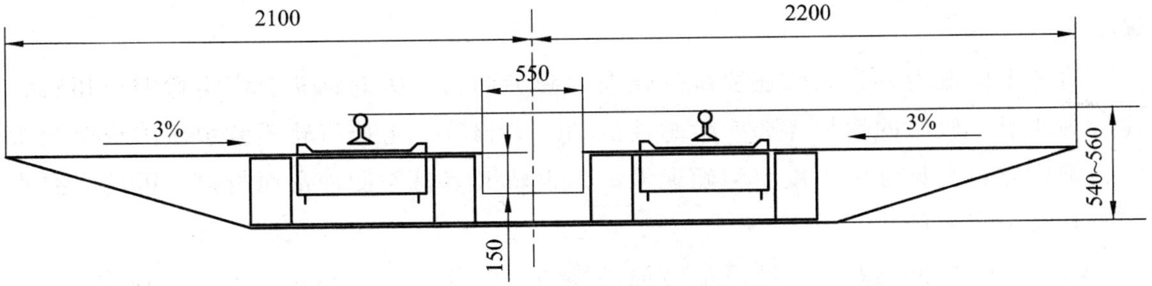

图 3-8　短枕式整体道床

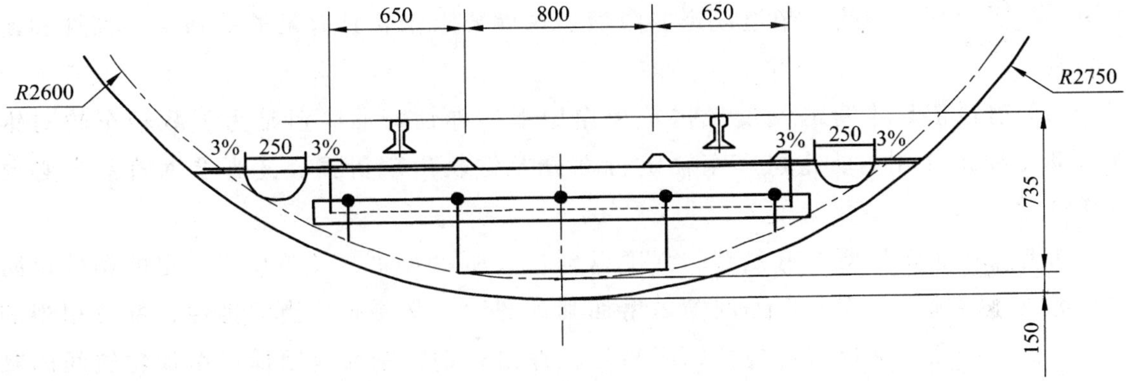

图 3-9　长枕式整体道床

为减少振动和噪声，整体道床还有几种形式，如弹性短枕式、塑料短枕式、短木枕式、浮置板式、纵向浮置板式、弹性整体道床等，都具有较好的减振降噪效果，对防振、防噪有严格要求的地段可选铺这几种形式的整体道床。

隧道内和高架桥上的道岔区宜采用短枕式整体道床，以使轨道弹性一致并增强道岔区轨道的强度。车场线因行驶空车，速度也低，其道岔区宜采用碎石道床，以节省工程投资。

三、上部基础

（一）钢　轨

1. 基本要求

钢轨是指两条平行分布的，安装在轨枕之上的由钢铁材料制成的金属构筑物。钢轨与机车车辆的车轮直接接触，它的功用在于引导机车车辆的车轮前进，承受车轮的巨大压力，并传递到轨枕上。钢轨必须为车轮提供连续、平顺和阻力最小的滚动表面。为了使线路能按照设计速度保证列车运行，钢轨必须具备以下几方面的功能：

（1）为车轮提供连续、平顺及阻力最小的滚动面，引导机车车辆前进。

（2）钢轨要承受来自车轮的巨大垂向压力，并传递给轨枕，轨面要承受较大的接触应力。

除了垂向压力外，钢轨还要承受横向力和纵向力，因此钢轨会产生弯曲、扭转、爬行等变形，轨头的钢材还要产生塑性流动、磨损等。为使钢轨不致被压陷或磨耗太快，钢轨应具有足够的硬度。但硬度太高，钢轨又容易因受冲击而折损，因此，要求钢轨具有一定的韧性。

（3）兼作轨道电路，为轨道电路提供导体。

（4）为使列车能够安全、平稳和不间断地运行，钢轨还应保证在轮载和轨温变化作用下，应力和变形均不超过规定的限值。这就要求钢轨具有足够的强度、韧性和耐磨性能。

（5）钢轨依靠本身的刚度抵抗轮载作用下的弹性弯曲，但是为了减轻车轮对钢轨的动力冲击作用，防止机车车辆走行部分及钢轨出现折损，又要求钢轨具有必要的弹性。

如上所述，钢轨既要有足够的强度以延长其使用寿命，又要具有一定的塑性以防脆性折断；钢轨需要有一定的硬度以增加其耐磨性，又要有适当的韧性；要有相当的刚度，抵抗挠曲，又要有可挠性以减轻轮轨冲击；钢轨踏面应粗糙以增加轮轨间的黏着力，又要光滑以减少行车阻力。

2. 钢轨的类型

钢轨的类型，以每米大致质量 kg 数表示。钢轨的类型是通过每延米大致质量来区分的，我国现行的主要钢轨类型有 38 kg/m、43 kg/m、50 kg/m、60 kg/m、70 kg/m 等，60 kg/m 及以上为重型钢轨。钢轨的标准长度为 25 m 和 12.5 m。

3. 钢轨的选型

国内外城市轨道交通有选用重型钢轨的趋势，从技术性能上分析，60 kg/m 钢轨重量只比 50 kg/m 钢轨增加 17.7%，而允许通过的总重量可增加 50%。重型钢轨不仅能增加轨道的稳定性，减少养护维修工作量，而且还能增加回流断面，减少杂散电流。

综上所述，城市轨道交通在经济条件允许时，无论地面线、地下线还是高架线，运营正线都宜选用重型钢轨。地铁正线与辅助线应采用 50 kg/m 及以上的钢轨，车场线应采用 43 kg/m 的钢轨。钢轨应采用 25 m、12.5 m 标准轨，曲线内股应采用现行标准的缩短轨。

道岔是轨道的薄弱环节，其钢轨强度不应低于一般轨道的标准，《地铁设计规范》（以下简称《设规》）规定：正线上道岔的钢轨类型应与正线的钢轨类型一致。

4. 钢轨断面设计原则

通常钢轨截面成“工”字形，由轨头、轨腰和轨底三部分组成，具有受力好、抗弯曲、省材料等优点。我国的钢轨标准断面如图 3-10 所示。

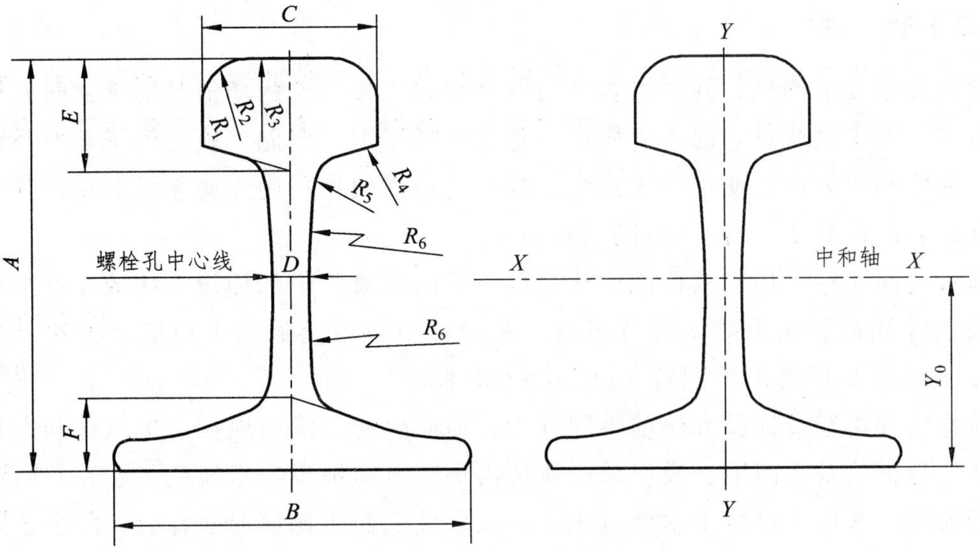

图 3-10　钢轨断面

轨头宜大而厚，并具有与车轮踏面相适应的外形，以改善轮轨接触条件，提高抵抗压陷的能力，同时具有足够的支撑面积，以备磨耗。

轨腰必须有足够的厚度和高度，具有较大的承载能力和抗弯能力。

轨底直接支承在轨枕顶面上，为保持钢轨稳定，应有足够的宽度和厚度，并具有必要的刚度和抗锈蚀能力。

5. 钢轨接头和轨缝

轨道上钢轨与钢轨之间通过夹板和螺栓连接，称为钢轨接头，接头处轮轨动力作用大，养护维修工作量大，接头是轨道结构的薄弱环节之一。

接头的联结形式按其相对于轨枕的位置，可分为悬空式和承垫式两种。按两股钢轨接头相互位置来分，可分为相对式和相错式两种。我国一般采用相对悬空式，即两股钢轨接头左右对齐，同时位于两接头轨枕间。钢轨接头按其性能又可分为普通接头、异型接头、绝缘接头、焊接接头、导电接头、伸缩接头、冻结接头等。

为适应钢轨热胀冷缩的需要，在钢轨接头处要预留轨缝。预留的轨缝应满足以下的条件：

（1）当轨温达到当地最高轨温时，轨缝应大于或等于零，使轨端不受挤压，以防出现温度应力太大而胀轨跑道；

（2）当轨温达到当地最低气温时，轨缝应小于或等于构造轨缝，使接头螺栓不受剪力，以防止接头螺栓拉弯或拉断。构造轨缝是指受钢轨、接头夹板及螺栓尺寸限制，在构造上能实现的轨端最大缝隙值。

（二）轨　枕

轨枕直接支承钢轨，并通过扣件与钢轨牢固连接。它的功能是支承钢轨，保持轨距和方向，并将钢轨对它的各方向压力传递到道床上。因此，轨枕除了要有一定的坚固性、弹性和耐久性，便于固定钢轨，抵抗轨道框架结构的纵向和横向位移外，还应价格低廉、制造简单、易于铺设养护。

地铁地面线路采用国家标准轨枕铺设，不同地段每千米铺设轨枕的标准按照《地下铁道设计规范》规定要求进行铺设。我国城市轨道交通均采用混凝土枕，长度为 2.5 m，在直线区段每千米配置 1 600 ~ 1 680 根。

轨枕依其构造及铺设方法的不同分为：横向轨枕、纵向轨枕、短轨枕和宽轨枕。横向轨枕与钢轨垂直间隔铺设；纵向轨枕沿钢轨方向铺设；短轨枕是在左右两股钢轨下分开铺设，常用于混凝土整体道床上；宽轨枕底面积比横向轨枕大，减少了对道床的压力和避免了道床的永久变形。

轨枕按其使用部位可分为：用于区间线路的普通轨枕、道岔上的岔枕及用于无砟桥上的桥枕。

轨枕按材质不同可分为：木枕、预应力钢筋混凝土轨枕（简称混凝土枕）及钢枕等。

地铁正线隧道内线路一般采用短轨枕或无轨枕的整体钢筋混凝土道床。车场线采用普通预应力钢筋混凝土轨枕，在道岔范围内少数区段采用木枕。高架轻轨线适合采用新型轨下基础，这种新型的轨枕结构不同于传统的道砟道床上铺设木枕或混凝土的轨下基础，而是以混凝土道床为主的构造形式。如上海明珠轻轨高架线，其采用的是承轨台、支撑块整体式道床。

（三）联结零件

联结零件分为接头联结零件和中间联结零件两种。

1. 接头联结零件

接头联结零件由夹板、螺栓和垫圈等组成，如图 3-11 所示，通过它们把钢轨联结起来，使钢轨接头部分具有与钢轨一样的整体性，以抵抗弯曲和移位，并满足热胀冷缩的要求。

夹板是用来夹紧钢轨的。目前，我国标准钢轨采用斜坡支承双头对称型夹板（简称双头式夹板），如图 3-12 所示。

城市轨道交通基本采用无缝线路结构，将多根标准钢轨依次焊接在一起，接头联结零件的数量大大减少，但在无缝线路的缓冲区、轨道电路的绝缘区、有道岔的线路区段中，接头联结零件还是不能缺少的。

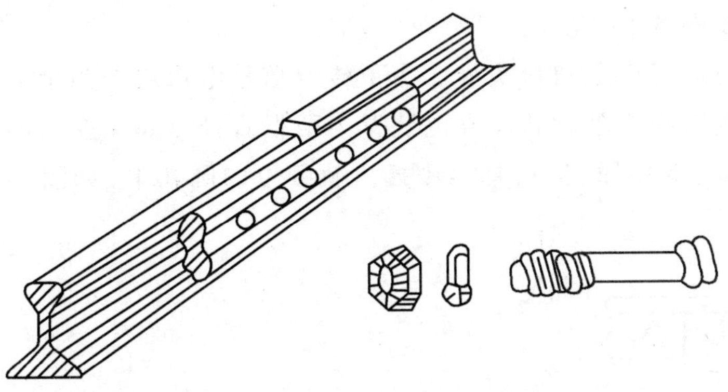

图 3-11　接头联结零件

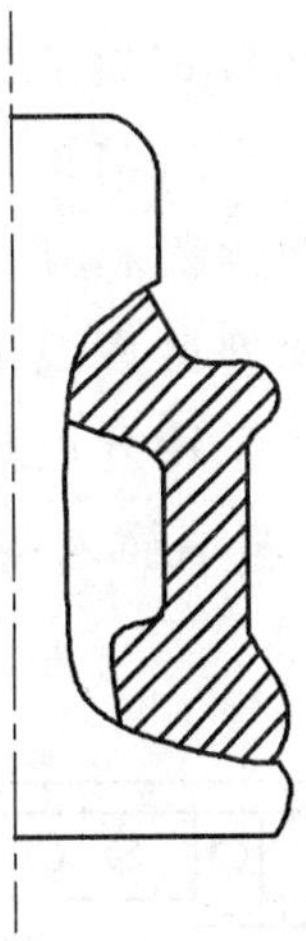

图 3-12　双头式夹板

钢轨接头按其在两股钢轨上的相互位置分为对接和错接，如图 3-13 所示；按其与轨枕的位置分为悬接和垫接，如图 3-14 所示。目前我国铁路上均采用悬接又对接的形式，这种形式可减少列车对钢轨的冲击次数，改善运营条件，受力条件较好，又便于维修。城市轨道交通正线、辅助线的钢轨接头常采用对接，而辅助线和车场线半径等于及小于 200 m 的曲线地段的钢轨接头应采用错接，错接的距离不应小于 3 m。

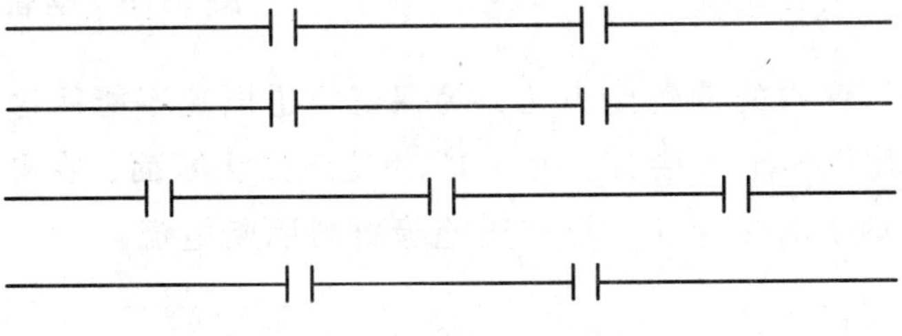

图 3-13　对接、错接

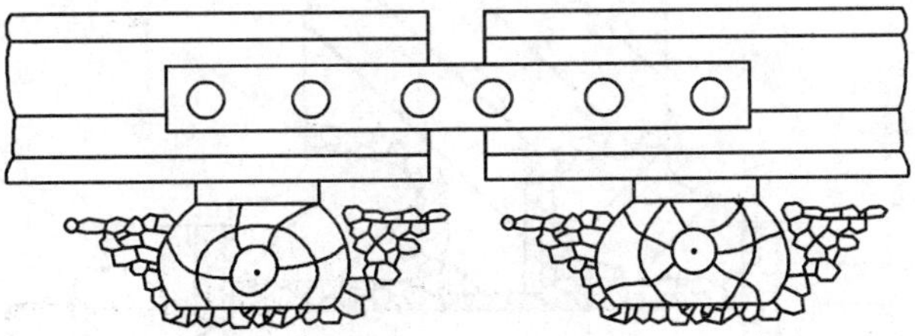

图 3-14　悬接、垫接

当前后两根钢轨的类型不同时，应采用异型接头。异型接头使用的是异型夹板，异型夹板的一半应与该端钢轨断面吻合，另一半应与另一端钢轨断面吻合，且应使两钢轨作用边及顶面相互对齐，如图 3-15 所示。

在自动闭塞区段及电力牵引区段的钢轨接头处，为了传导信号电流或作为牵引电流的回路，应采用导电接头。钢轨接头处的轨间导电装置为两根直径 5 mm 左右的镀锌铁丝，铁丝两端插入截头锥形的镀铅插销中，插销则插入轨腰上的圆孔中，如图 3-16 所示。

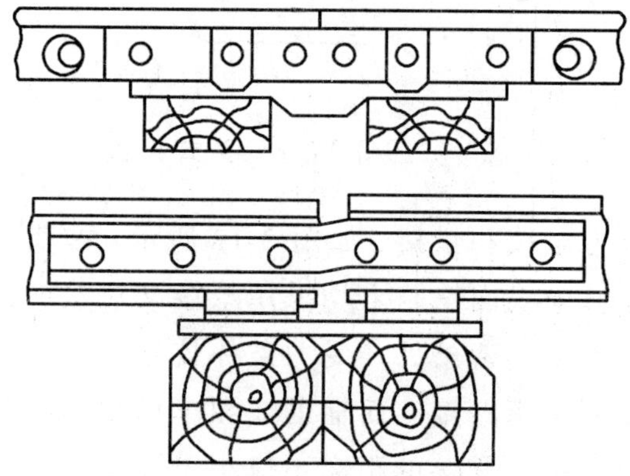
图 3-15　异型夹板

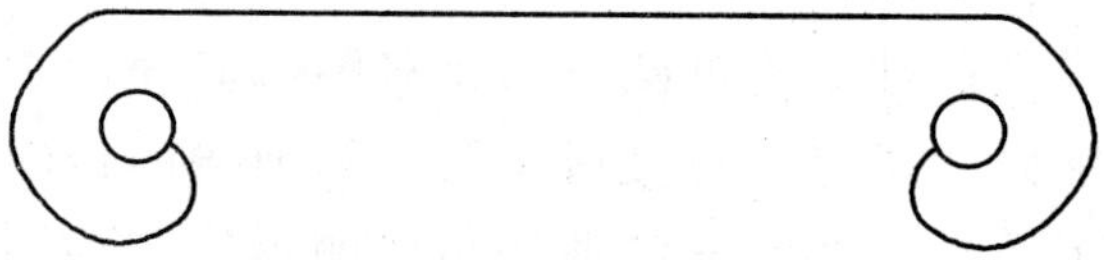
图 3-16　钢轨导电接头

在自动闭塞分区两端的钢轨接头处，为保证轨道电流不能从这一闭塞分区传到另一闭塞分区，应采用钢轨绝缘接头。图 3-17 为绝缘接头断面，在夹板与螺栓间、钢轨螺栓孔四周及两根钢轨的接缝处，均使用绝缘材料隔断电流。

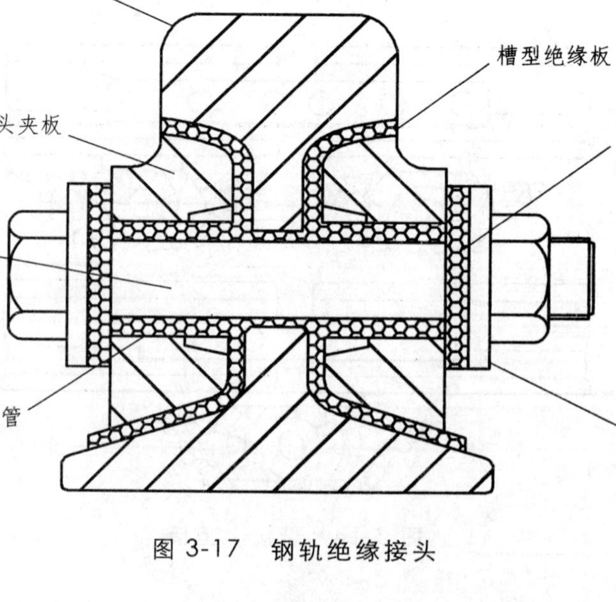

图 3-17　钢轨绝缘接头

2. 中间联结零件

中间联结零件又称轨枕扣件，扣件是钢轨与轨枕或其他轨下基础联结的重要联结件，要求具有足够的强度、耐久性和一定的弹性，使其能长期有效地保持钢轨与轨枕的可靠联结，阻止钢轨相对于轨枕的移动，并能在动力作用下充分发挥其缓冲减震的性能，延缓轨道残余变形积累。此外，还应构造简单，便于安装拆卸。它的作用是把钢轨与轨枕或其他类型的轨下基础联结在一起，固定钢轨的正确位置，阻止钢轨纵向和横向位移，防止钢轨倾覆，还能提供适当的弹性，起到缓冲和减振的作用，并将钢轨承受的力传给轨枕或道床承轨台。

（1）对扣件性能的要求。

扣件应具有足够的强度和扣压力；扣件应具有良好的弹性，以减小冲击，使钢轨承受的荷载能均匀地传递到道床上；扣件应具有适量的轨距、高低调整量，高架桥上整体道床的扣件需较大的调整量，以适应预应力梁的徐变和桥墩的不均匀下沉；扣件应具有良好的绝缘性能，以减少杂散电流，其绝缘部件工作电阻应大于 $10^8\Omega$；扣件结构力求简单，尽量标准化，通用性好且造价低，便于安装和拆卸，养护维修量小；扣件金属部件应作防腐处理。

（2）扣件的类型。

扣件按其与钢轨、轨枕的联结方式，可分为不分开式和分开式两种：不分开式扣件是用道钉将钢轨、垫板同时连接于轨枕上；分开式扣件是把钢轨与垫板、垫板与轨枕分别联结。按弹性性能区分，可以分为全弹性扣件（垂直和水平方向）；半弹性扣件（仅考虑垂直方向）。按混凝土枕有无挡肩可分为有挡肩扣件和无挡肩扣件。按轨枕的类型又可分为木枕扣件和混凝土枕扣件。

我国已建和在建的城市轨道交通线路上，使用的扣件类型较多，除天津地铁 1 号线既有段原铺设的刚性扣板式扣件外，其余均铺设弹性扣件，基本上是在国铁弹条扣件的基础上设计的。地铁扣件的选型按《设规》规定执行，符合表 3-3 的规定。

表 3-3 扣件类型

道床形式	扣件形式	扣压件	与轨枕连接方式
一般整体道床	弹性分开式	有螺栓弹条、无螺栓弹条	在轨枕预埋套管
高架桥上整体道床		有螺栓弹条、小阻力	
混凝土枕碎石道床	弹性不分开式	有螺栓弹条、无螺栓弹条	轨枕内预埋螺栓或铁座
木枕碎石道床	弹性分开式	有螺栓弹条、无螺栓弹条	采用螺纹道钉
车场库内整体道床、检查坑			在轨枕或立柱内预埋套管

一般道岔上应采用弹性分开式扣件，以增强道岔的稳定性和弹性，增加轨距、水平调整量，有利于道岔的养护维修。

（四）道　岔

道岔是机车车辆从一股道转入或跨越另一股道时必不可少的线路设备。

道岔有线路连接、线路交叉及线路连接与交叉三种形式。常见的线路连接有普通的单开道岔、对称道岔及三开道岔。线路交叉分为十字交叉和菱形交叉。近年来，地铁、轻轨还设计和铺设了部分专用道岔。

城市轨道交通布设在城市内，基本采用双线线路，线路中间站通常不设配线，两个方向线路也很少存在交叉。在城市轨道交通线路中，道岔设备的主要作用是：设有渡线和折返线的车站，通过设置道岔来实现车辆的转线；在车场、车辆段内，股道通过道岔将停车线、检车线等与走行线连接。

由于线路上的道岔数量多、结构复杂、寿命短、行车安全性低、养护维修投入大等特点，与曲线、接头并称为轨道的三大薄弱环节。道岔的构造和平顺连续的轨道不同，在轨道工程中，如何使道岔具有良好形状，确保列车能在规定的速度下安全、可靠地通过道岔和延长道岔的使用寿命，是一个历来深受关注的课题，在铁路实行提速和高速运行之后，关注程度更甚。

1. 单开道岔

我国最常见的道岔类型是普通单开道岔，简称单开道岔，其数量占各类道岔总数的 90%以上。站在道岔前部面向尖轨尖端，凡侧线由主线左侧岔出的称为左开道岔，侧线由右侧岔出的称为右开道岔。

单开道岔通过它的钢轨每米质量及道岔号数区分其类型。标准道岔号数（用辙叉号数来表示）有 6、7、9、12、18、24 号等，其中 6、7 两号仅用于厂矿企业内部铁路或驼峰下，其他各号则适用于铁路正线和站线，以 9 号及 12 号最为常用。若侧线要通过高速列车，则需铺设更大号数的道岔。

单开道岔主要由转辙器部分、连接部分、辙叉及护轨部分组成，如图 3-18 所示。

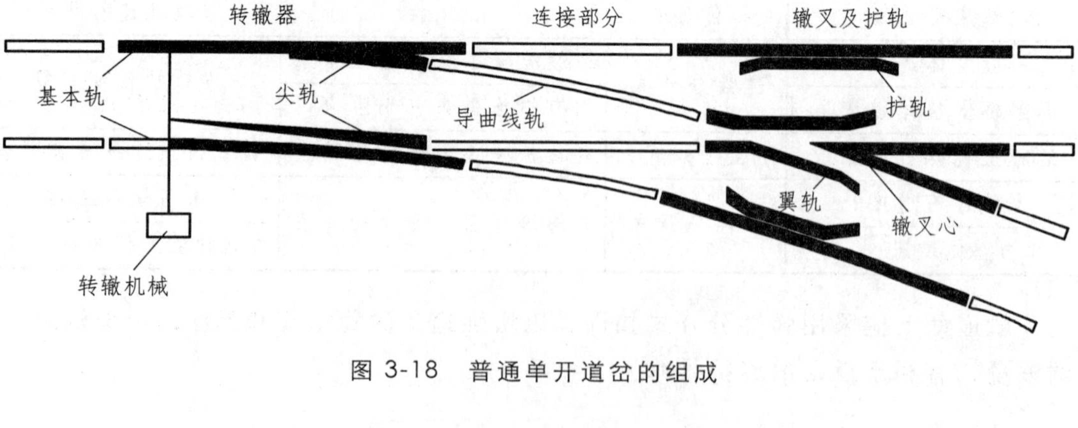

图 3-18　普通单开道岔的组成

（1）转辙器部分。

转辙器部分是由一对基本轨、一对尖轨、各种连接零件（拉杆、连接杆、顶铁、滑床板、轨撑、辙前垫板、辙后垫板）及转辙机械等组成，如图 3-19 所示，它通过将尖轨扳动到不同的位置来引导机车车辆进入道岔的不同方向。

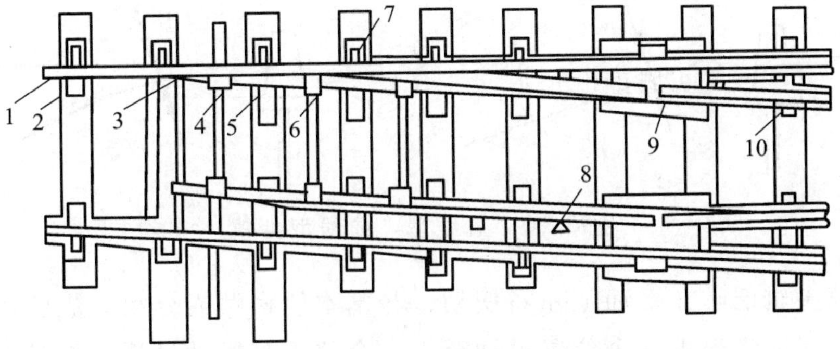

图 3-19　转辙器部分的组成

1—基本轨；2—辙前垫板；3—尖轨；4—拉杆；5—滑床板；6—连接杆；7—轨撑；8—顶铁；9—尖轨跟部；10—辙后垫板

① 基本轨。

基本轨位于尖轨外侧，其作用除承受车轮的垂直压力并经垫板将其传递于岔枕上外，还与尖轨共同承受车轮的横向水平推力，并保持尖轨位置的稳定。基本轨一般多用 12.5 m 或 25 m 标准钢轨制成，主股为直线，侧股按转辙器各部分的轨距在工厂事先弯折成规定的折线或曲线型。由于尖轨与基本轨密贴时，产生一个转辙角，因此转辙器部分的轨距必须加宽，以满足机车车辆固定轴距和车轮与钢轨良好接触的需要，通常道岔中不设轨底坡。基本轨除承受车轮的垂直压力外，还与尖轨共同承受车轮的横向水平力。为防止基本轨的横向移动，可在其外侧设置轨撑。为了增加钢轨表面硬度，提高耐磨性并保持与尖轨良好的密贴状态，基本轨头顶面一般还进行淬火处理。

② 尖轨。

尖轨可用普通断面钢轨或特种断面钢轨制成。用普通断面钢轨制成的尖轨，一般在尖轨前端加补强板以增加其横向刚度。用特种断面钢轨制成的尖轨，其断面粗壮、整体性强、刚度大，稳定性比普通断面钢轨好。与基本轨高度相同的称为高型特种断面，较矮者称为矮型特种断面。特种断面尖轨还有对称与不对称、设轨顶坡和不设轨顶坡之分。为便于在跟端与连接部分联结，特种断面尖轨跟部要加工成普通钢轨断面。我国已广泛推广使用矮型特种断面钢轨（简称 AT 轨），减小了列车过岔时的垂直不平顺，有利于提高过岔速度，增加基本轨的稳定性和道岔整体性。目前我国地铁和轻轨上铺设的道岔几乎都是 AT 型尖轨。

对尖轨的要求是当一根尖轨与邻近基本轨密贴时，另一根尖轨必须与邻近的基本轨分开规定的距离，两根尖轨分别被称为密贴尖轨和斥离尖轨。通过尖轨与基本轨的密贴和分离达到引导车轮按不同线路运行的目的。

尖轨按其平面状态分为直线型尖轨和曲线型尖轨两种，如图 3-20 所示。我国铁路的大部分 12 号及以下的道岔，均采用直线型尖轨。我国新设计的 12、18 号道岔直向尖轨为直线型，侧向尖轨为曲线型。

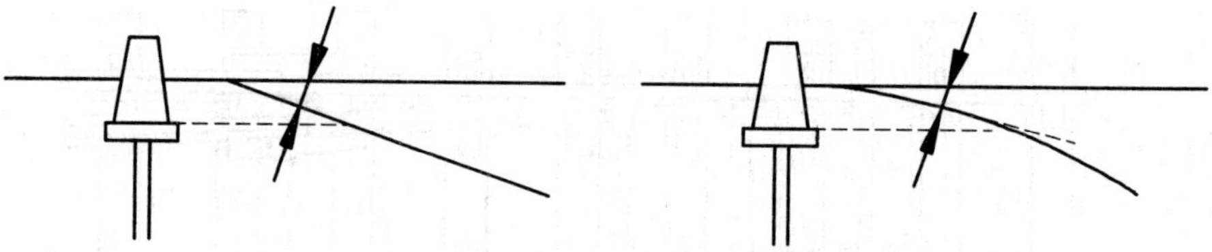

图 3-20　直线型、曲线型尖轨

为了保证尖轨能够在平面上左右摆动，与基本轨密贴或分离，尖轨跟端结构要求以跟部为轴，保证尖轨由一个位置扳动至另一个位置时摆动灵活。常见的有间隔铁式尖轨跟端结构与弹性可弯式尖轨跟端结构。间隔铁式尖轨跟端结构如图 3-21 所示。这种跟端结构简单、零件少、尖轨转动灵活，但稳定性较差、易发生病害，一般用在辙岔号数较小的道岔上。

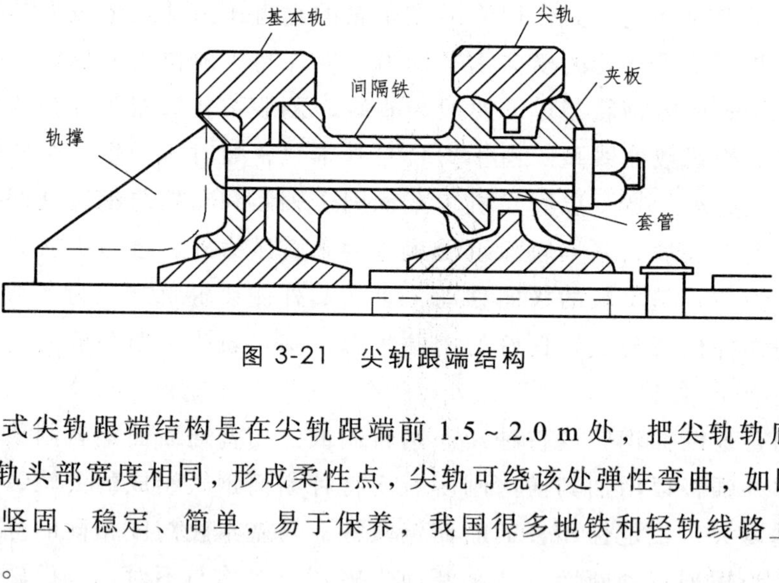

图 3-21　尖轨跟端结构

弹性可弯式尖轨跟端结构是在尖轨跟端前 1.5 ~ 2.0 m 处，把尖轨轨底两侧边缘切掉，使之与钢轨头部宽度相同，形成柔性点，尖轨可绕该处弹性弯曲，如图 3-22 所示。这种跟端结构坚固、稳定、简单，易于保养，我国很多地铁和轻轨线路上的道岔都采用了这种尖轨。

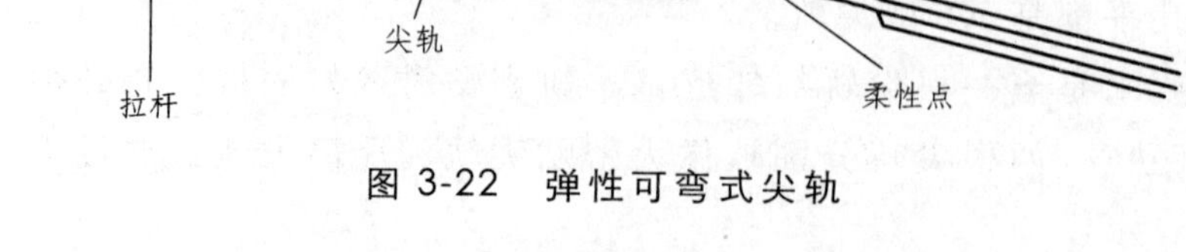

图 3-22　弹性可弯式尖轨

③ 转辙器上的零、配件。

a. 道岔拉杆和连接杆。

道岔拉杆连接两根尖轨，并与转辙设备相连，以实现尖轨的摆动，故又称作转辙杆，一般设 2 ~ 3 根。

b. 顶铁。

尖轨刨切部位紧贴基本轨，而在其他部位，则依靠安装在尖轨外侧腹部的顶铁，将尖轨承受的横向水平力传递给基本轨，以防止尖轨受力时弯曲，并保持尖轨与基本轨的正确位置。顶铁的长度应保证尖轨尖端在与邻近基本轨密贴时，正好顶在邻近基本轨的轨腰上。

c. 滑床板。

滑床板设在尖轨长度范围内的轨枕上，其作用是支承尖轨和基本轨，保证尖轨在滑床板顶部的滑床台上能左右平滑摆动。为此，对于滑床台，要经常清扫并涂抹润滑剂。

d. 轨撑。

轨撑设于基本轨外侧，以阻止基本轨横向移动并保持基本轨与尖轨之间的轨距。它用螺栓与基本轨相连，并用两个螺栓与滑床板联结。轨撑有双墙式和单墙式之分。提速道岔中，由于扣件扣压力足够大，未设轨撑。通常基本轨始端第二根岔枕至跟端前一根岔枕范围内每根岔枕上的基本轨外侧都安设轨撑。

e. 各种特殊形式的垫板。

辙前垫板又称轨撑垫板，设于尖轨尖端前部一段基本轨的下面，用以固定轨撑的位置，并与轨撑共同防止基本轨向外横向移动。辙后垫板设于尖轨跟后的一段长度内，用以保持尖轨跟后导曲线支距的准确性。

f. 转辙机械。

转辙机械用于扳动尖轨到不同的位置，使道岔能准确地开通直线或侧线。最常用的道岔转换设备的种类有机械式和电动式。若按操纵方式分类，则有集中式和非集中式两类。机械式转换设备可以为集中式或非集中式，电动式转换设备则为集中式。道岔转换设备必须具备转换（改变道岔方向）、锁闭和显示（显示道岔正、反位）三种功能。

（2）辙叉及护轨。

辙叉及护轨部分，包括辙叉、护轨、主轨及其他联结零件。辙叉与护轨组成一个整体，共同配合，发挥作用。

辙叉按其构造，分为锰钢整铸式和钢轨组成式；按翼轨与心轨的相对关系，分为固定式和可动心轨式；按平面形状，分为直线式、曲线式以及钝角辙叉与锐角辙叉等。

辙叉是使车轮由一股钢轨越过另一股钢轨的设备。辙叉设于道岔中两根钢轨相交处，由翼轨和心轨及连接零件等组成，如图 3-23 所示。按平面形式分，辙叉分为直线辙叉和曲线辙叉两类；按构造类型分，分为固定辙叉和活动辙叉两类。单开道岔上，以直线式固定辙叉最为常用。

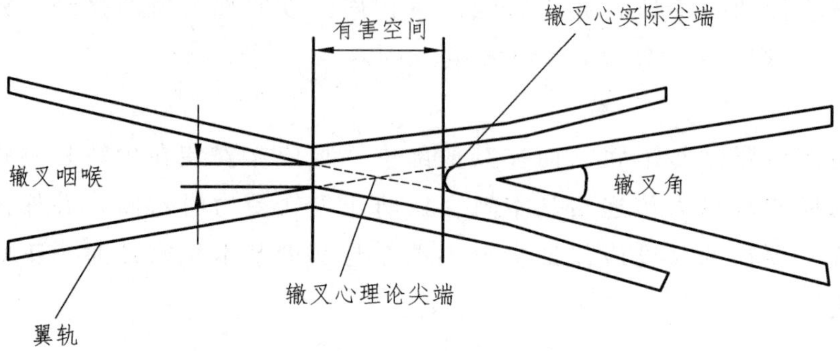

图 3-23　辙叉示意图

辙叉心轨两工作边所成的夹角称为辙叉角，其交点称为辙叉理论尖端。由于制造工艺的缘故，实际上的辙叉尖端有 6～8 mm 的顶面宽度，叫辙叉实际尖端。两翼轨相距最近处，称为辙叉咽喉。从辙叉咽喉至辙叉实际尖端有一段轨线中断地带，车轮有失去引导误入异线而发生脱轨事故的可能，所以此处被称为有害空间。

我国单开道岔上常用的辙叉有锰钢整铸式辙叉、钢轨组合式辙叉和可动心轨辙叉。

锰钢整铸式辙叉是用含锰量 10%～14%的高锰钢把心轨和翼轨铸成整体的辙叉，如图 3-24 所示。此种辙叉整体性、稳定性好，而且使用寿命长，维修工作量小，因此得到了广泛的使用。

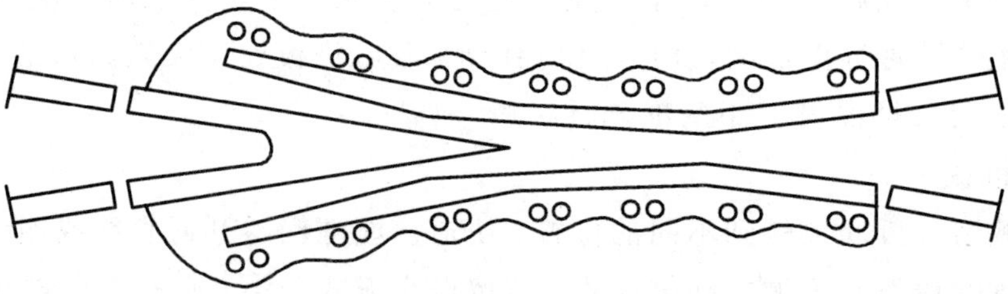

图 3-24　整铸式辙叉

钢轨组合式辙叉是由长心轨、短心轨以及用普通钢轨经弯折、刨切加工而成的翼轨，用不同尺寸的间隔铁和螺栓连接、拼装、紧固而成。这种辙叉由于零件数量多，容易松动，维修量较大，所以在主要线路上很少被用到。

道岔的有害空间是限制列车过岔速度的一个重要因素。为消灭有害空间，适应列车高速运行的要求，可采用可动心轨道岔。可动心轨辙叉是由长心轨、短心轨拼装成的可动心轨和翼轨、叉跟基本轨、帮轨等组合而成的，如图 3-25 所示。这种辙叉利用心轨可摆动与翼轨密贴的特征，消除了有害空间，不仅避免了车轮对心轨和翼轨的冲击，而且还提高了列车直向过岔速度，因此被广泛用于高速行车的线路上。

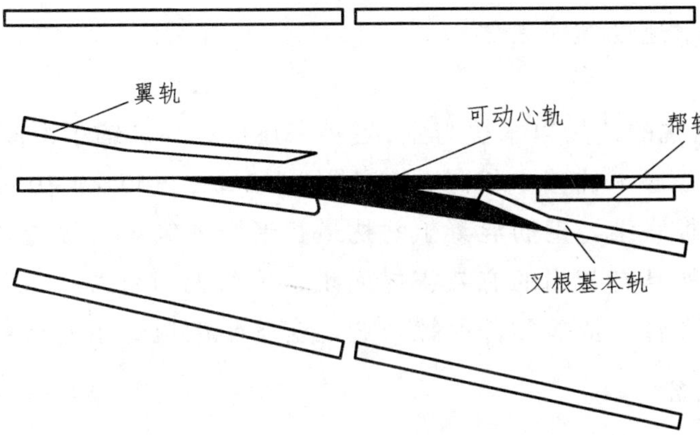

图 3-25　可动心轨辙叉

为保证辙叉尖端不被轮缘冲伤，车轮在有害空间处进入正确的翼轨轮缘槽，防止进入异线，通常在辙叉两侧相对应位置的基本轨内侧设置护轨。护轨在中间的一段应为与主轨平行的直线，两端各向轨道内侧弯折一段长度，称为过渡段或缓冲段。护轨用普通钢轨经过刨切弯折而成，并用间隔铁、螺栓等零件与基本轨连接。

（3）连接部分。

连接部分是转辙器和辙叉之间的连接线路，包括直股连接线和曲股连接线（亦称为导曲线）。直股连接线与区间线路构造基本相同。作用是将转辙器部分与辙叉及护轨部分连接起来构成一组完整的道岔。连接部分主要由主线上的两根直线钢轨和侧线上的两根曲线钢轨组成，两根曲线轨称为道岔导曲线。导曲线的平面形式可以是圆曲线、缓和曲线或变曲率曲线，我国目前铺设的道岔导曲线均为圆曲线，其半径的大小取决于道岔号数的大小及列车侧向过岔速度的要求。单开道岔的导曲线，一般不设外轨超高和轨底坡，而且为保持导曲线的位置和圆顺，在导曲线部分大多铺设有垫板、轨距杆、轨撑及防爬设备。导曲线半径大小与道岔号数、道岔长度及侧向过岔速度等因素有关。道岔号数与导曲线半径的对应关系如表 3-4 所示。

表 3-4　道岔号数与导曲线半径的对应关系

道岔号数 N	辙叉角 α	导曲线半径/m	道岔全长/m	侧向允许通过速度/（km/h）
9	6°20′25″	180	28.848	30
12	4°45′49″	330	36.815	45
18	3°10′12.5″	800	54.00	80

为了保持导曲线的位置和圆顺度，除可在连接部分铺设支距垫板外，还可在导曲线钢轨的外侧安装一定数量的轨撑，必要时针对小号道岔还可采取增设轨距杆的方式。

由于连接部分的四根钢轨都被钉在同一根岔枕上，导曲线一般不设超高，所以导曲线是限制侧向过岔速度的因素之一。

（4）岔枕。

在我国，铁路岔枕的使用以木枕为主，近年来还设计和试铺了混凝土岔枕及钢岔枕。

木岔枕断面和普通木枕基本相同，长度分为 12 级，2.60～4.80 m，级差为 0.20 m，采用螺纹道钉与垫板联结。钢筋混凝土岔枕最长者为 4.90 m，级差为 0.10 m。混凝土岔枕与Ⅲ型混凝土枕具有相当的有效支撑面积，采用无挡肩形式，岔枕顶面平直，岔枕中还预埋有塑料套管，依靠扣件摩擦及旋入套管中的道钉承受横向荷载。

2.其他形式道岔

（1）对称道岔。

对称道岔是单开道岔的一种特殊形式，它的结构和单开道岔基本相同，只是连接部分没有直轨，而只有导曲线轨，如图 3-26 所示。

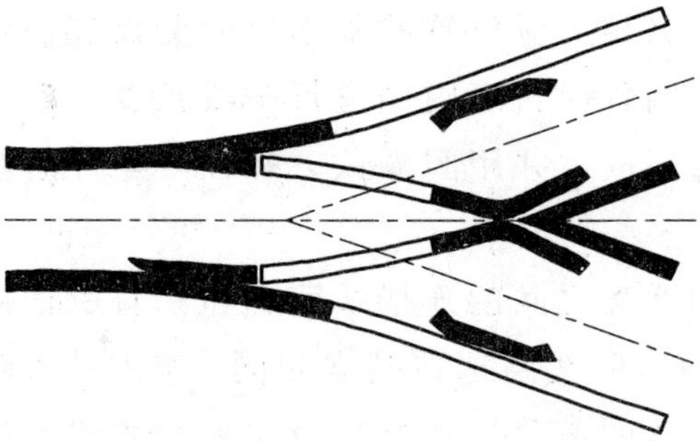

图 3-26　对称道岔

当对称道岔的辙叉号数与单开道岔的相同时，其导曲线半径将比单开道岔的大了约一倍；当对称道岔的导曲线半径与单开道岔的相同时，对称道岔比单开道岔的长度要短。

（2）三开道岔。

图 3-27 为对称三开道岔。这种道岔有两对尖轨（一长一短为一对），其连接部分有两根直轨，两对导曲线轨；辙叉及护轨部分有三副辙叉、四根护轨，后辙叉无法在主线内设护轨，因此主线行车速度受到了限制。

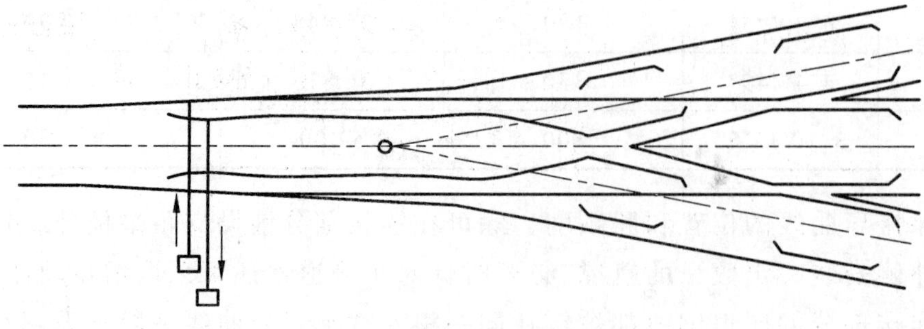

图 3-27　对称三开道岔

（3）菱形交叉。

当一条线路与另一条线路平面相交时，为了使机车车辆能由一条线跨越另一条线运行，所设置的连接设备称为菱形交叉。菱形交叉由两组相同角度的锐角辙叉和两组相同角度的钝角辙叉组成，如图 3-28 所示。

锐角辙叉结构与单开道岔基本相同，钝角辙叉分为固定型和可动心轨型两种，如图 3-29 和图 3-30 所示。

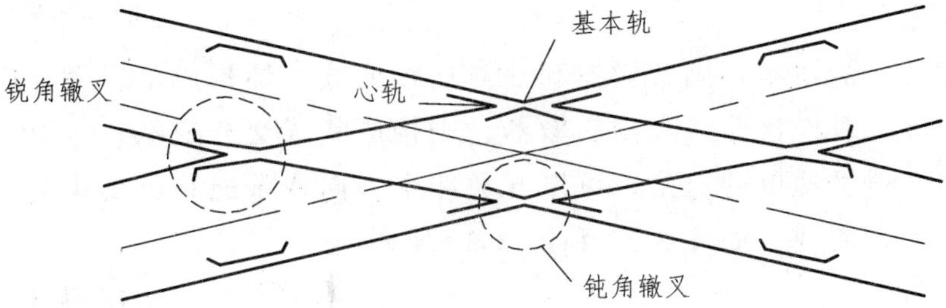

图 3-28 菱形交叉

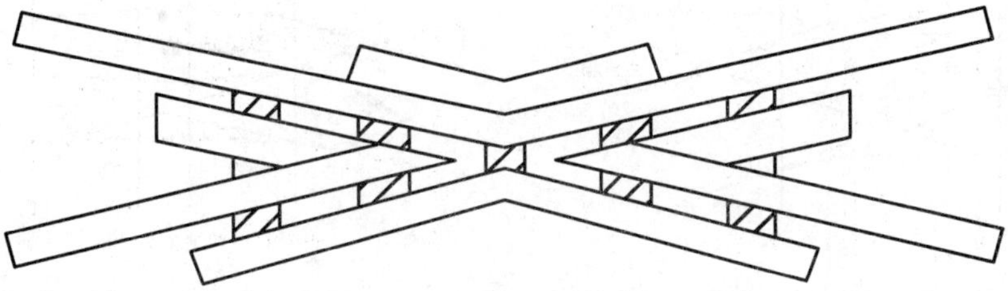

图 3-29 固定型钝角辙叉

（4）交叉渡线。

交叉渡线是由四组类型及号数相同的单开道岔、一副菱形交叉和连接钢轨组成，用于平行股道之间的连接，如图 3-31 所示。

地铁常在终端站的站前和站后正线折返，用交叉渡线连接上、下行正线，也常在地铁区段折返站或端部折返站的双折返线上，用交叉渡线连接两股折返线（或其中一股用作列车停留线）。

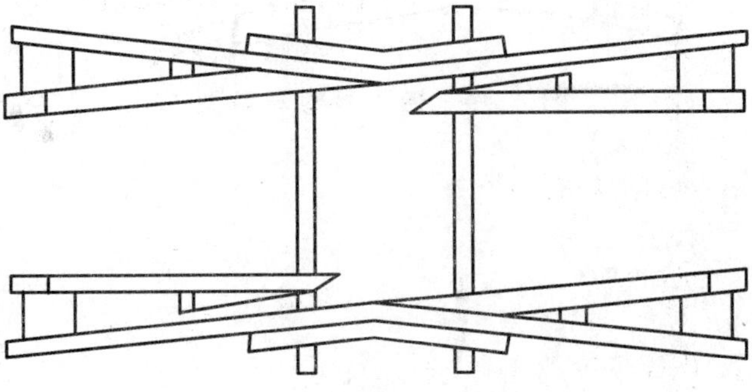

图 3-30 活动型钝角辙叉

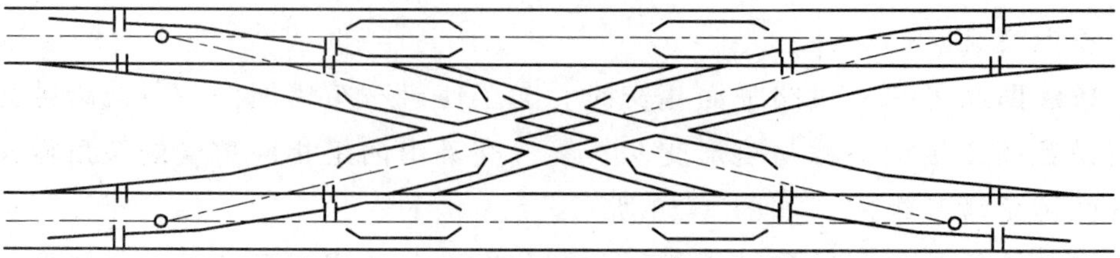

图 3-31　交叉渡线

（5）交分道岔。

在菱形交叉一侧增添两副转辙器和一对连接曲线，即构成单式交分道岔；在菱形交叉两侧各增添一对连接曲线和副转辙器，则构成复式交分道岔。一组复式交分道岔相当于两组对向铺设的单开道岔，可以开通四个方向八条通路。复式交分道岔又可分为固定式和活动式两种，如图 3-32 和图 3-33 所示。

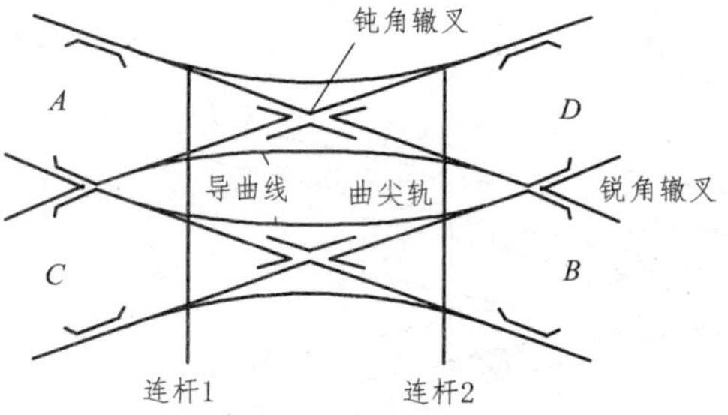

图 3-32　固定式交分道岔

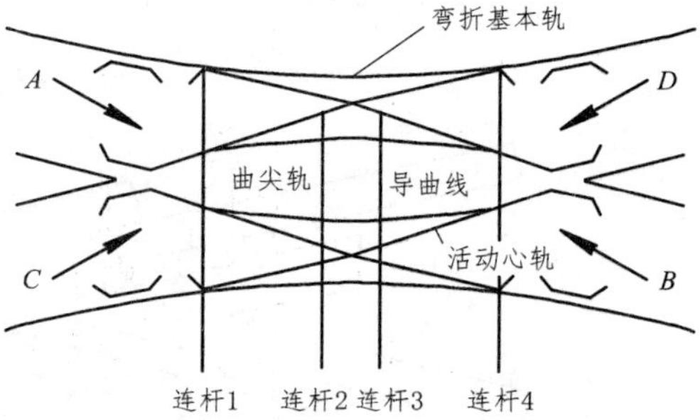

图 3-33　活动式交分道岔

3．道岔主要参数

（1）道岔辙叉号数。

辙叉号数 N 也称为道岔号数，我国规定以辙叉角 α 的余切值来表示，如图 3-34 所示。

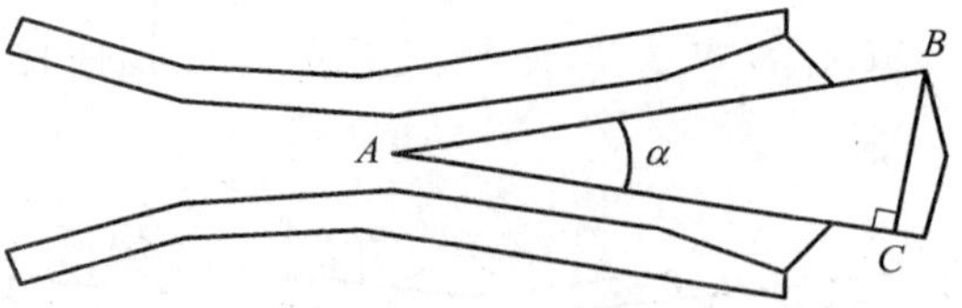

图 3-34　辙叉号数表示图

辙叉号数 N 和辙叉角的关系如下：

$$N=\frac{AC}{BC}=\cot\alpha$$

式中　N——辙叉号数（道岔号数）；

α——辙叉角，

BC——叉心工作边任一点 B 至另一工作边的垂直距离；

AC——由叉心理论尖端至垂直 C 的距离。

显然，辙叉角越大，道岔号数越小；辙叉角越小，道岔号数越大。

正线道岔是控制行车速度的关键设备，道岔铺设后再变更改造的难度很大，道岔整体道床改造难度更大，并影响地铁正常运营，故道岔型号应满足远期运营的需要。《设规》规定：正线、辅助线和试车线应采用不小于 9 号的各类道岔，车场咽喉区应采用不大于 7 号的各类道岔，并宜采用 AT 尖轨、高锰钢辙叉和可调试护轨，以增强道岔的稳定性和减少道岔的维护工作量。地铁常用的道岔号数为 12、9、7 号。

（2）道岔的几何要素及中心线表示法。

如图 3-35 所示，O 表示道岔中心；a 表示道岔前部实际长度（基本轨始端轨缝中心至道岔的几何要素道岔中心的水平距离）；b 表示道岔后部实际长度（道岔中心至辙叉后跟轨缝中心的距离）；Lq 表示道岔全长（道岔基本轨始端轨缝中心至辙叉后跟轨缝中心的距离）；a_0 表示道岔前部理论长度（尖轨始端至道岔中心的距离）；b_0 表示道岔后部理论长度（道岔中心至辙叉心理论尖端的距离）；q 表示尖轨前基本轨长（道岔基本轨始端轨缝中心至尖轨始端的距离）；m 表示辙叉跟长（辙叉心理论尖端至辙叉后跟轨缝中心的距离）。

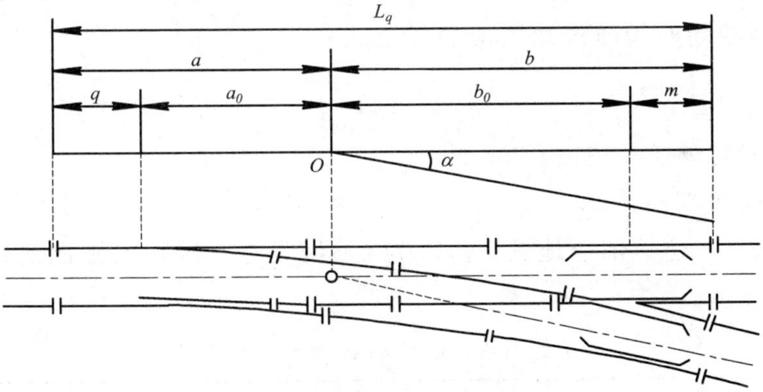

图 3-35 道岔几何要素

在已知道岔两线路中心线的交叉点和辙叉号数、道岔类型时，可按选定的比例尺用单线把道岔表示出来。

例如，画 9 号左开单开道岔时，可在主线的中心线上，先确定两线路中心线交点的位置，然后从交点沿主线线路中心线画等于辙叉号数的等分线段（9 个），并在最后一个线段末端画一等分线段，使其垂直于主线的线路中心线，将垂直线段的终点与道岔中心连接，即得支线方向，如图 3-36 所示。

如画对称道岔，只需将垂直于主线线路中心线的线段平分于中心线两侧，然后把线段两端的终点与道岔中心相连接即可。图 3-37 表示的是 6 号对称道岔。

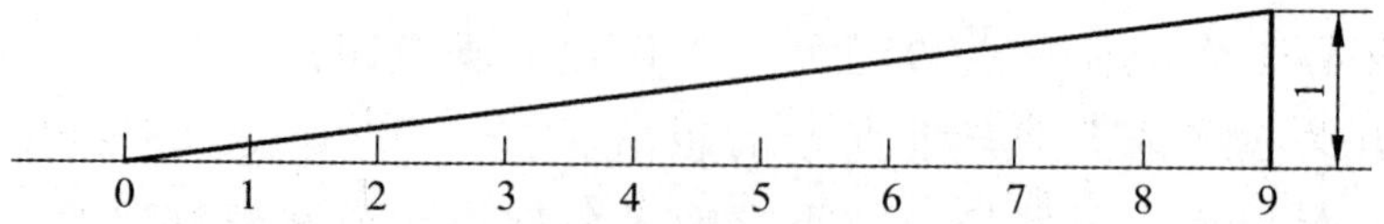

图 3-36　9 号单开道岔的中心线表示法

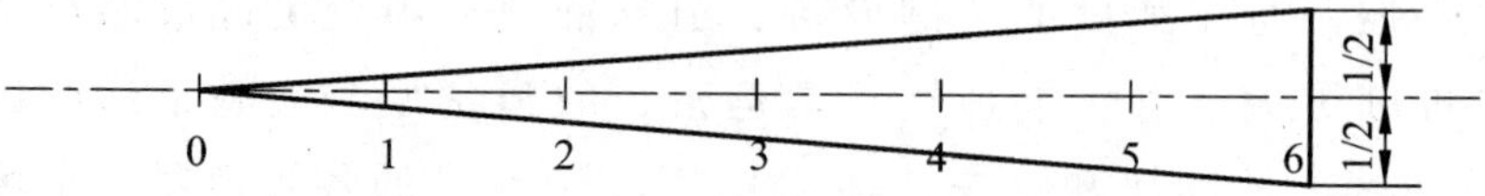

图 3-37　6 号对称道岔的中心线表示法

（3）道岔限速。

道岔由于导曲线半径较小，且一般不设超高和缓和曲线，列车未被平衡的离心作用大，同时机车车辆由直线进入道岔侧线时，在开始迫使车辆改变运行方向的瞬间，必然发生车轮与钢轨的撞击，从而影响乘客乘坐的舒适度和道岔结构的稳定性，故必须将列车侧向过岔速度限制在容许范围之内。

① 侧向过岔速度。

主要取决于动车通过道岔侧股的运行速度要求。在折返站，动车在出发前由邻线转入，以改变运行方向，属于调车性质，最高运行速度可定为 25 km/h。用于车场的道岔，动车通过道岔侧股均为调车，考虑节约用地的目标，最高运行速度可定为 15 km/h。《铁路过岔的容许通过速度》（TB/T2477—1993）规定，导曲线为单圆曲线时，由外轨超高控制的导曲线通过速度应满足下式：

$$v = 2.75\sqrt{R}$$

式中　v——旅客列车通过速度，km/h；

R——导曲线半径，m。

国内已建成、在建的部分地铁（轻轨）线路铺设道岔采用的限制过岔速度如表 3-5 所示。

表 3-5　地铁轻轨道岔限速

铺设线路		深圳地铁广州地铁	天津津滨轻轨	深圳地铁广州地铁	上海明珠轻轨	南京地铁和北京地铁八通线及天津地铁	上海地铁	上海轻轨	北京地铁八通线、南京地铁、天津地铁、深圳地铁
轨型		60	60	60	60	60	60	50	50
道岔号数		12	12	9	9	9	9	7	7
导曲线半径/m		350	350	180	180	180	200	150	150
尖轨特征		60AT 弹曲	60AT 弹曲	60AT 直尖	60AT 弹曲	60AT 直尖	60AT 弹曲	50AT 曲尖	50AT 曲尖
道岔限速/（km/h）	正向	80	100	80	80	80	80	80	80
	侧向	50	45	30	30	30	35	25	25

② 直向过岔速度。

当动车最大运行速度为 80 km/h 时，道岔直股结构应满足 80 km/h 通过的要求，如留有安全储备，道岔的直股设计速度为 100 km/h。如用于车场道岔，由于无较高的速度要求，采用 40 km/h 作为道岔的直股设计速度。关于直向过岔速度，目前尚无简便而成熟的统一计算方法，只是根据道岔类型、道岔结构、道岔号数、道岔尖轨锁闭的可靠性综合分析确定。根据我国运营实践，结合一定的理论分析，直向过岔速度一般可限制为同等级区间线路允许速度的 80%～90%。我国《铁路线路维修规则》规定的道岔直向允许过岔速度，如表 3-6 所示。

表 3-6　直向允许通过速度

钢轨/(kg/m)	尖轨类型	辙叉类型	道岔号数				
			9	12	18	30	38
43	普通钢轨尖轨	固定型	85	95			
50	普通钢轨尖轨	固定型	90	110	120		
50	AT 弹性可弯尖轨	固定型		120			
50	AT 弹性可弯尖轨	可动心轨		160			
60	普通钢轨尖轨	固定型	100	110			
60	AT 弹性可弯尖轨	固定型		120			
60	AT 弹性可弯尖轨	固定型（提速道岔）	140	160			
60	AT 弹性可弯尖轨	可动心轨		160/200	160/200	160/200	200

4. 新型轨道交通的道岔

（1）跨座式单轨交通道岔。

跨座式单轨交通的道岔区的轨道梁同时也是道岔的部件，称为道岔梁。道岔主要由道岔梁、梁间回转轴、移动台车、驱动装置、锁定装置、控制系统等组成。

跨座式单轨交通的道岔从结构上可分为关节型道岔和关节可挠型道岔两大类型。

关节型道岔为几节钢制轨道梁铰接组成的折线形道岔，如图 3-38 所示。由于车辆通过折线部位时冲击力较大，故一般只用于车辆低速运行的车场线路和辅助线。

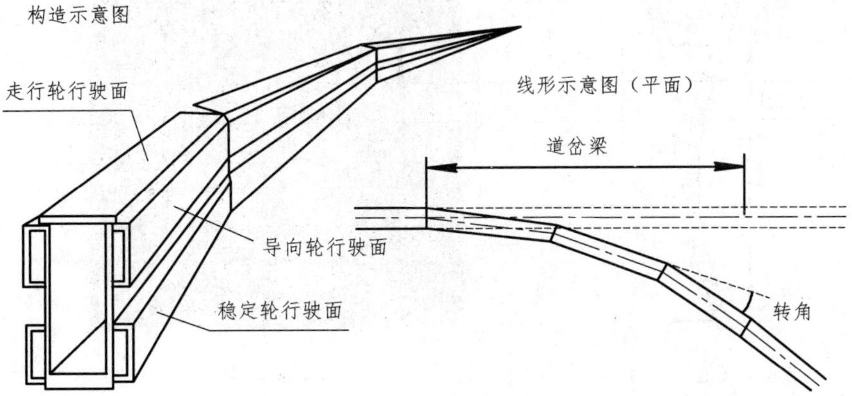

图 3-38　关节型道岔构造示意图

关节可挠型道岔有几节钢制短轨道梁，并在梁两侧的导向轮和稳定轮走行面配一套曲板装置铰接组成的曲线形道岔，如图 3-39 所示。这种道岔构造相对复杂，但车辆可在较圆滑的曲线上通过，运行平稳、舒适性好，适用于车辆载客行驶的正线。

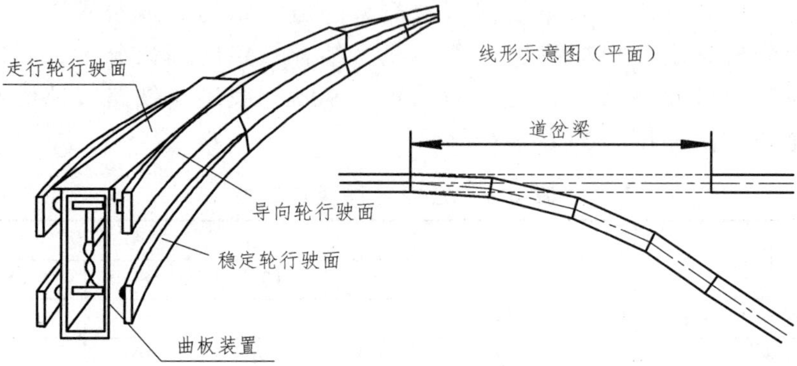

图 3-39　关节可挠型道岔构造示意图

跨座式单轨交通的道岔的基本形式有单开、双开、三开及五开几种，根据需要组合成单渡线、交叉渡线等多种不同的形式，如图 3-40 ~ 图 3-43 所示。

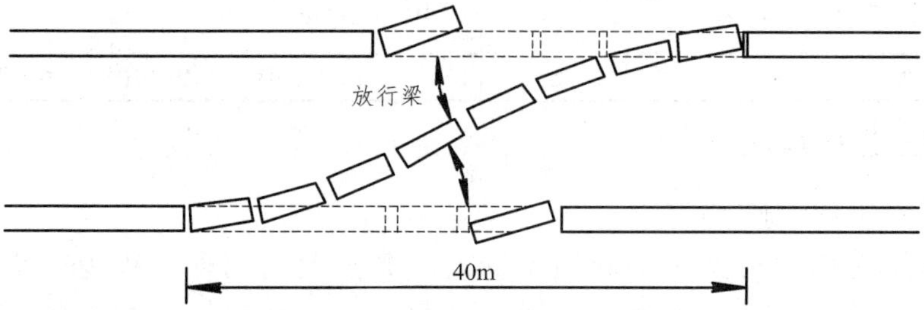

图 3-40　单渡线道岔示意图

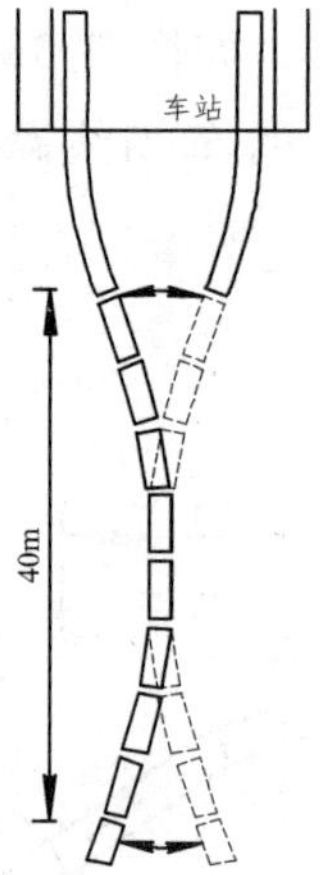

（a）

（b）

图 3-41　交叉渡线示意图（Ⅰ）

交叉渡线用于上下行线交通渡线处，中间两节短道岔梁为固定式，另有两组活动道岔梁，通过不同的组合连接，可构成 4 条通路。道岔区长约 40 m，列车通过速度为 25 km/h。

图 3-42 所示的交叉渡线用于上下行线交叉渡线处，在上下行线及线间中部为固定梁，另有 4 组活动道岔梁，通过不同的连接可构成 4 条通路。道岔区长约 72 m，列车通过速度可达 35 km/h。

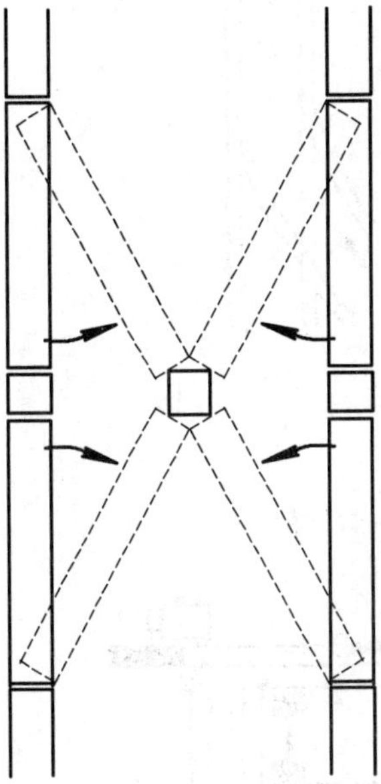

图 3-42　交叉渡线示意图（Ⅱ）

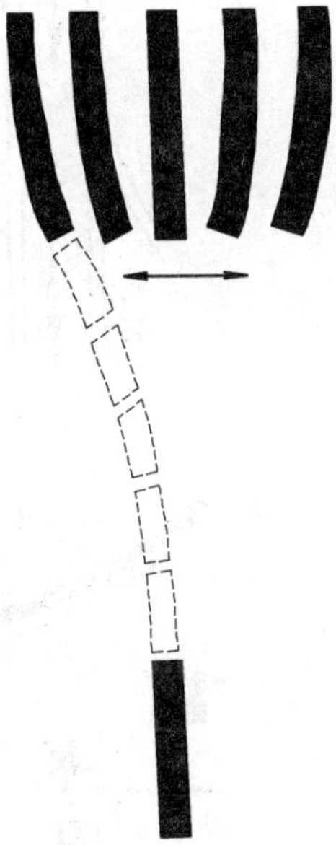

图 3-43　五开道岔示意图

五开道岔用于车场内行车线与多条停车线的连接，根据连接线路的多少，采用单开、双开、三开或五开的形式，道岔区长度一般为 20 ~ 30 m。

（2）自动导轨交通道岔。

自动导轨交通道岔主要有垂直沉浮式、平面移动式和第二导向系统几种形式，平面移动式由于构造和水平移动的方式不同又可分为几种不同的形式。

垂直沉浮式道岔的导向方法是当车辆需要转行至另一条轨道线路上时，道岔区的直线导轨沉落入地，曲线导轨由地下浮出衔接另一线路，反之直线导轨浮出地面衔接岔区外导轨，曲线导轨落入地下，如图 3-44 所示。由于这种立体型道岔和水平转换的平面道岔相比构造相对复杂，后期建设的自动导轨交通中很少采用。

水平移动道岔的导向方法是当车辆行驶至道岔区前时，拨岔机根据控制指令拨动导向板，使车辆导向轮沿拨动后的导向板直行或转弯至另一条轨道线路运行，如图 3-45 所示。

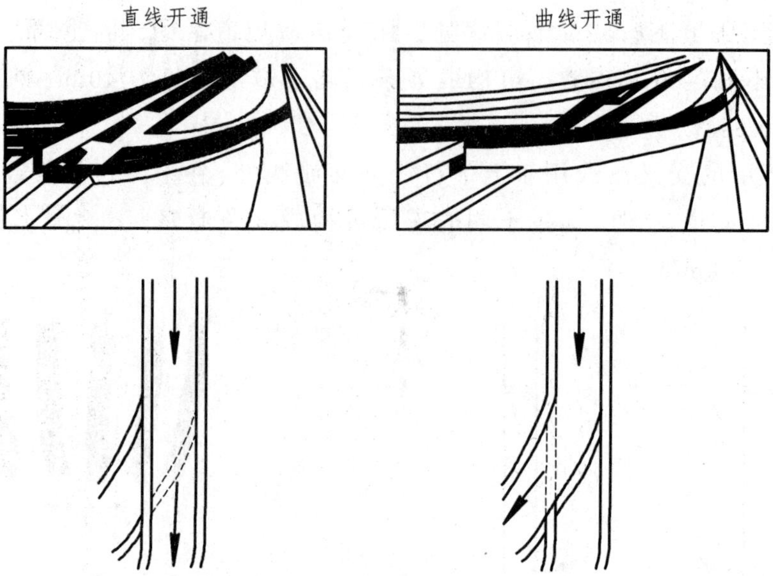

图 3-44　沉浮式道岔

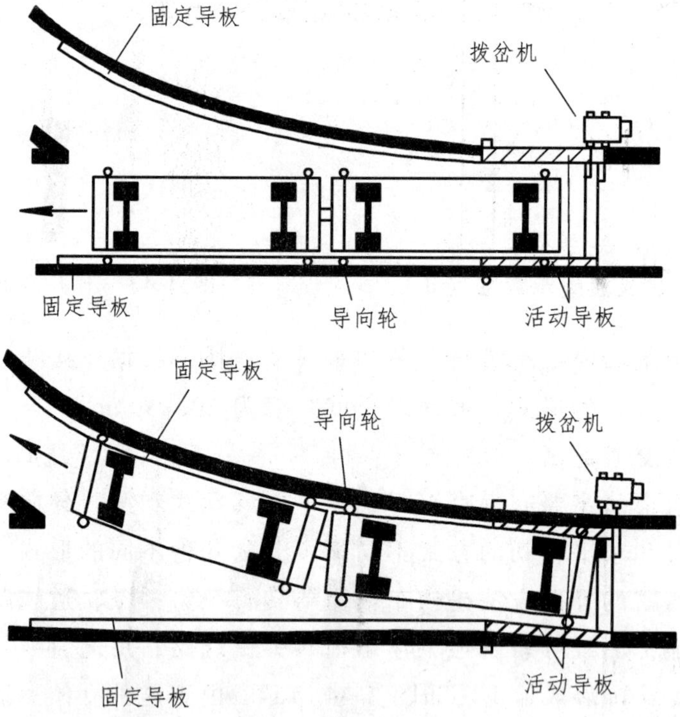

图 3-45　水平移动道岔

整体回转式道岔是指拨岔时导轨与轨道一端整体原地转动，另一端整体移动接至列车要驶入的线路，如图 3-46 所示。

因为在道岔区位于轨道侧面的导轨被中断，车辆的导向将由安装在转向架中央底部的一个导向滚轮（转辙轮）完成，沿着在线路中心线位置设置的由两条平行钢轨构成的沟槽导向行驶。两钢轨头部的间距约为 5 cm，钢轨的轨面与轨道面为同一水平面。车辆转换行车线路时，由控制系统按指令水平移动可动的导向轨使车辆沿原线路直行或转至另一条线路行驶。这就是第二导向系统，如图 3-47 所示。

图 3-46 整体回转式道岔

图 3-47 道岔区中央导轨

（3）索轨交通的道岔。

索轨交通的道岔一般采用硬轨制成特定的弯曲形式，通过分开和对接，使行驶的车辆改变运行的线路。道岔形式按其分开和对接的转换方式分为摆动、平移和旋转式等几种。道岔主要由硬轨、传动机构、导向机构、驱动装置、锁定装置、控制系统、电力系统组成。

摆动式道岔结构紧凑，传动和驱动机构比较简单，可用于站后折返线上，如图 3-48 所示。

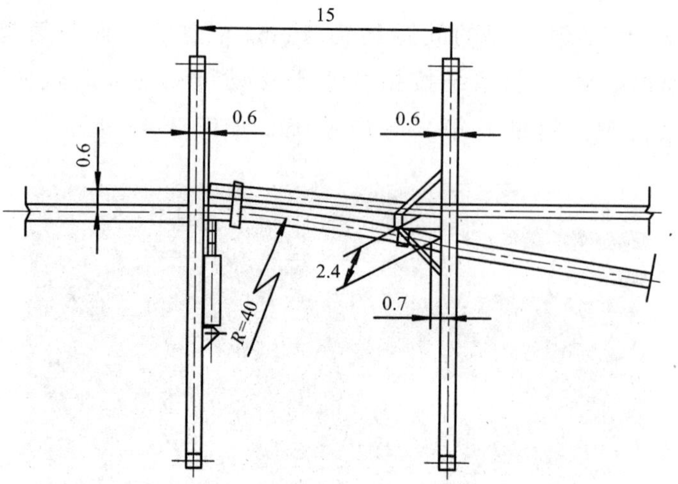

图 3-48　摆动式道岔示意图

平移式道岔通过道岔硬轨平行移动来实现运行线路转换，但占地较多，宜用于折返线和车场中，如图 3-49 所示。

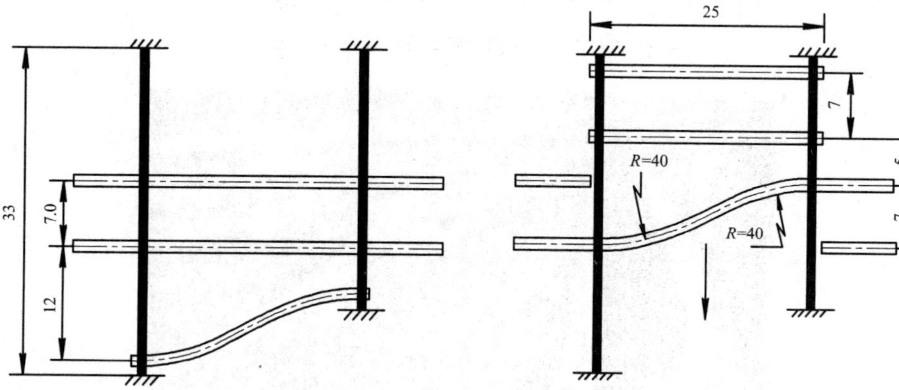

图 3-49　平移式道岔示意图

旋转式道岔比较复杂，各段道岔以同心圆旋转来实现运行线路转换，这种道岔占地较少，如图 3-50 所示。

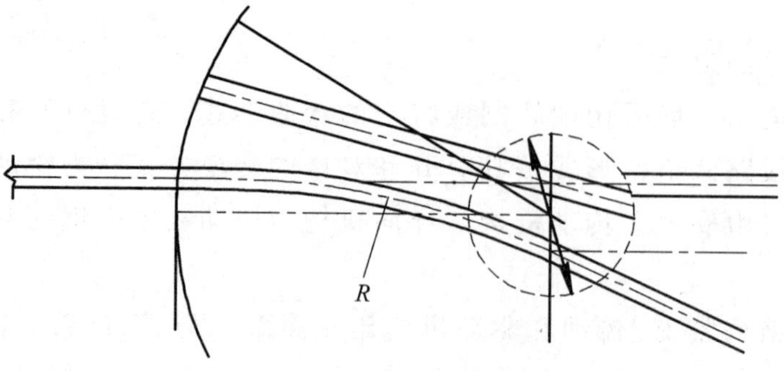

图 3-50　旋转式道岔示意图

第二节　线路设计

一、线路的平面

线路中心线在水平面上的投影，叫线路平面。它表明线路的曲直变化状态和走向。在线路平面设计时，为缩短线路长度和改善运营条件，应尽可能设计较长的直线，但为了满足沿途客流的需要、线路选线要求、适应地形变化（地面线方式）、避让障碍物（地面、地下、高架方式）等，在线路延伸的过程中就不得不出现曲线。

线路平面由直线、圆曲线以及连接直线与圆曲线的缓和曲线组成。

（一）圆曲线

线路在转向处所设的曲线为圆曲线，其半径的大小，反映了曲线弯曲度的大小。圆曲线半径越小，弯曲度越大。一般情况下，曲线半径越大，行车速度越高，但工程费用也越高。曲线半径宜按标准半径从大到小合理选用。其基本组成要素有：曲线半径 R、曲线转角 α、曲线长 L、切线长度 T，如图 3-51 所示。

在线路设计时，一般是先设计出 α 和 R，再按下式计算出 T 及 L：

$$T = R\cdot\tan\frac{\alpha}{2}\ \text{（m）}$$

$$L = \frac{\pi}{180}\cdot R\cdot\alpha\ \text{（m）}$$

曲线半径愈大，行车速度愈高，但工程量愈大，工程费用愈高。

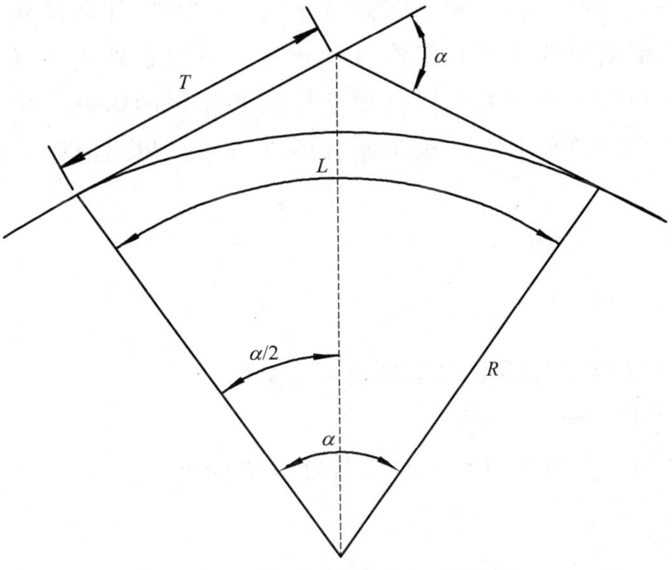

图 3-51　圆曲线要素

《设规》规定的地铁圆曲线标准半径为 3 000 m、2 500 m、2 000 m、1 500 m、1 200 m、1 000 m、800 m、700 m、650 m、600 m、550 m、500 m、450 m、400 m、350 m、300 m、250 m、200 m、150 m。地铁或轻轨曲线半径宜从大到小选择，最大不超过 3 000 m。当曲线半径小于 400 m 时，轮轨磨损大、噪声大，应尽量少用。为了使列车按规定速度安全平稳地运行，需要根据行车速度、车辆轮对有关尺寸等因素规定线路曲线的最小半径。线路曲线半径最小值是地铁主要的技术标准之一，根据国家标准《地下铁道设计规范》的规定，线路平面最小曲线半径应符合表 3-7 的规定。特殊困难条件时，可设计为上列半径间 10 m 整数倍的曲线半径。

轻轨尚无专用设计规范，其他类型的城市轨道交通相似工程的设计可参照《设规》执行。

表 3-7　地铁或轻轨线路平面最小曲线半径

线路		一般情况/m		困难情况/m	
正线/(km/h)	$v=80$	350	300	300	250
	$80<v=100$	550	500	450	400
联络线、出入线		250	200	150	
车场线		150	110	110	

注：除同心圆曲线外，曲线半径取值应是 10 m 的整数倍。

（二）曲线外轨超高 H

由于任何物体在做圆周运动时都会受到离心力的影响，这种影响会使列车在通过曲线时产生强烈的摇摆和晃动，使乘客感觉不适，并产生外轨偏载，使磨耗加剧。通常在圆曲线地段应根据曲线半径和实测行车速度，以设置外轨超高的办法使列车自身的重力产生一个向心的水平分力，以抵消惯性离心作用的影响，达到内外两根钢轨受力均匀和垂直磨耗均匀的目的，并满足旅客的舒适感，提高线路上运行列车的稳定性和安全性。

外轨超高的计算公式为：

$$H=11.8v^2/R \text{（mm）}$$

式中　v——列车经过曲线时的平均运行速度，km/h；

R——曲线半径，m。

铁路曲线外轨超高通常按 5 mm 的整数倍取值设置。

1. 超高限值

根据地铁行车速度、车辆性能、轨道结构稳定性和乘客舒适度等要求，《设规》

规定曲线外轨的最大超高为 120 mm，当设置的超高值不足时，一般可允许有不大于 61 mm 的欠超高。

2. 设置方法

（1）隧道。

隧道内及隧道外 U 形槽结构内的整体道床地段的曲线超高，宜采用外轨抬高超高值的一半、内轨降低超高值一半的办法设置，这样可不增加隧道净空，节省投资。

（2）高架线、地面线。

高架线、地面线的曲线外轨超高，宜采取外轨抬高超高值的办法设置，以避免为保证内轨轨枕下最小道床厚度而增加轨道结构高度，从而增大桥梁荷载，影响桥梁结构。对于地面线碎石道床，这种设置方法有利于保持轨道几何尺寸，便于维修。

（3）超高顺坡。

曲线外轨超高值应在缓和曲线地段内递减，无缓和曲线时，应在直线段递减。超高递减顺坡率不宜大于 2‰，困难地段不应大于 3‰。

（三）缓和曲线

为保证列车安全，为使线路平顺地由直线过渡到圆曲线或由圆曲线过渡到直线，以避免离心力的突然产生和消除，常需要在直线与圆曲线之间设置一个曲率半径变化的曲线，这个曲线称为缓和曲线。图 3-52 所示为设有缓和曲线的线路。

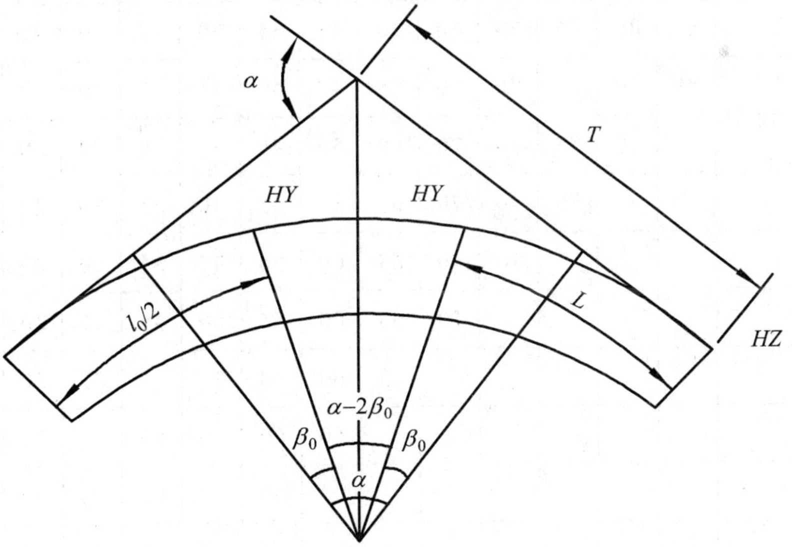

图 3-52 缓和曲线

缓和曲线的特征为：从缓和曲线所衔接的直线一端起，它的曲率半径由无穷大逐渐减小到它所衔接的圆曲线半径（或相反），从而使离心力逐渐增加（或减小），不致造成列车强烈的横向摇摆，这对改善运营条件、保证行车安全和平顺都有很大的作用。

缓和曲线的另一个作用是满足曲线地段轨距加宽和外轨超高过渡的需要，因此，缓和曲线应具有足够的长度。《地下铁道设计规范》规定缓和曲线长度为 20 ~ 75 m，即不短于一节车辆的全轴距长。地铁标准半径曲线对应不同速度要求的缓和曲线长度见表 3-8。

地铁、轻轨的缓和曲线线型采用我国铁路常用的三次抛物线型，以便于测量、养护维修和缩短曲线长度。

表 3-8　缓和曲线长度

R \ V \ L	100	95	90	85	80	75	70	65	60	55	50	45	40	35	30
3 000	30	25	20												
2 500	35	30	25	20	20										
2 000	40	35	30	25	20	20									
1 500	55	50	45	35	30	25	20								
1 200	70	60	50	40	35	30	25	20	20						
1 000	85	70	60	50	45	35	30	25	25	20					
800	85	80	75	65	55	45	40	35	30	25	20				
700	85	80	75	70	60	50	45	35	30	25	20	20			
650	85	80	75	70	60	55	45	40	35	30	20	20			
600		80	75	70	70	60	50	45	35	30	20	20	20		
550			75	70	70	65	55	45	40	35	20	20	20		
500				70	70	65	60	50	45	35	20	20	20	20	
450					70	65	60	55	50	40	25	20	20	20	
400						65	60	60	55	45	25	20	20	20	
350							60	60	60	50	30	25	20	20	20
300								60	60	60	35	30	25	20	20
250									60	60	40	35	30	20	20
200										60	40	40	35	25	20
150												40	40	35	25

注：R 为曲线半径（m）；v 为设计速度（km/h）；L 为缓和曲线长度（m）。

（四）圆曲线间的夹直线

两相邻曲线转向相同时称为同向曲线；转向相反则称为反向曲线。

线路上两条相邻的曲线不应该直接相连，而应在两条相邻的曲线间设置一定长度的直线，以保证列车平稳的运行，这条直线称为夹直线。由于列车连续通过缓和曲线起、终点时，当所产生的冲击振动频率与车辆自振频率相吻合时会发生振动的迭加或共振，为了保证运营安全，提供平稳的行车条件，线路不宜连续设置多个曲线，并且曲线之间必须保证足够长度的夹直线。

车辆运行在同向曲线上，因相邻曲线半径不同，超高高度不同，车体向内的倾斜度也不同；车辆运行在反向曲线上，因相邻曲线超高方向不同，车体时而向左倾斜，时而向右倾斜。

《设规》规定：两曲线间的夹直线的长度，A 型车不宜小于 25 m，B 型车不宜小于 20 m，在困难情况下不得小于一个车辆的全轴距；车场上的夹直线长度不得小于 3 m。

地铁线路还不宜采用复曲线，有充分技术经济依据时在困难地段方可采用。当两圆曲线的曲率差大于 1/2 500 时，则应设置中间缓和曲线，其长度根据计算确定，在困难条件下不得小于 20 m。

（五）曲线附加阻力

当列车通过曲线时，由于离心作用的影响，外侧车轮轮缘紧压外轨，使其摩阻力增大；又由于曲线外轨比内轨长，外轮在外轨上产生滑行等原因，运行在曲线上的列车所受到的阻力比其在直线上所受到的阻力大，两者之差即为曲线附加阻力。下面列举的为曲线附加阻力与运营工作的关系。

1. 限制列车运行速度

因为离心作用的影响与曲线半径成反比，而与列车运行速度的平方成正比。曲线半径越小、列车运行速度越大，则离心作用的影响越大，若速度大到一定限度，列车就有可能在离心作用的影响下，向曲线外侧翻倒造成事故。曲线半径越小对列车通过曲线的速度影响就越大。

2. 增加轮轨之间的磨耗

曲线半径越小，离心作用的影响越大，外轮对外轨的挤压越严重，磨耗也越严重。

3. 增加轨道设备

为防止出现列车外轮对外轨的挤压而引起的轨距扩大，以及防止钢轨带动轨枕在道床上横向移动，在有砟轨道上，对小半径曲线地段的轨道一般应增加轨枕数量，加设轨距杆和轨撑。

4. 增加轨道养护维修的费用

小半径曲线地段的轨距、水平、方向都很容易发生变化，其养护维修工作量也会更大，因此养护维修费用也会增加。在轨道交通运量大、密度高的情况下，上述缺点将会更加突出。城市轨道交通系统应根据其运行特征及车辆性能等要素选择一个适合的最小曲线半径值，以便于设计与施工。

正线及辅助线的圆曲线最小长度，A 型车不宜小于 25 m，B 型车不宜小于 20 m，在困难情况下不得小于一个车辆的全轴距。当不满足该最小长度时，可适当减短缓和曲线长度或通过适当调整线位以增大曲线偏角，达到规定的最小长度。

二、线路的纵断面

线路中心线在垂直平面上的投影称为线路纵断面（单轨铁路以轨道梁中心线为准），它表明线路的坡度变化。

线路的纵断面由平道、坡道及设在变坡点处的竖曲线组成。

（一）坡　道

坡道的特征用坡段长度和坡度值来表示。

（1）坡段长度为该坡段前后两个变坡点之间的水平距离 L_i（m）。坡段长度不宜小于远期列车长度，使一列车范围内只有一个变坡点，避免受变坡点附加力的叠加影响和出现附加力的频繁变化，以保证列车行车的平稳。同时应满足两相邻竖曲线间的夹直线长度不宜小于 50 m 的要求，使竖曲线不互相重叠，并相隔一定距离，以利于线路维修养护和保持行车的平顺性。

（2）坡度值 i 于该坡段两端变坡点间的高差 H_i 除以坡段长度 L_i，以千分数表示，即

$$i = \frac{H_i}{L_i} \times 1\ 000‰$$

线路根据地形的变化，分为上坡、下坡和平道。上、下坡是按列车运行方向来区分的，通常用“+”号表示上坡，用“-”号表示下坡，平道用“0”表示。

线路纵断面上坡度的变化点，叫变坡点。相邻变坡点间的距离，叫坡段长度。地铁或轻轨线路纵坡长度不小于远期列车长度，还应满足两相邻竖曲线间的夹直线坡段长度不小于 50 m。

（二）竖曲线

在线路纵断面上，若各坡段直接连接成折线，列车通过变坡点时，产生的车辆振动和局部竖向加速度增大，乘客舒适度降低。同时车辆处在最不利位置时，可能导致车轮脱轨或相邻车辆脱钩，影响行车安全。为保证列车运行平稳，防止脱钩、断钩，

应在相邻坡段间用一圆顺曲线连接，使列车顺利地由一个坡段过渡到另一个坡段，这个纵断面上变坡点处所设的曲线，叫作竖曲线，如图 3-53 所示。由图 3-53 可知，竖曲线切线长 T_s 为：

$$T_s = R \cdot \tan\frac{\alpha}{2} = \frac{1}{2\,000} R \cdot \Delta i \quad (\mathrm{m})$$

式中，Δi 为相邻坡段坡度代数差的绝对值。

竖曲线长 L_s：$L_s \sim 2T_s$（m）。

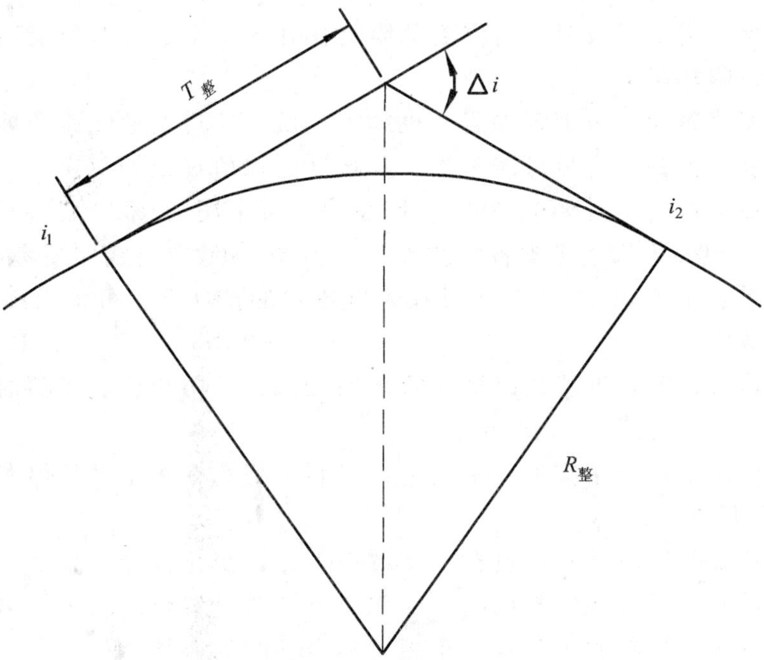

图 3-53　竖曲线

1. 竖曲线设置规定

（1）当两相邻坡段的坡度代数差等于或大于 2‰时，应设圆曲线型的竖曲线连接。

（2）车站站台计算长度内和道岔范围内不得设置竖曲线，竖曲线离开道岔端部的距离不应小于 5 m。

（3）碎石道床线路竖曲线不得与平面缓和曲线重叠；不设平面缓和曲线时，竖曲线不得与超高顺坡重叠，否则立面轨顶超高顺坡与平面缓和曲线曲率渐变将形成复杂的空间曲线，施工中很难做成设计形状，运营中的碎石道床也难以保持。

2. 竖曲线半径

竖曲线半径大小与速度有关，速度越高，要求半径越大。根据地铁实际行车速度，《设规》规定地铁竖曲线半径应符合表 3-9 的规定。

表 3-9　竖曲线半径

线路		一般情况/m	困难情况/m
正线	区间	5 000	3 000
	车站端部	3 000	2 000
辅助线		2 000	
车场线		2 000	

（三）坡道附加阻力

当列车在上坡道上运行时，所受到的阻力比在平道上运行时所受到的阻力大，两者之差即为坡道附加阻力。

坡道的坡度值越大，坡道附加阻力也越大。城市轨道交通线路的坡度在满足排水及标高控制要求的前提下应尽可能平缓，其坡度的取值规定如下：

（1）正线最大坡度不宜大于 30‰，困难地段可采用 35‰，联络线、出入线的最大坡度不宜大于 40‰（均不考虑各种坡度折减值）。地铁隧道线路要考虑排水的需要，正线最小坡度不宜小于 3‰，困难地段在确保排水的条件下，可采用小于 3‰的坡度。

（2）车站坡度。

地下车站站台计算长度段线路坡度宜采用 2‰，以防止出现车辆溜动，也便于站内线路排水；困难条件下不大于 3‰。

地面和高架桥上的车站宜设在平道上，以利于列车在车站平稳停车；困难地段不大于 3‰，便于停车和启动。

车站站台计算长度段线路应设在一个坡道上，以简化设计、施工，也便于排水处理；有条件时车站宜设置在纵断面的凸形部位上，并设置合理的进、出站坡度，即进站上坡，出站下坡，这有利于节省列车制动和启动时的能耗。

车场线宜设在平道上，困难时库外线不大于 1.5‰，以防止溜车。

（3）道岔宜设在不大于 5‰的坡道上，困难地段不大于 10‰。

（4）折返线和停车线宜布置在面向车挡的下坡道上，隧道内的坡度宜为 2‰，地面和高架线上的折返线、停车线，其坡度不宜大于 1.5‰，以防止溜车，确保停车安全，同时又保证了必要的最小排水坡度。

第三节　土建设施

城市轨道交通系统进入城区后，可以随着城市地势的变化或根据城区建筑群的不同，或从空中走，形成高架桥梁；或进入地下，形成隧道。桥隧建筑物包括桥梁、隧道、涵洞等。

高架、隧道均应修建为永久性结构，符合工程结构抗震和相应的技术规范要求，其限界应根据规划考虑发展的需要。桥涵的承载能力，要符合轨道交通的技术要求，并根据承载能力及技术状态，制定运用条件。桥涵建筑物应确保通过的线路具有良好的稳定性、平顺性、耐久性，结构构造应便于检查和养护，根据需要设置便于检查的设施。

高架、隧道应按规定设置联络通道、避车台、疏散平台、电缆沟（槽）、预埋件及必要的检查和防火设备。

一、桥　梁

（一）高架结构工程的特点

当选线需要设置高架结构的桥型时，应结合考虑城市的景观要求。当高架结构与公路、铁路立交或横跨河流时，其桥下净空应满足行车、排洪的要求。

高架线路的区间桥跨结构，宜采用工厂预制的钢筋混凝土或预应力混凝土梁，当梁的跨度大于 30 m 时，可采用后张预应力混凝土梁或钢梁。高架车站可采用钢筋混凝土框架结构，站内行车轨道部分的桥跨结构应与站台部分的梁板脱开。同一条线路各高架车站的结构应力求统一。高架桥上应考虑管线设置或通过要求，并设有紧急进出通道，防止列车倾覆的安全措施，及在必要地段设置防噪屏障，还应设有防水、排水措施。

高架桥一般有以下结构形式：

（1）槽形梁结构：跨度 $L = 10$、20、30、35 m，建筑高度 0.35 ~ 0.5 m。

（2）脊梁结构：跨度 $L = 25$、30、35、40 m，建筑高度 0.5 ~ 0.6 m。

（3）超低高度板结构：$L = 10$ m，建筑高度 0.44 ~ 0.8 m；$L = 15$ m，建筑高度 0.54 ~ 1.00 m；$L = 20$ m，建筑高度 0.66 ~ 1.40 m。

目前城市高架桥大都采用预应力或部分预应力的混凝土结构。

（二）高架槽形梁结构

槽形梁一般是预应力混凝土结构，属下承式桥梁，由车道板、主梁和端横梁 3 部分组成，如图 3-54 所示，各部分结构如图 3-55 所示。

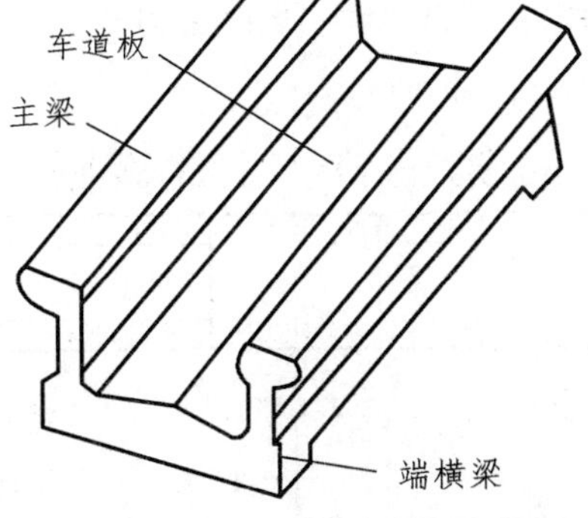

图 3-54　槽形梁的组成

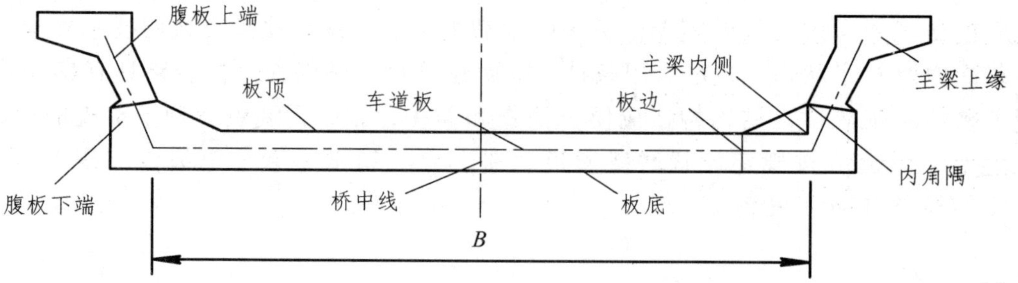

图 3-55　槽形梁结构部分

车道板位于梁体下翼缘，是直接承受车辆荷载的部分，由于列车在车道板上通行，所以车道板的宽度较大。当桥的长宽比较大时，车道板宜使用单向板；当桥的长宽比较小时，宜采用双向板。

主梁是主要的承重结构，由上翼缘、腹板和车道板的一部分宽度作为下翼缘的组成部分。主梁腹板厚度分为薄腹板和厚腹板两种。

端横梁是槽形梁的重要组成部分之一，在施工和养护维修时起顶梁的作用，并为车道板的两端提供支承，保证车道板的整体作用，为上翼缘的横向稳定起支撑作用。

槽形梁的施工一般采用装配式方案，该方法又分为纵向分块和横向分块两种。

横向分块，每块为一完整的 U 形截面，横向预应力在预制时已实施完成。施工时在桥头路堤上串联成整体，然后用纵移法移到桥孔，落梁就位。

纵向分块是将两侧主梁预制成两大块，主梁之间的车道板和端横梁可以预制，也可以在主梁架设就位现浇。预制的车道板，端横梁和两侧主梁的连接必须采用湿接缝。在工地上要施加横向预应力和纵向预应力。

（三）高架脊梁式结构

脊梁式结构分为上承式和下承式两种。上承式是在单箱梁的上部带大悬臂挑臂结构，下承式是在脊梁的下底板位置带大悬臂挑臂结构，如图 3-56 所示，一般城市轨道交通大多采用后者。这种结构主要靠脊梁来承受纵向弯矩，挑臂板作为行车道板，同时将列车荷载传到脊梁上，挡墙主要是防止噪声和作为防护车辆倾覆的保护体，也可作为结构的一部分，起边梁作用，改善挑臂的受力。

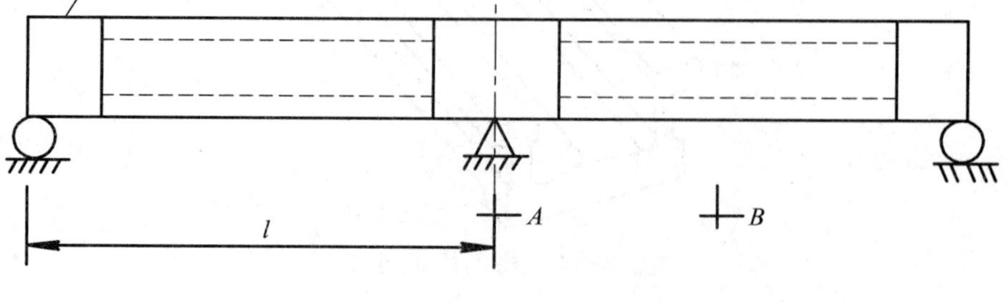

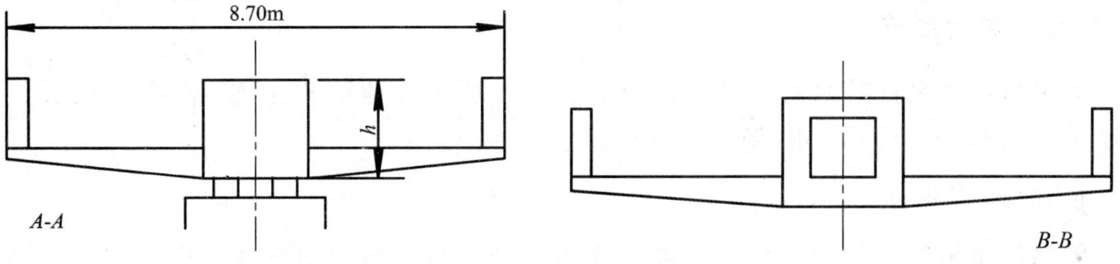

图 3-56　脊梁结构形式

下承式脊梁结构具有以下优点：

（1）建筑高度低。其建筑高度为挑臂板的厚度，脊梁高度的改变对挑臂板的厚度无影响，而跨度的改变只影响脊梁的高度，这对城市高架结构的线型布置非常有利。

（2）施工方便。可以选用预制构件拼装法，先吊装脊梁，然后拼装挑臂翼板，施工便捷。

（3）结构上需要的部分可供做他用，即边缘和脊梁顶面可作检修道等。

（4）脊梁和边梁构成一个防噪体系。

（5）外形美观。

下承式脊梁翼板式结构的横断面由脊梁、大挑臂翼板和端加筋边梁（挡板）3 部分组成。

挑臂板的结构形式可采用纵向连续板、空心板或者用多根悬臂梁代替，如图 3-57 所示。从施工、防振、隔振、防噪性能和美观上综合考虑，以实体板为好。

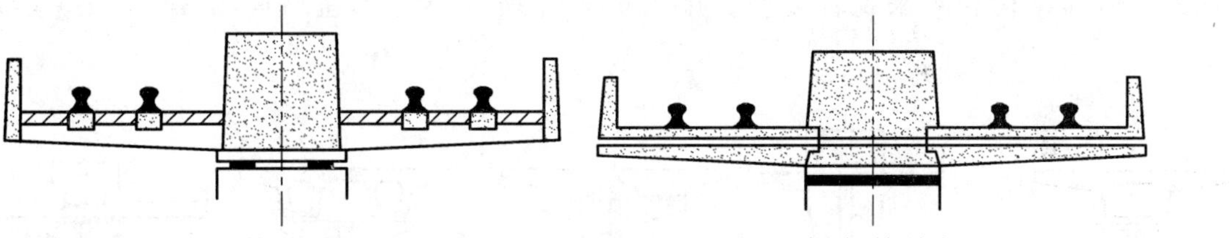

（a）挑臂梁　　（b）挑臂扳

图 3-57　挑臂形式

（四）超低高度板式结构

超低高度板式结构实际上是低高度梁或厚板，亦称为板梁，一般由于结构的建筑高度要求做得小，刚度是设计的控制条件。超低高度板梁结构形式如图 3-58 所示。

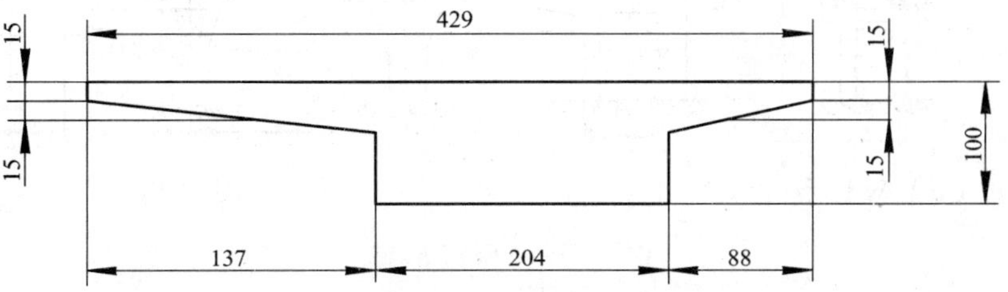

图 3-58　轻轨板梁横截面图

（五）墩台形式

高架桥的墩台除应具有足够的强度和稳定性以承受荷载外，还需要考虑美观，并与城市环境和谐、匀称、协调。一般有如下几种形式。

1. 倒梯形桥墩

倒梯形桥墩构造简单，施工方便，受力合理，具有较大的强度、刚度和稳定性，对于单箱单室箱梁和脊梁来说，选用倒梯形桥墩在外观和受力上均较合理。倒梯形桥墩如图 3-59（a）所示。

2. “T”形桥墩

“T”形桥墩自重小，节省圬工材料，能减少占地面积，墩身可做成圆柱、矩形、六角形等，具有较大的强度和刚度，其与上部结构的轮廓线过渡平顺、受力合理，如图 3-59（b）所示。

3. 双柱式桥墩

双柱式桥墩体积小，透空空间大，稳定性好，结构轻巧，所适用的上部结构较灵活。双柱形桥墩如图 3-59（c）所示。

4. “Y”形桥墩

“Y”形桥墩与“T”形桥墩一样，体积小、省圬工、占地少、外观简洁、桥下透空大。但其结构相对来说较复杂，施工也较麻烦。“Y”形桥墩如图 3-59（d）所示。

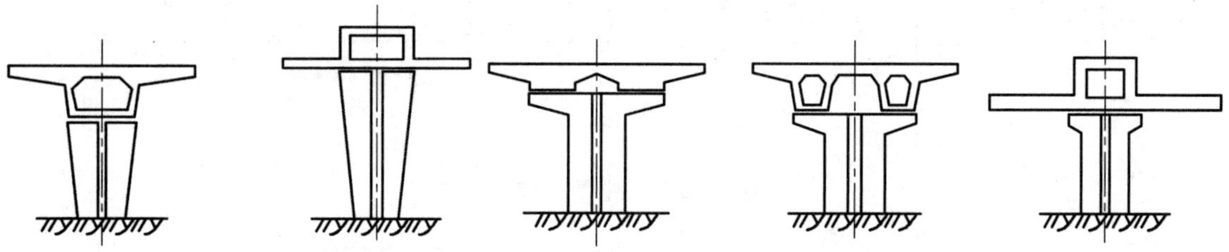

（a）倒梯形　　（b）“T”形

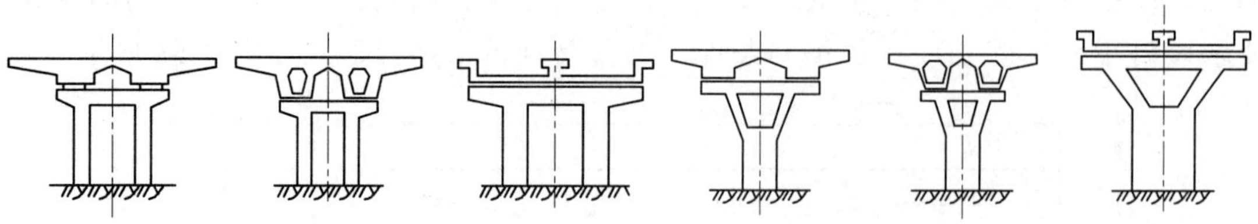

（c）双柱形　　（d）“Y”形

图 3-59　桥墩形式

二、隧　道

地下铁道在城市轨道交通中占有较大比重。地下铁道在地下运行，对地面上的其他交通工具无干扰，其运输不受气候影响，也减少了地面轻轨和高架交通所产生的噪声污染，在战争期间还可作为民用防空设施，但是地下铁道的造价昂贵，应充分进行技术经济比较后，再分区段确定线路方案。

地铁隧道宜采用信息化设计，严格按照相关规范要求，根据地质条件、荷载状况，综合考虑隧道的埋深、结构类型、施工方法等。

（一）区间隧道的特点

地铁的地下线路铺设在隧道中，连接两个地铁车站之间的隧道称为区间隧道。地下铁道的区间隧道与铁路隧道基本相同。地铁区间隧道结构包括行车隧道、渡线、折返线、地下存车线、联络线以及其他附属建筑物。当列车在曲线隧道中运行时，隧道的内净空需要进行加宽。

（二）区间隧道的断面形式

1. 浅埋式地下铁道

浅埋式地下铁道一般采用矩形断面，如图 3-60、图 3-61 所示。

2. 深埋式地下铁道

深埋式地下铁道根据施工方式的不同，可以设计为矩形断面（如地下连续墙施工方法），也可以采用圆形断面（如地下盾构掘进施工方法），也有采用椭圆形断面的，如图 3-62 所示。

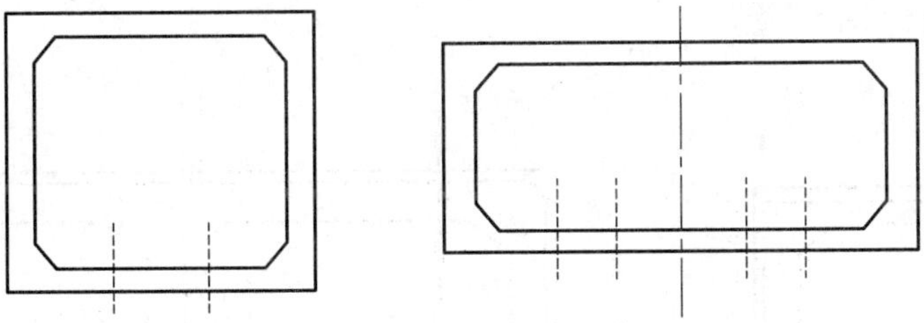

图 3-60　单跨单线和双线示意图

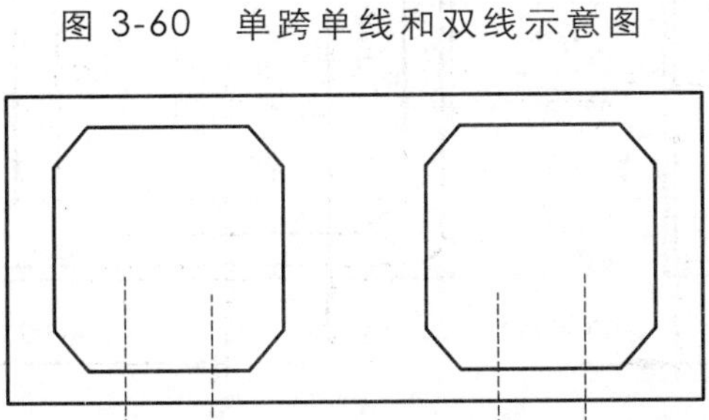

图 3-61　双跨双线示意图

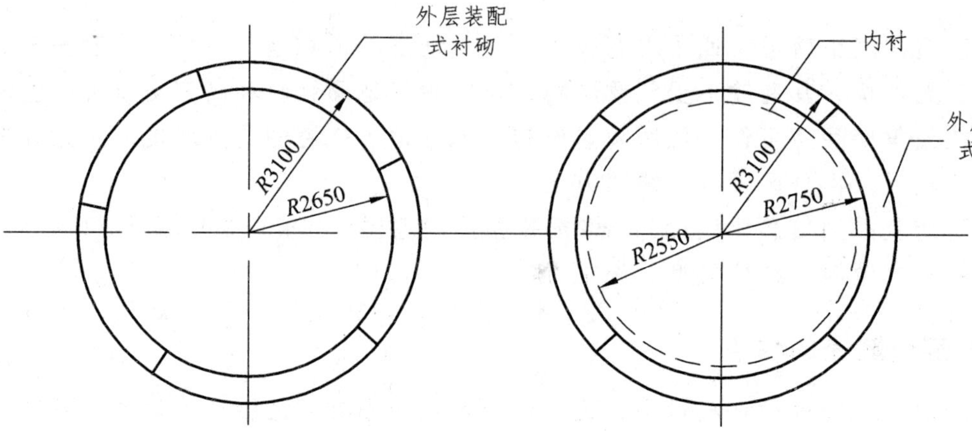

图 3-62　地下铁道隧道圆形断面图

（三）地下隧道施工方法简介

1. 明挖法

明挖法施工的隧道，可采用整体式与装配式钢筋混凝土结构，兼作主体结构使用的地下连续墙宜采用壁板式现浇或预制的钢筋混凝土结构。明挖法施工的隧道内部为矩形。

当城市地面空间足够时，可以采用放坡大开挖法修筑隧道，如图 3-63 所示。放坡率可以根据地质情况确定，对应的区间隧道一般采用框架结构，上部设计荷载以回填土重加路面荷载来考虑，侧面荷载考虑侧土压力。明挖法施工的造价较低，但土方工程量较大，且影响地面交通。

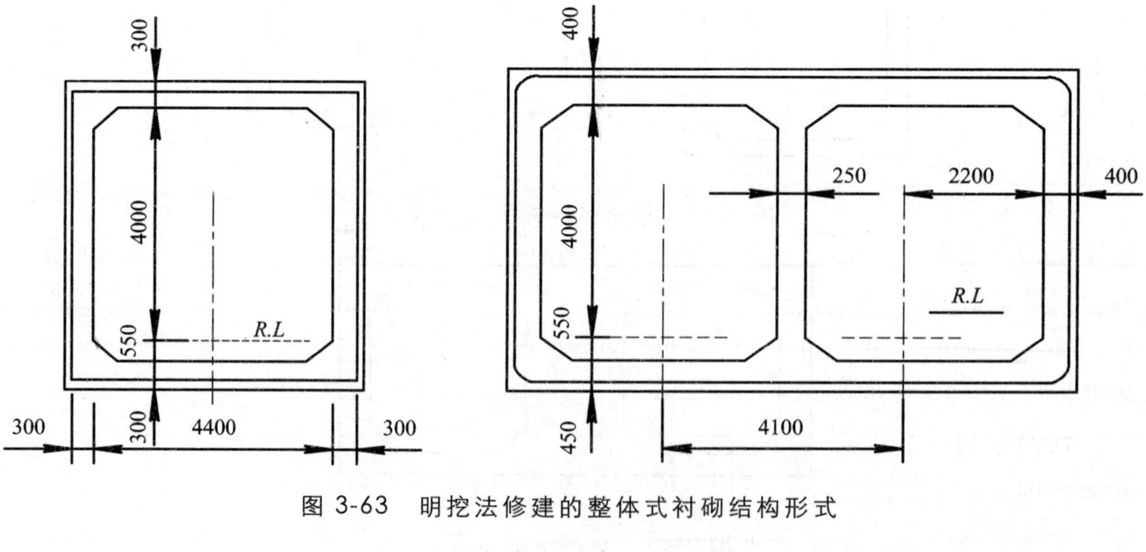

图 3-63　明挖法修建的整体式衬砌结构形式

2. 暗挖法

（1）盾构法：盾构法施工的隧道，可采用单层衬砌或在其内现浇钢筋混凝土内衬的双层衬砌；根据不同的地质条件和设计要求，单层衬砌可采用装配式钢筋混凝土衬砌或现浇的挤压混凝土衬砌；装配式衬砌联络通道的门洞区段可采用钢管片、铸铁管片或钢与钢筋混凝土的复合管片。盾构法施工的隧道内部为圆形。盾构是松软地层中修建隧道的专门机具，沿其长度可分为 3 部分：前部叫切口环，中部叫支撑环，后部叫盾尾，如图 3-64 所示。其断面形式有：圆形或椭圆形、半圆形、马蹄形、箱形。盾构既是一种施工机具，又是一种强有力的临时支撑结构，其开挖和衬砌工作均在盾壳的保护下进行。

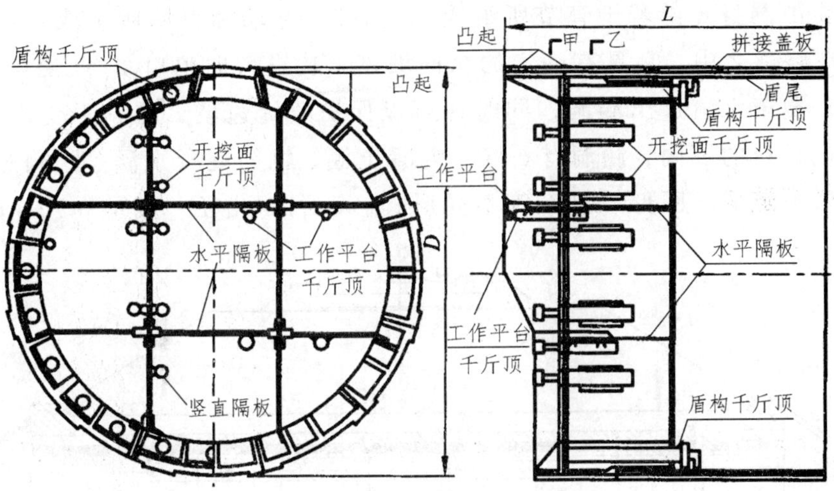

图 3-64　盾构的组成

（2）矿山法：矿山法施工主要包括：全断面法、台阶法、下导坑漏斗棚架法及上下导坑先拱后墙法等。我国现有的铁路隧道大部分由矿山法修筑而成。由于矿山法施工的理论基础是传统的结构力学，其基本假定与实际隧道的工作状态相差甚远，另外在施工中需要大量的钢材和木材作为临时支撑，工人的劳动强度大，施工环境差，因而近年来已逐渐被新奥法所取代。

（3）新奥法：新奥法是新奥地利隧道施工法的简称。它的基本观点是：围岩既是隧道结构的荷载，又是承受岩体压力的承载体的一部分；围岩自承能力只有通过围岩的变形才能发挥出来，因而隧道开挖后允许围岩发生变形，同时也要限制围岩的变形量，不致由于变形过大而使岩体松弛甚至坍塌，所以最理想的支护结构应当是能随围岩共同变形的柔性支护，在实践中证明这种柔性支护为喷混凝土和锚杆支护。

铁路部门将新奥法的基本原则扼要概括为："少扰动，早喷锚，勤量测，紧封闭"。新奥法施工的理论基础建立在现代岩体力学的基础上。

新奥法施工按其开挖断面的大小及位置，基本上可以分为：全断面法、台阶法、分部开挖法 3 大类及若干变化方法。下面着重讲解全断面法和台阶法。

① 全断面法:全断面法是将隧道设计轮廓线一次钻爆成型，优点是工序小，相互干扰少，便于组织施工和管理；工作空间大，便于使用大型施工机具。

② 台阶法：将开挖断面分成两步或多步，又可根据台阶的长短划分为长台阶法（台阶长度大于 5 倍洞跨）、短台阶（台阶长度大于洞跨）和超短台阶法（台阶长度小于洞跨）。

三、涵　洞

涵洞是设在路堤下部的填土中，用以让水流或行人通过的一种建筑物。

涵洞主要由洞身（由若干管节所组成）、基础、端墙和翼墙所组成，如图 3-65 所示。管节埋在路基之中，它具有一定的纵向坡度（从进口向出口），以便排水。端墙和翼墙的作用是便于水流进出涵洞，同时还可以保护路堤边坡，使它不受水流的冲刷。

按照建筑材料的不同，涵洞有石涵、混凝土涵、钢筋混凝土涵、铁涵等多种类型。涵洞的截面分为矩形、圆形、拱形等不同形式。涵洞的孔径一般是 0.75 ~ 6.0 m。

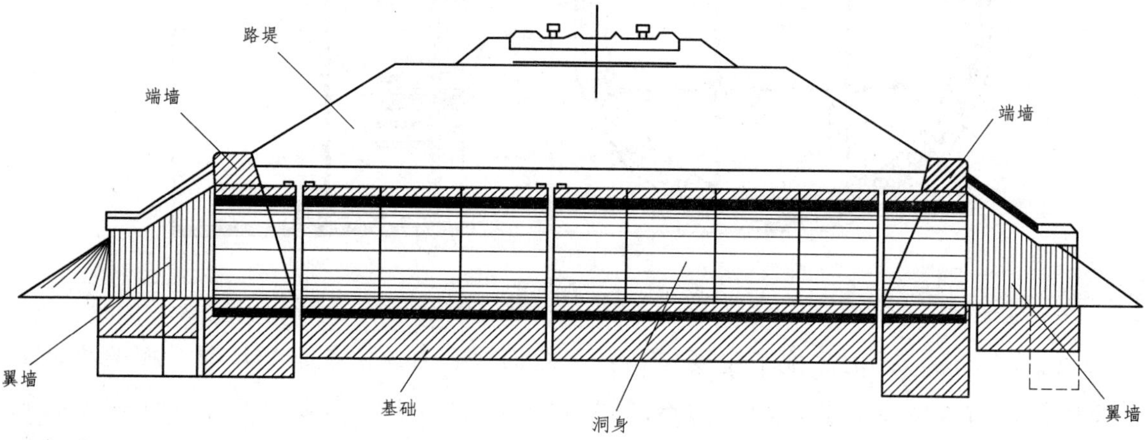

图 3-65　涵洞的组成

第四章 城市轨道交通车站

第一节 城市轨道交通车站概述

城市轨道车站是供列车停靠、旅客乘降、集散的重要设施，车站的选址、布置、规模等对轨道交通运营效果具有决定性意义。车站既为乘客提供安全、便捷、舒适的乘车条件，又能吸引更多的客流，获得更好的运营效益，同时可以美化城市环境，取得经济、社会和环境的综合效益。

一、车站的分类

1. 按车站客流量大小分类

（1）大型车站：高峰每小时客流量为 3 万人次以上。

（2）中型车站：高峰每小时客流量为 2 万～3 万人次。

（3）小型车站：高峰每小时客流量为 2 万人次以下。

2. 按车站的运营功能分类

（1）始发（终到）站：设置在线路两端终点的车站。除具有换乘的基本功能之外，还可供列车折返、停留和临时检修之用。

（2）中间站：列车途经的车站。其主要作用就是供乘客换乘。但有些中间站还设有折返线、渡线、存车线等，以便在列车故障时能快捷有效地进行列车调整，尽快恢复正常的列车运行秩序。

（3）换乘站：设置在两条及两条以上的有轨交通线路交叉点的车站。其最大的特点是乘客可在计费区内从一条线路换乘到另一条线路。可最大程度地节省乘客出站、进站及排队购票的时间，为乘客的换乘提供方便。根据线路的共用状况，换乘车站可以分为：共线换乘和分线换乘。根据同一个车站中换乘线路的数量，换乘车站可以分为：二线换乘、三线换乘等。

3. 按车站设置的空间位置分类

（1）地下站：由于地面建筑已固定，或是要节省地面空间，埋藏于地下。车站通过出入口及通道引导客流。其中按埋藏深度又可分为，浅埋式车站、中埋式车站和深埋式车站三种，其中浅埋式车站轨顶至地表距离小于 15 m，中埋式车站轨顶至地表距离为 15 ~ 25 m，深埋式车站轨顶至地表距离大于 25 m，缺点是造价比地面站高得多，如图 4-1（a）所示。

（2）地面站：设置在地面层。地面车站造价比较低，工程量小，布置灵活；缺点是占用地面空间，造成轨道交通线路所经过的地面区域分割，所以，一般在城乡接合部采用此类型的车站。

（3）如图 4-1（b）所示高架车站：置于高架桥梁的桥面，在结构上比较简单，造价大大低于地下站；缺点是有永久性的阴影区，对城市的街道景观影响较大，如图 4-1（c）所示。

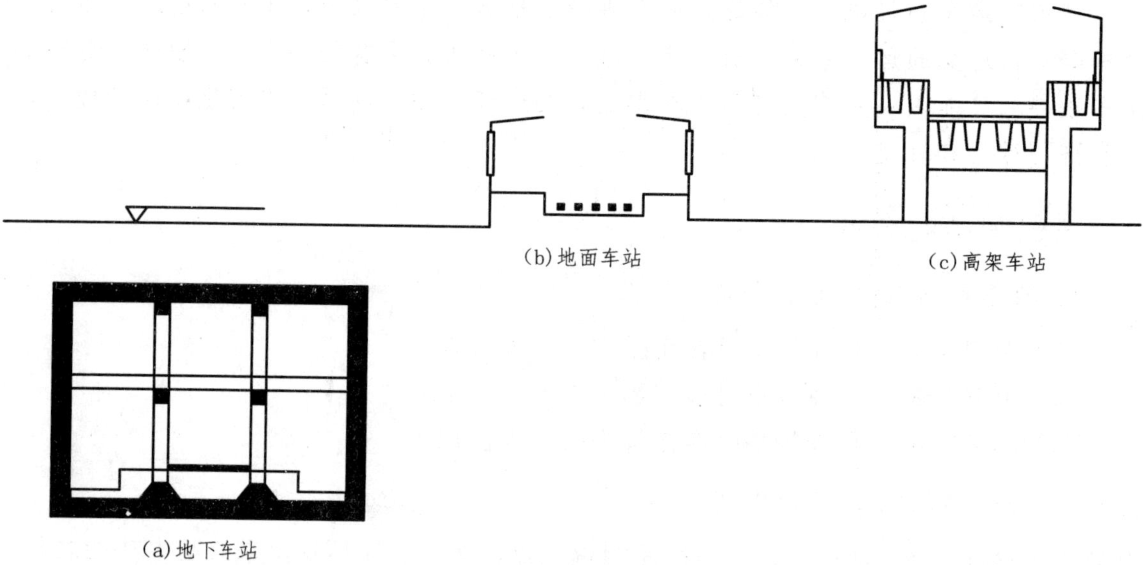

图 4-1　车站设置位置示意图

4. 按车站站台型式分类

（1）岛式站台车站：站台位于两线之间，优点是站台面积可以得到充分利用，管理集中，车站结构紧凑，设备使用率高，乘客换乘方便等；缺点是存在两方向的旅客交叉干扰。如图 4-2（a）所示。

（2）侧式站台车站：站台位于线路两侧，优点是列车进站无曲线，运行状态好，站台的横向扩展余地大，双向乘客上下车无干扰，不易乘错方向，如图 4-2（b）所示。

（3）混合式站台车站：既有岛式站台，又有侧式站台的混合形式，如图 4-2（c）所示。

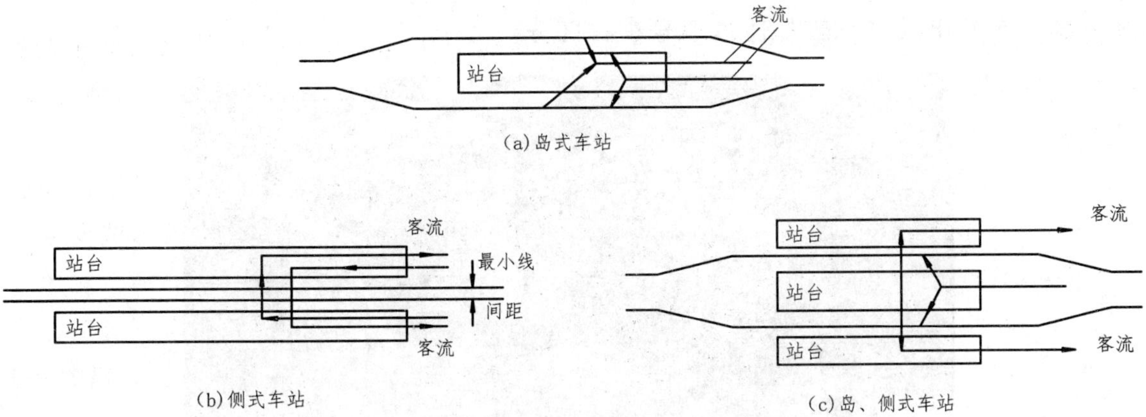

图 4-2　车站站台型式示意图

a—岛式车站；b—侧式车站；c—混合式车站

车站的分类并不是单一的，分类的目的都是为了便于进行相关的统计。如：同一个车站既可能是大型车站和地面站，同时也是始发站和侧式车站。

二、车站的组成

对城市轨道交通系统来说，车站一般包括主体、出入口及通道、站厅层、站台层和其他附属建筑物。

（一）车站主体

主体是列车的停车点，它不仅要供乘客上下车、集散、候车，一般也是办理运营业务和运营设备设置的地方。车站主体根据功能的不同，可分为乘客使用部分和车站用房两大部分。

1. 乘客使用部分

基本为乘客进入车站后的活动区域和包括站台、楼梯和自动扶梯、导向牌等为乘客候车服务的设施。

2. 车站用房

为工作人员提供办公、休息的场所和保证列车正常运行、保证车站内良好环境条件所需要的设备用房，主要包括运营管理用房、设备用房和辅助用房三部分。

（二）出入口

旅客进出车站的通道，并可能作为城市过街地道，如图 4-3 所示。出入口的设置不宜过长，并应该满足人防、消防和紧急疏散等有关要求。为确保乘客的人身安全，方便乘客及疏散客流，一个车站都有多个出入口，一般不少于两个（有关条文规定：至少有两个以上达到使用要求的出入口，轨道交通车站方可投入使用）。同时为方便乘客识别，车站出入口一般都通过编号进行区分。

图 4-3　出入口示意图

（三）通　道

车站内乘客为到达目标地所必须途经的区域称为通道，如图 4-4 所示。一般较常见的有出入口通道和站厅层通道，其中站厅层通道又可依据其所在区域分为收费区通道和非收费区通道。

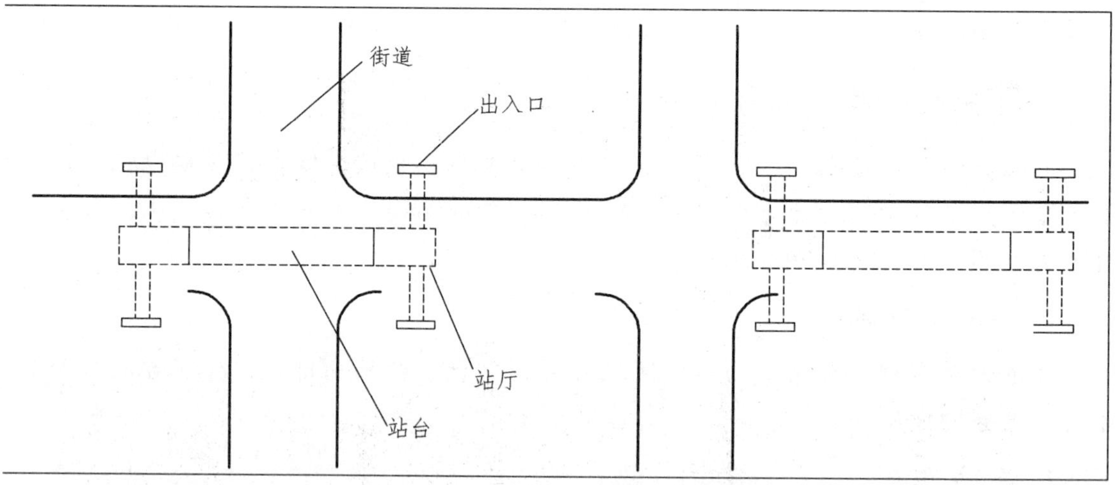

图 4-4　通道示意图

（四）站厅层

乘客问讯、购票和进站检票、出站验票设备的布置区域称为站厅层，其布置如图 4-5 所示。站厅层区域又可按乘客检票进站前、后的状况分成二大区域：前者为非收费区、后者为收费区。收费区域、非收费区域面积确定的大小，完全依据车站客流状况决定。在站厅层的两端一般设有设备用房、管理用房及生活用房。

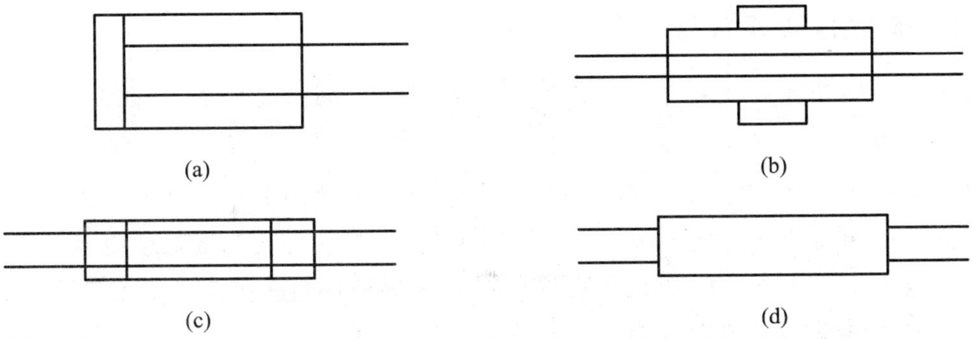

图 4-5　站厅层布置示意图

a—站厅位于车站一端；b—站厅位于车站两侧；c—站厅位于车站两端的上层或下层；
d—站厅位于车站上层

（五）站台层

它是最直接体现车站功能的层面，其主要作用是供列车停靠、乘客候车及上下列车之用，其示意图如图 4-6 所示。乘客能直接登上或离开到、发列车的候车楼层称为站台层。乘客候车和上、下列车的区域称为站台。站台的大小取决于远期预测的高峰小时的客流量。站台长度一般应满足八节编组的列车停靠，站台宽度按客流量大小通过计算确定。在站台层也设有设备用房及管理用房。一般不设生活用房，因站台直接与股道相接，如无屏蔽门，则安全性较差。

图 4-6　站台层示意图

（六）其他附属建筑物

包括通风亭和冷却塔等能够保障车站安全、有效运营的建筑。

三、车站的功能分区

车站内应按功能分为公共区、设备区和办公区，各区应划分合理，功能明确，便于管理，并应符合下列规定：

（1）车站的设计规模应根据按控制期高峰小时预测的客流集散量和车站行车管理、设备用房的需要来确定，要与站厅、站台、出入口通道、楼扶梯以及售检票等部位的通过能力相匹配，同时满足事故发生时乘客紧急疏散的需要。应注意车站分向客流、突发客流的影响。超高峰系数根据车站规模及周边用地情况所决定的客流性质不同取值一般取 1.2 ~ 1.4。

（2）车站设计应合理组织各种客流，减少相互之间的交叉干扰，保证乘客方便进站、迅速出站，车站的站厅、站台、出入口、通道、楼梯、自动扶梯和售检票机等各部位的通过能力应相互匹配。

（3）地铁车站建筑设计应以功能为主，并注重交通性建筑应具备的简洁明快、美观大方、易于识别等特点，建筑设施突出交通功能，体现现代交通建筑的时代气息，同时还应与周围的城市环境相协调。

（4）地下车站在满足使用功能要求的前提下，尽量优化设备、管理用房布置，并进行标准化、模块化、集约化设计以压缩工程规模，节省投资。

（5）地铁车站设计应积极配合城市地下和地上空间的综合开发并与周边地下过街道、地下商场、人行天桥及物业开发相结合。凡与车站合建或连通的物业开发区、过街通道等公共设施的防火措施，应满足地铁车站要求；发生灾情时，应保证系统的相对独立性和可靠性；

（6）凡与规划路网相交的车站应根据换乘客流量及线路、站址等具体条件选择便捷的换乘方式，当不能同步实施时，应预留接口条件。

（7）车站设计应符合有关规范、规定，满足客流、行车组织与运营管理、设备的要求。

（8）全线需统一考虑无障碍设计。车站应设无障碍电梯和残疾人专用厕所及盲道等无障碍设施。车站至少应有一处出入口设置无障碍电梯。

（9）地下车站设计应按六级人防设防，车站出入口通道及风道应符合相应的人防要求，在站台层端部应预留按人防分区设置区间隔断门的条件。

（10）车站站厅层公共区应预留安检设施的设置空间。

四、车站的规模与站台宽度

站台宽度主要根据车站远期预测高峰小时客流量大小、列车对数、结构横断面形式、站台型式、站房布置、楼梯及自动扶梯位置等因素综合考虑确定的。

岛式站台，楼梯及自动扶梯沿站台中间纵向布置，两侧设置侧站台。侧站台是乘客上、下车及候车的场所，在站台计算长度范围内，其面积应不小于远期预测上行及下行高峰小时客流人数所需的面积。

侧式站台，楼梯及自动扶梯、车站用房均可布置在站台计算长度范围以外，在此情况下，站台宽度应能满足乘客上、下车、候车及进、出站通路所需面积的要求。

单拱结构车站，由于站内不设立柱，站台宽度不考虑立柱宽度。矩形断面车站，站台设有立柱，侧站台宽度应考虑立柱宽度尺寸（表 4-1）。

表 4-1　车站站台和其他部位的最小宽度尺寸/m

<table>
<tr><th colspan="2">车站站台形式</th><th>站台最小宽度/m</th></tr>
<tr><td colspan="2">岛式站台</td><td>8.0</td></tr>
<tr><td colspan="2">多跨岛式车站的侧站台</td><td>2.0</td></tr>
<tr><td colspan="2">无柱侧式车站的侧站台</td><td>3.5</td></tr>
<tr><td rowspan="2">有柱侧式车站的侧站台</td><td>柱外站台</td><td>2.0</td></tr>
<tr><td>柱内站台</td><td>3.0</td></tr>
<tr><td colspan="2">通道或天桥</td><td>2.5</td></tr>
<tr><td colspan="2">出入口</td><td>2.5</td></tr>
<tr><td colspan="2">楼梯</td><td>2.0</td></tr>
</table>

我国目前现行的规范和标准对站台宽度尚无统一的计算方法，现介绍设计中常用的经验计算方法。

（1）侧式站台宽度。

$$B_1 = \frac{MW}{L} + 0.48 \tag{1}$$

式中　B_1——侧站台宽度（m）；

M——超高峰小时每列车上车人数；

W——人流密度，按 0.4/人计算；

L——站台有效长度（m）；

0.48——站台安全防护宽度（m）。

（2）站台总面积。

$$A = N * W * a * p(p_{上} + p_{下})1\% \tag{2}$$

式中　A——站台总面积（m）；

N——列车车厢数；

W——人流密度，按 0.75/人计算；

a——超高峰系数，一般取 1.2 ~ 1.4；

$p_{车}$——每节车厢人数；

$(p_{上}+p_{下})*1\%$——上、下乘客百分数。

（3）侧式站台宽度。

$$B_1=\frac{A}{L}+B+0.48 \tag{3}$$

（4）岛式站台宽度：

$$B_2=2*B_1+C+D \tag{4}$$

（2）（4）式中 B_1——侧式站台宽度（m）；

B_2——岛式站台宽度（m）；

A——站台总面积（m）；

C——柱宽（m）；

D——楼梯、自动扶梯宽（m）；

L——站台计算长度（m）；

B——乘客沿站台纵向流动宽度，一般取 2 ~ 3 m。

第二节　车站换乘

城市轨道交通换乘站设在城市轨道交通线网上两条或几条线路相交的地方，以便实现旅客从一条线到另一条线的换乘。从广义上讲，所谓的换乘是不限于城市轨道交通之间的换乘，还包括各种不同交通方式之间的转换，如城市轨道交通与铁路、公路、私家车、自行车、轮船、航空等交通方式之间的换乘。

一、城市轨道交通换乘方式

城市轨道交通的换乘方式按付费方式可分为付费区换乘和非付费区换乘，付费区的换乘旅客不需要出站、进站和二次购票，是设计优先采用的换乘方式。

城市轨道交通的换乘按换乘区域可分为同站台换乘、经站厅换乘和经通道换乘。同站台换乘时，旅客只需要从站台左（右）侧下车到站台右（左）侧上车。经站厅换乘时，旅客需要由站台至站厅，再下至要换乘的站台，旅客上下、起落较大。通道换乘时，旅客经通道由站台至站厅、站厅至站厅或站台至站台，换乘灵活，但一般换乘距离较远。当两条线平行并上下重叠时，旅客可经楼梯、扶梯实现上下站台换乘。不同换乘方式优缺点比较如表 4-2 所示。

表 4-2　不同区域换乘方式比较

换乘方式	优点	缺点	适用条件
同站台换乘	换乘极为方便，不需要换乘设施	客流量较大时，容易造成拥堵	两条线平行
经站台换乘	换乘的客流较为分散，容易组织客流	旅客高差较大，容易造成不同方向旅客的干扰	两条线交叉
经通道换乘	设置灵活，适用性强	旅客换乘路径较长	两条线交叉
上下站台换乘	从站台至站厅，换乘路径相对经站厅换乘而言更为便捷	需要其他的换乘设备	两条线相交或平行

（一）同站换乘

同站换乘是指换乘在同一个车站内完成，利用共用站厅层分至各轨道交通线换乘，并且还可以为站台之间的直接换乘。换乘方式有：平行换乘、相交换乘、站厅层换乘。

1. 平行换乘

（1）同站台平行换乘。

同站台换乘的基本布局为双岛站台的结构形式，可以在同一平面上布置，也可以双层立体布置。如香港轨道交通旺角与太子站是两个双层换乘点的典型范例。

换乘站的站台形式可以为双岛式站台，也可以为岛侧式站台，站台为平行关系，如图 4-7 所示。

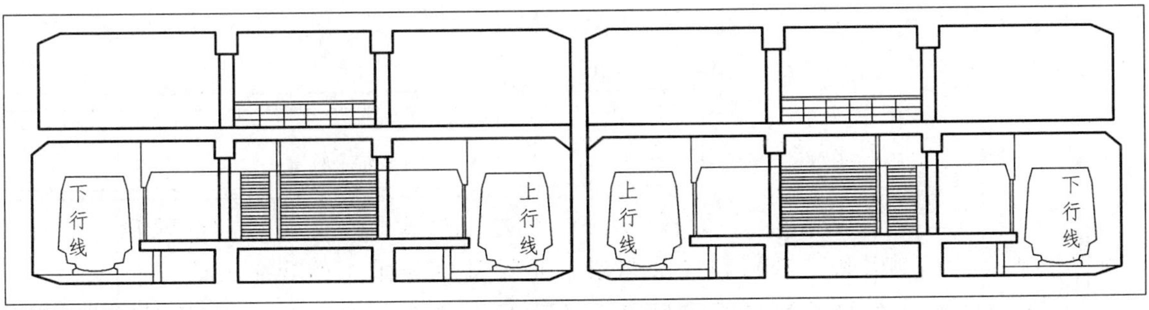

图 4-7　同站台岛侧式换乘

（2）同站台上下平行换乘。

换乘站为上下两层岛式站台，同一条线的上下行线均设在站台的同侧的换乘方式为同站台上下平行换乘。这种换乘方式能满足同站台两条线相同方向的换乘，另一个方向的换乘则需要通过一次上下换乘楼梯来完成，如图 4-8 所示。

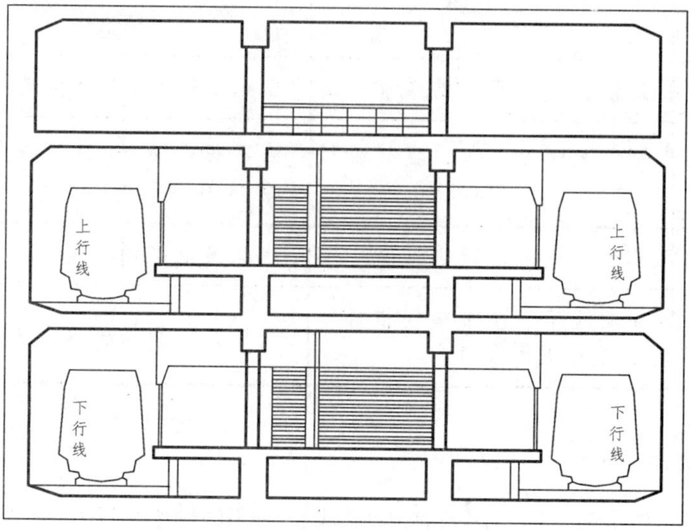

图 4-8　同站台上下平行换乘

2. 相交换乘

在两条线路交叉处，将两线隧道重叠部分的结构做成整体的结点，并通过楼梯将两座车站站台相接连通，乘客通过该楼梯进行换乘的方式称为相交换乘。

楼梯换乘方式依两线车站交叉位置，又分为“十”“T”“L”三种布置形式。这三种形式在北京轨道交通环线与规划预留线之间采用得较多，例如：西直门站为“十”形，复兴门为“T”形，积水潭为“L”形。

按照站台布置形式，相交换乘分为岛式站台与岛式站台、岛式站台与侧式站台、侧式站台与侧式站台三种，如图 4-9、4-10、4-11 所示。

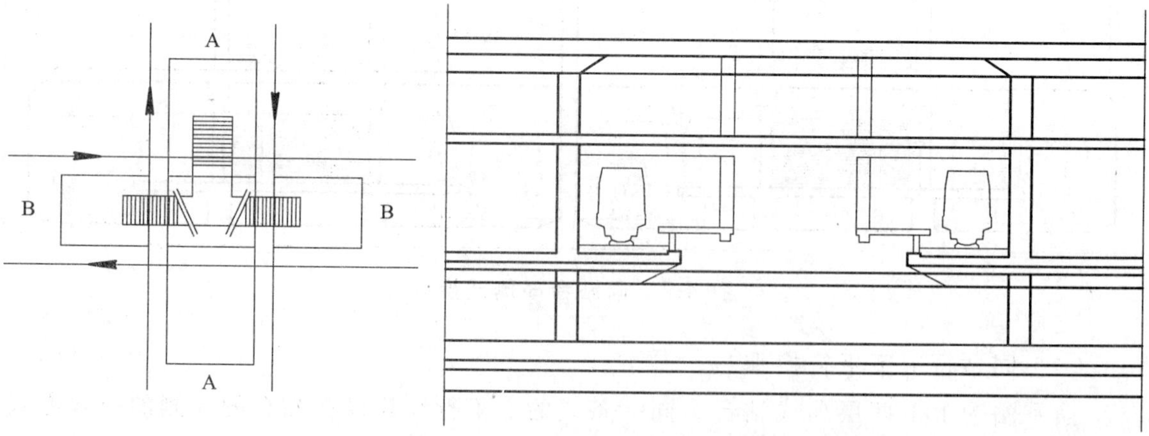

图 4-9　岛式站台与岛式站台的换乘

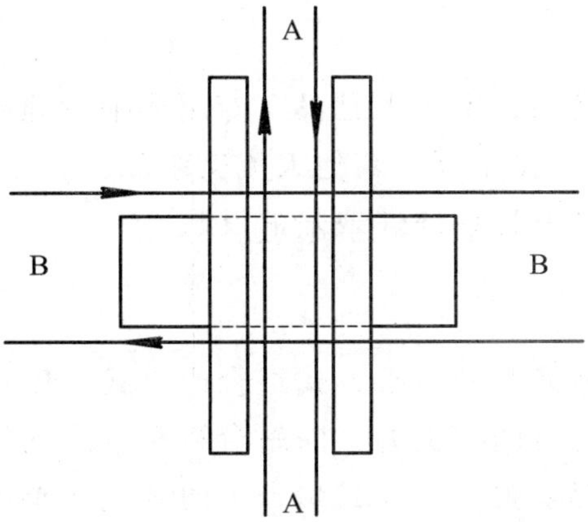

图 4-10 岛式站台与侧式站台的换乘

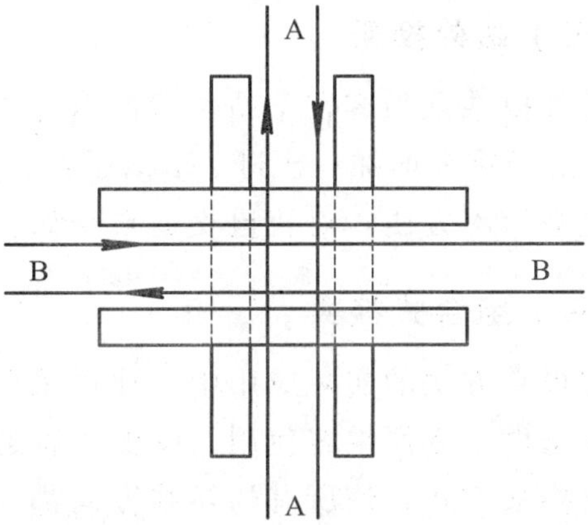

图 4-11 侧式站台与侧式站台的换乘

3. 站厅层换乘

站厅层换乘为辅助换乘，当两条线路相交采用上下站台直接换乘有困难时，同站同平面换乘主客流能在站台上换乘，而非主客流的换乘需要通过站厅进行。这是比较普遍的一种换乘形式，同平面站台换乘、上下平行站台换乘、相交站台的换乘都可以采取本方式进行辅助换乘。

（二）通道换乘

通道换乘是指两个车站靠得很近，但又无法建造同一车站，因此换乘需要设置一条至多条专用通道，如图 4-12 所示。通道可以连接两个车站的付费区，也可以连接两个车站的非付费区。这种换乘方式没有同站换乘方便，但是通过设置专用换乘通道也能给乘客提供明显的换乘方向。北京轨道交通 1 号线与环线复兴门站、上海轨道交通 1 号线与 2 号线人民广场站都采用了通道换乘的方式。

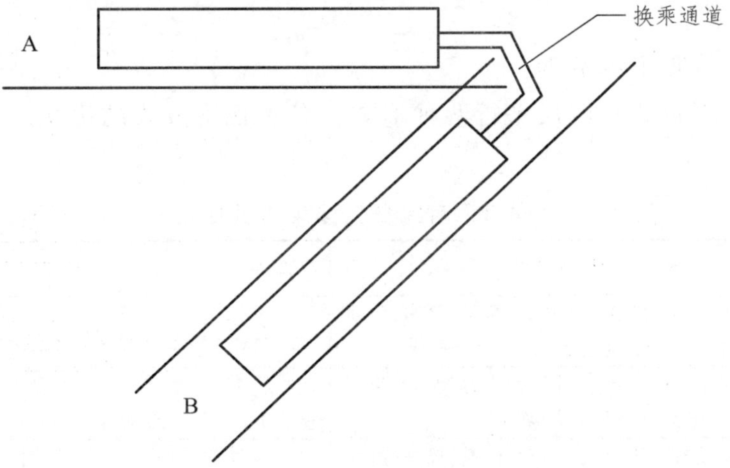

图 4-12 通道换乘

（三）站外换乘

站外换乘是乘客在车站付费区以外进行换乘，实际上是没有专用换乘设施的换乘方式。由于乘客增加一次进、出站手续，再加上在站外与其他人流交织和步行距离长，而显得极为不方便。对轨道交通自身而言，是一种系统性缺陷的反映。

（四）组合式换乘

在换乘方式的实际应用中，往往采用两种或几种换乘方式组合的方式，以达到完善换乘条件，方便乘客使用，降低工程造价的目的。例如：同站台换乘方式辅以站厅或通道换乘方式，使所有的换乘方向都能实现换乘；在岛式站台中两条线换乘方式，必须辅以站厅或通道换乘方式，可以减少预留工程量等。

二、城市轨道交通换乘车站形式

根据建筑布置的不同，两条线间换乘站的形式一般分为“十”字形、“T”字形、“L”字形和“平行”四种形式。

1. “十”字形换乘站

两个站都位于十字路口中心，出入口分布均匀，路口四个象限的旅客进出站行走距离基本相等。站台中心可换乘楼梯，两线间换乘经楼梯从站台到站台十分方便。

2. “T”字形换乘站

有一个站可位于路口中心，另一个站位于路口一侧，不同象限的旅客进出站行走距离有差别。换乘楼梯一般设在两站相交的节点处，换乘时旅客在站台上纵向流动较大。

3. “L”字形换乘站

两个站偏设于路口一隅，部分方向的旅客进出站距离较远。两线间的旅客一般要经通道换乘。

4. “平行”布置换乘站

可分为上下平行式和同层平行两种形式。各种换乘方式的优缺点比较如表 4-3，4-4 所示。

表 4-3　两线交叉换乘方式比较

分类	优缺点	选用条件
“十”字形	换乘旅客较为集中，容易形成公共的站厅，站台组合形式多种多样	站台位于十字路口且两条线基本等分
“T”字形	纵向换乘客流量较大且路线较长，可采用岛式或侧岛式换乘	当不能采用“十”字形的布置形式时，考虑“T”字形的布置方式
“L”字形	换乘距离较长，一般只能采用两岛组合的方式	受条件的限制，不能采用“十”字形和“T”字形的布置方式时，采用“L”字形的布置方式

表 4-4　两线平行换乘方式比较

分类	特点	选用原则
上下平行	一共三层，需要经过楼梯、自动扶梯等进行换乘	当两条线同时施工时才能采用，适用于换乘客流较大的车站
同层平行	地下两层结构跨度较大，形成了大面积的公共站厅	要求建设的地面面积较大，两条线不能同时施工，适用于客流量较大的车站

第三节　车站平面设计

城市轨道交通的线路必须经过城市中心区域，并设置站点。由于在城市中心地区建设地铁、车站，周边环境复杂、考虑因素较多，车站总平面设计成为了地铁设计中的难点和重点。

一、车站的布置原则

（1）车站选址要满足城市规划、城市交通规划及轨道交通路网规划的要求，并在综合考虑该地区的地下管线、工程地质、水文地质条件、地面建筑物的拆迁及改造的可能性等情况下合理选定。

（2）车站总体设计要注意与周围环境的协调，如与城市景观、地面建筑规划相协调。

（3）车站的规模及布局设计要满足路网远期规划的要求。

（4）车站的站位应尽可能地靠近人口密集区和商业区，最大限度地方便乘客出行。

（5）车站的设计应尽可能地与物业开发相结合，使土地的使用最经济。

（6）车站的设计应简洁明快大方、易于识别，并应体现现代交通建筑的特点，同时还应与周围的城市景观相协调。

（7）车站公共区应按客流需要设置宽度足够的、直达地面的人行通道，出入口的布置应积极配合城市道路、周围建筑、公交的规划等因素综合考虑，通道和出入口不应有影响乘客紧急疏散的障碍物，并且车站设计要尽量兼顾满足过街人行通道的要求。

（8）车站考虑防灾设计，将车站的安全性作为首要考虑的因素。

（9）车站设计要考虑其经济适用性。

二、地下车站平面设置

（一）出入口和地面风亭的设计原则

车站出入口的主要作用在于吸引和疏散客流，风亭是车站的一个通风设施，起到换气的作用，因此在选取车站出入口和风亭时应根据客运需要与疏散要求进行设置，在设置时还须考虑下列几点原则：

（1）车站出入口布置，应与车站主要客流量的方向一致，一般选在城市道路两侧、交叉口及有大量人流的广场附近，出入口宜分散均匀布置，以便最大限度地吸引乘客。在其建筑形式上，还应考虑当地气候条件和具体位置，且车站出入口位置应设置有特征的地铁统一标志，以引导乘客。

（2）车站出入口应尽可能与城市过街地道、地下街、天桥、下沉式广场等公共建筑相结合，以方便乘客，减少用地和拆迁，节约投资。

（3）单独修建的地面出入口和地面通风亭，其位置应符合当地城市规划部门的规划要求，一般设在建筑红线以内，如有困难不能设在建筑红线以内时，应经过当地城市规划部门的同意，再选定其位置。

（4）车站出入口和地面通风亭不应设在易燃、易爆、有污染源及挥发有害物质的建筑物附近，与上述建筑物之间的防火安全距离应符合有关规范的规定。

（二）地下车站平面布置

1. 地下一层车站

（1）路中地面站厅地下单层侧式站。

站厅公共区、设备管理用房等设于地面，地下一层仅有站台公共区及两端必备的区间环控设备用房和废水泵房，车站地面用房与地下站台层通过地下通道、楼扶梯连接，并结合车站的具体情况，通过上翻或下穿轨行区设置连接通道解决侧式站台跨线问题。

上海轨道交通 8 号线的黄兴绿地站、翔殷路站、嫩江路站等均采用这一站型。其中黄兴绿地站一端区间为单圆盾构，另一端为双圆盾构，其他两个车站两端区间均为双圆盾构；同时车站所处道路的两侧，根据规划有设置地面站厅及设备用房的条件，如图 4-13 所示。

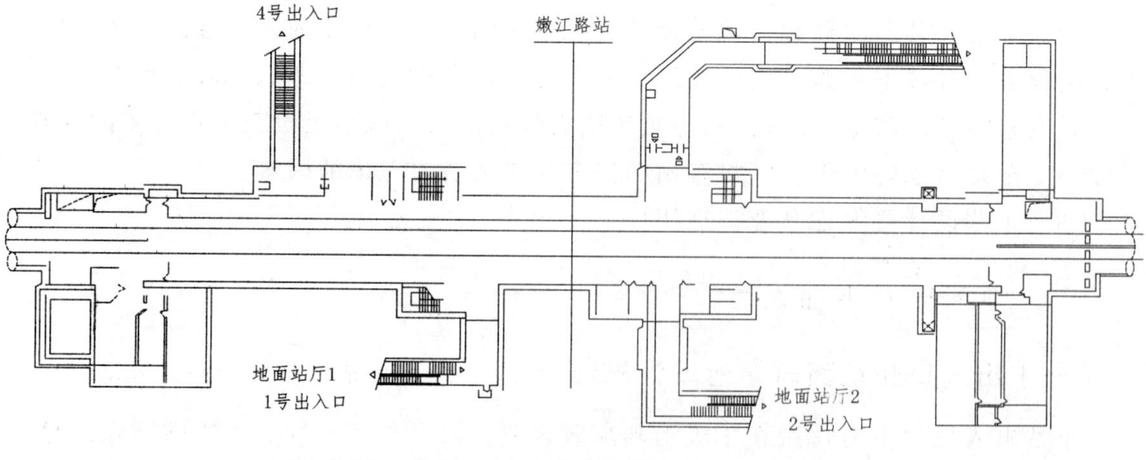

图 4-13　地下一层建筑布置案例——嫩江路站

（2）地下站厅单层侧式车站。

车站站台、站厅及所有设备管理用房设于地下一层，站厅与站台在一个层面，通过两条宽的地下通道连接地下站厅和地面出入口，并设置跨线通道解决侧式站台的联络问题。

上海轨道交通 6 号线张扬路沿线车站、博兴路、长清路及华夏西路采用此站型，如图 4-14 所示。

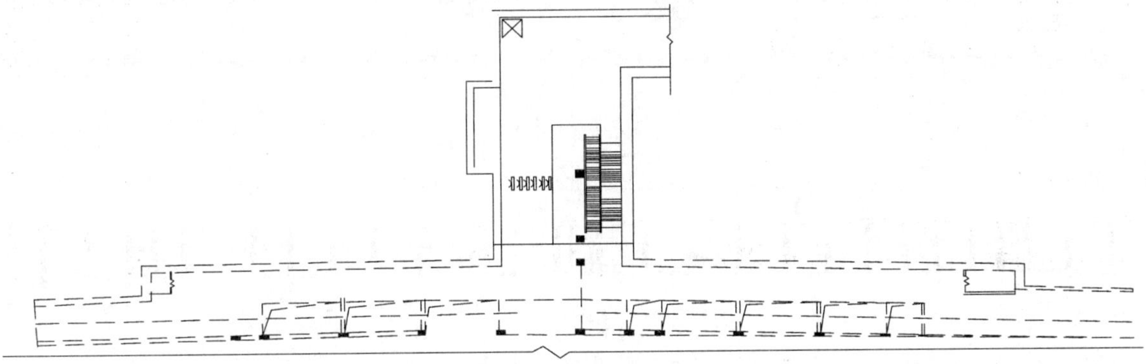

（a）站台、站厅区

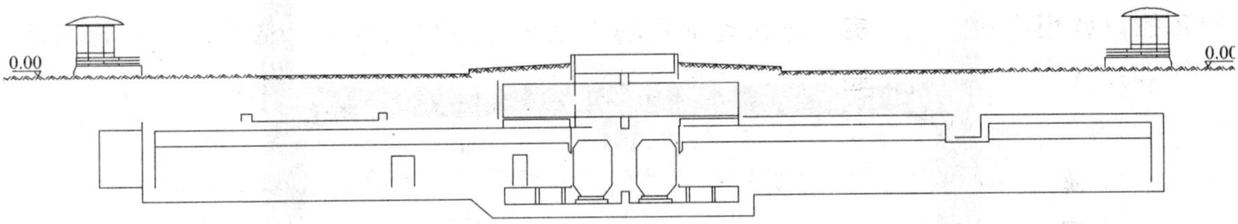

（b）横剖面布置

图 4-14　地下站厅单层侧式车站布置案例

（3）路侧地面站厅地下单层侧式站。

车站分为地上和地下两部分，站厅结合大部分设备管理用房设于地面，其中两端为设备管理用房，中部为公共区。站台包括少量设备用房，设于地下一层。站厅与站台通过楼扶梯等垂直交通设施相联系，站厅在站台正上方。

2. 地下二层车站

（1）地下二层岛式车站。

车站地下一层为站厅层、地下二层为站台层，这种车站的造价相对较高。

上海已建的 1、2 号线市中心段车站基本都选用此站型，如图 4-15 所示。

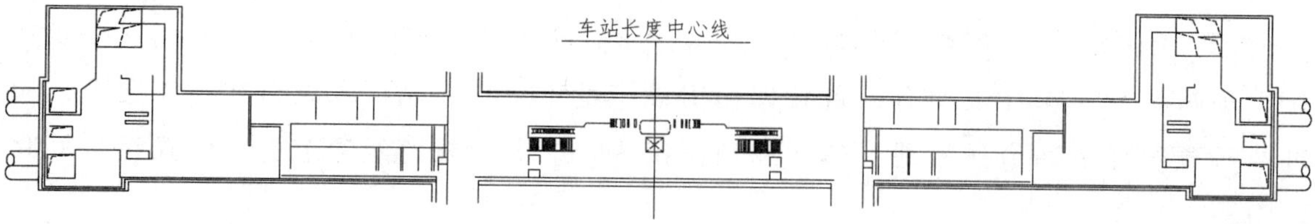

（a）站厅区

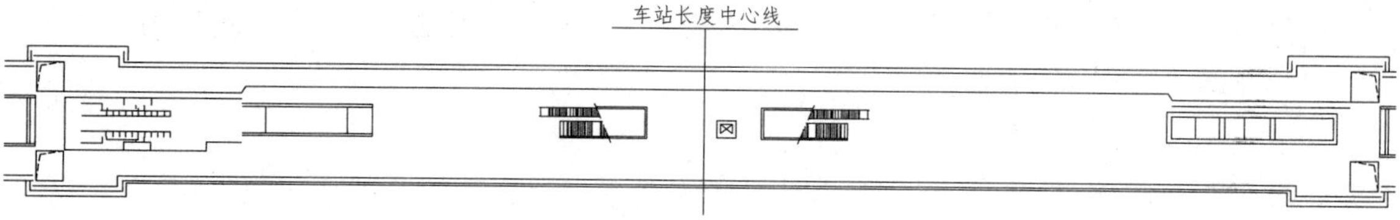

（b）站台区

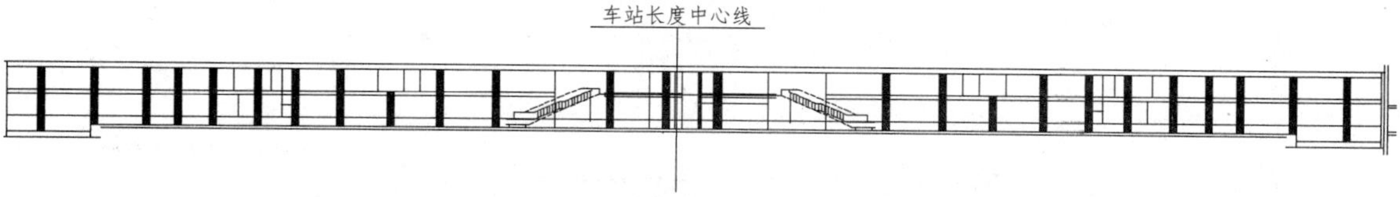

（c）车站纵剖面布置

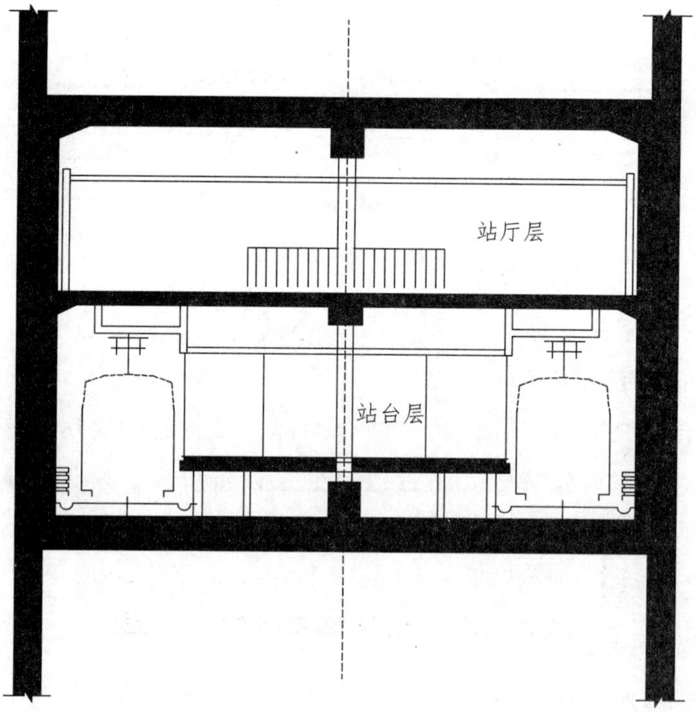

（d）车站横剖面布置

图 4-15　地下二层岛式车站布置案例

站厅层中段为公共区，由进出站闸机划分为付费区和非付费区。付费区内设楼、扶梯和垂直电梯通往站台。站厅公共区一端为主要设备管理用房集中区域，主要布置车站控制室、站长室、交接班、更衣室、男厕、女厕等管理用房和通信、信号、AFC 机房等弱电设备用房。

站台层中部为乘车区，两端布置有站台值班室、清扫工具室、污水泵房、变电所、屏蔽门设备室等设备管理用房。

车站一般在站厅公共区的四个角点各设一个出入口通道，保证客流吸引的均衡性，同时能兼顾市政人流过街的功能。

（2）地下二层侧式车站。

地下二层侧式车站类同于双层岛式车站，但站台为侧式，如图 4-16 所示。

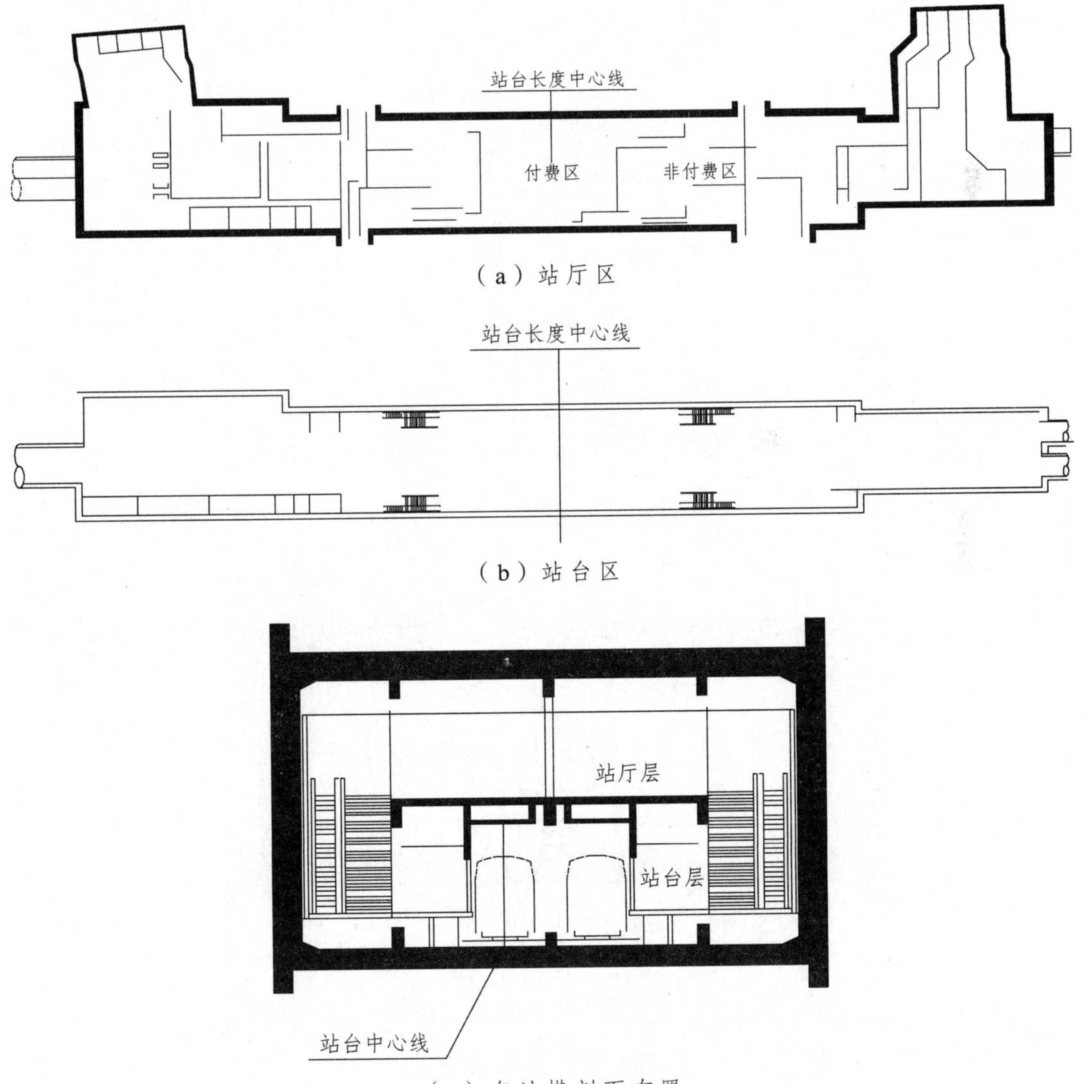

（a）站厅区

（b）站台区

（c）车站横剖面布置

图 4-16　地下二层侧式车站布置案例

由于侧式两站台各有两组楼扶梯下站台区，站厅层的非付费区被付费区一分为二，较难沟通，且上、下行线各有站台，使乘客上、下车，进、出站及车站的运营管理不便，但其适宜用于终点站。

3. 地下三层车站

三层岛式站台车站的常规布局为：地下一层站厅层、地下二层设备和管理用房区、地下三层为站台层，乘客从地面通过出入口通道进入站厅层，再从站厅层通过楼扶梯设施直接下到地下三层。也有另外一种布置方式：结合周边地下空间的建设情况，将地下一层与周边地下空间连通，作为开发层，仅在车站两端保留必要的区间通风机房。乘客从地面先进入到开发层，再通过楼扶梯下到站厅层，售检票后再下到站台乘车。如图 4-17 所示。

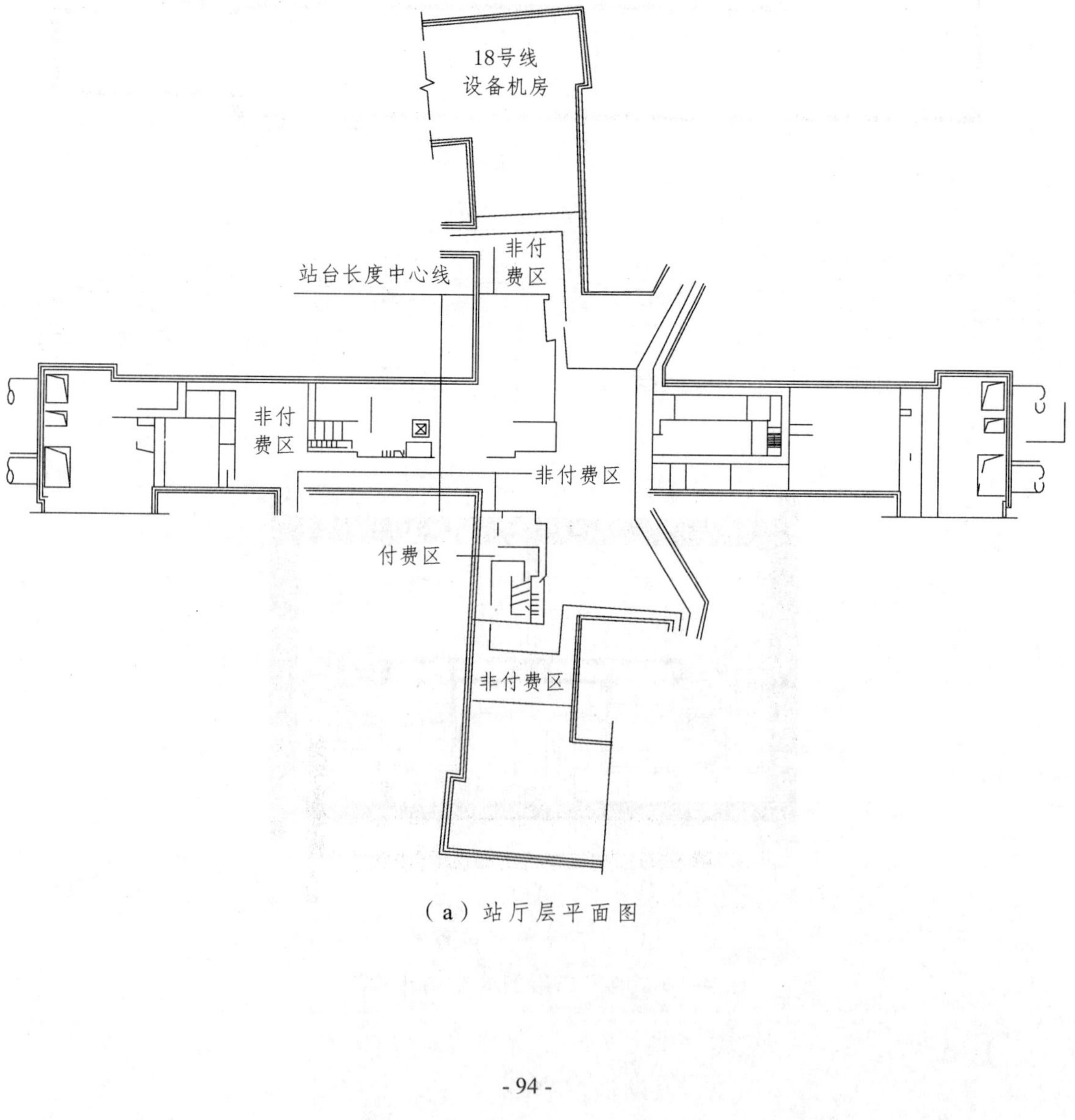

（a）站厅层平面图

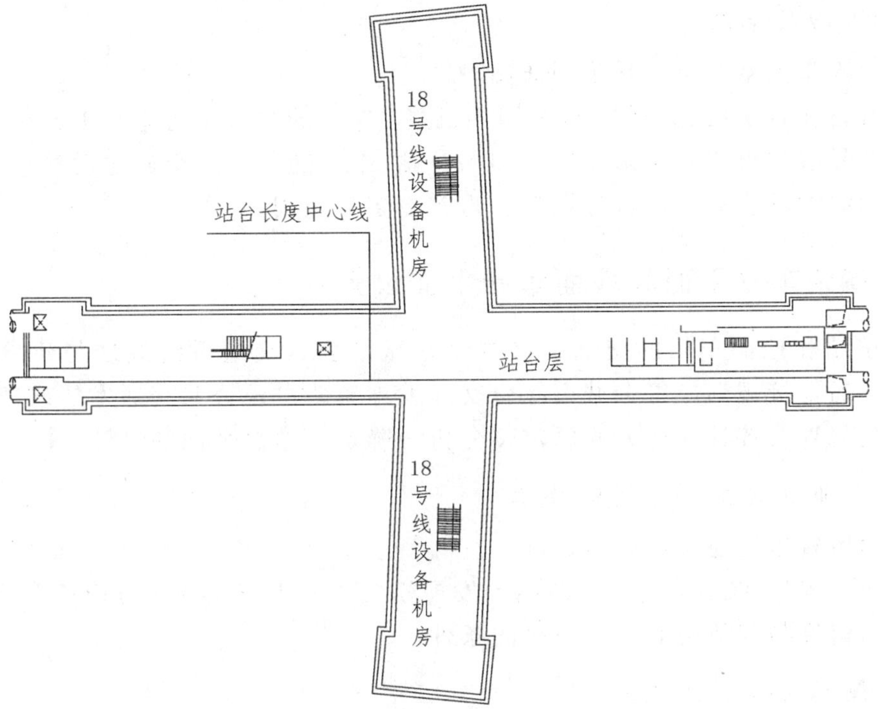

（b）设备层

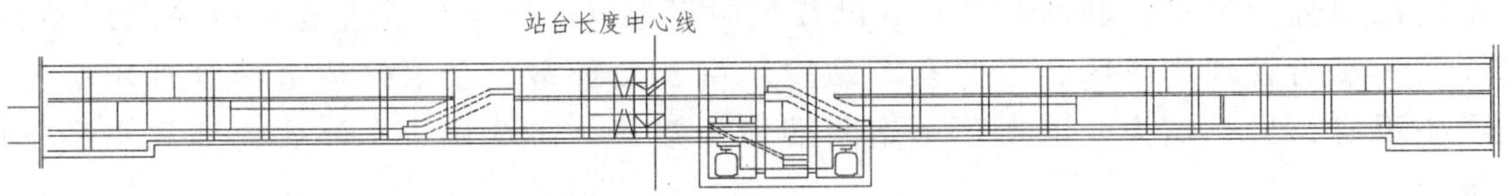

（c）车站纵剖面布置

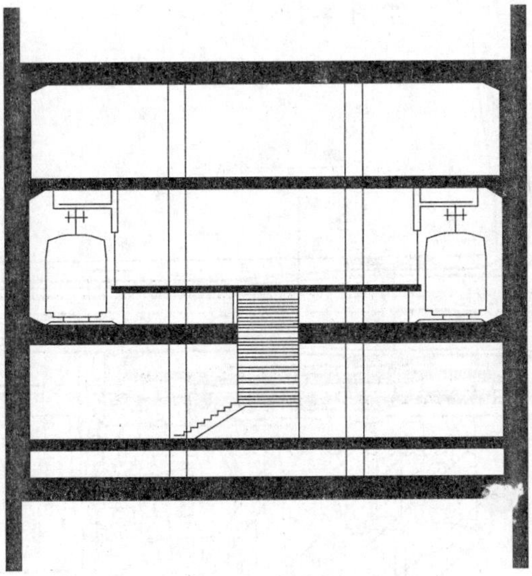

（d）车站横剖面布置

图 4-17　地下三层车站布置案例

4. 地下四层车站

一般为大型换乘节点车站采用此站型。

此种站型在日本已有先例，目前国内已建、在建的轨道交通车站中此种站型较少，广州地铁 2 号线珠海广场站采用地下四层车站。未来随着轨道交通建设的进一步发展、轨道交通网络的逐步完善，这种站型会得到更多的应用。

三、高架车站平面和地面车站平面设置

高架车站和地面车站的交通衔接规划是城市公共交通系统规划与建设的重要环节之一，交通衔接规划应符合城市综合交通发展策略以及公共交通发展政策。因此，要结合相关规划对各种交通方式的定位分析，确定车站总平面的设计。

1. 平面布置时主要考虑的要求

（1）预留轨道交通高架线路走廊。

（2）统一规划 TOD（公交导向型）发展模式，考虑车站的服务范围和性质。

（3）预留好与其他交通形式衔接的条件。

2. 路侧高架二层侧式站

（1）地面层为站厅层，分为公共区和设备管理用房区。站厅中部为公共区，由进出站闸机划分为付费区和非付费区。付费区内设楼梯、扶梯和垂直电梯通往二层站台。站厅层一端为管理用房区，主要有车站控制室、站长室、会议接待室等管理用房及弱电设备用房，另一端为变电所。车站两端局部架空，布置自行车停放场地和小型车停车场等。

地面二层站台层主要为乘车区，仅布置少量设备管理用房，如站台值班室、清扫工具室、配电间、电缆竖井等，如图 4-18 所示。

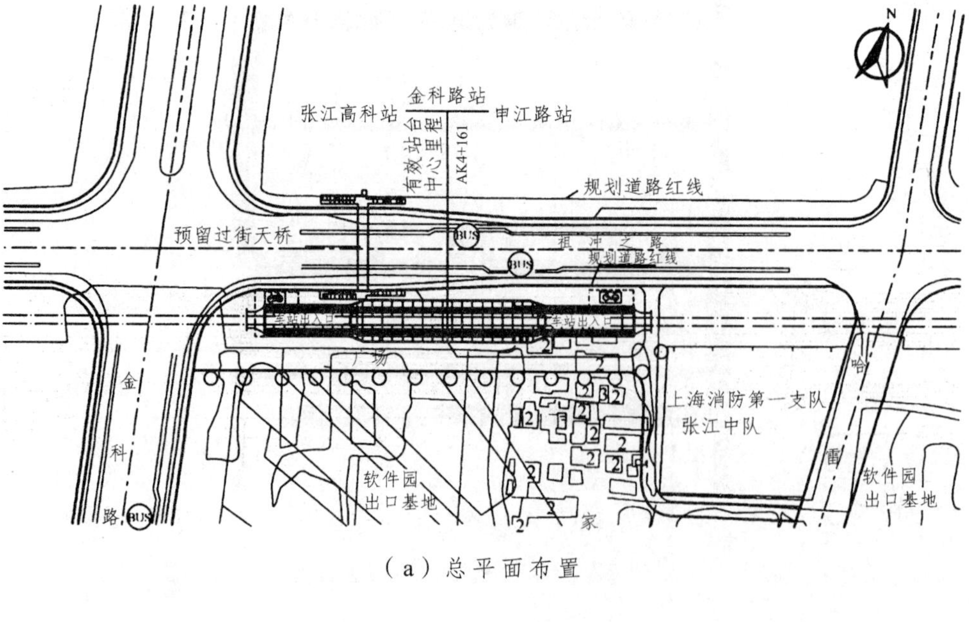

（a）总平面布置

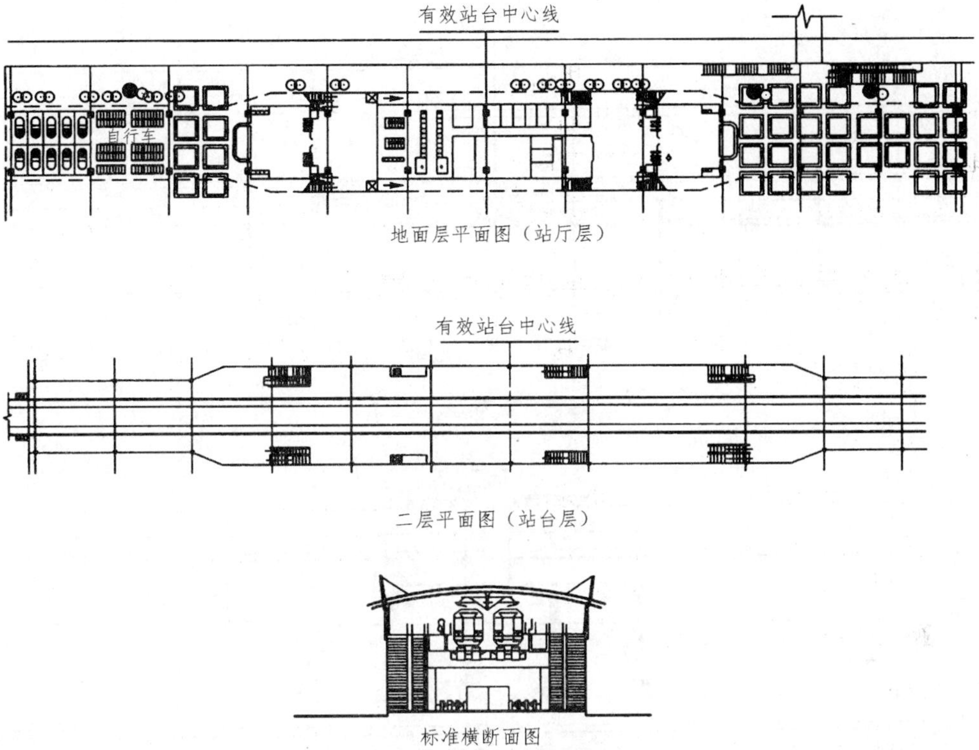

（b）平剖面布置

图 4-18　路侧高架二层侧式站布置案例

（2）路中高架二层侧式车站。

夹层设站厅公共区，并通过天桥与道路两侧相连接，二层为站台层。设备管理用房布置在道路一侧，或路中地面一层。结合出入口布置站前广场、停车场、港湾停靠站，方便轨道交通与地面公交的换乘。如图 4-19 所示。

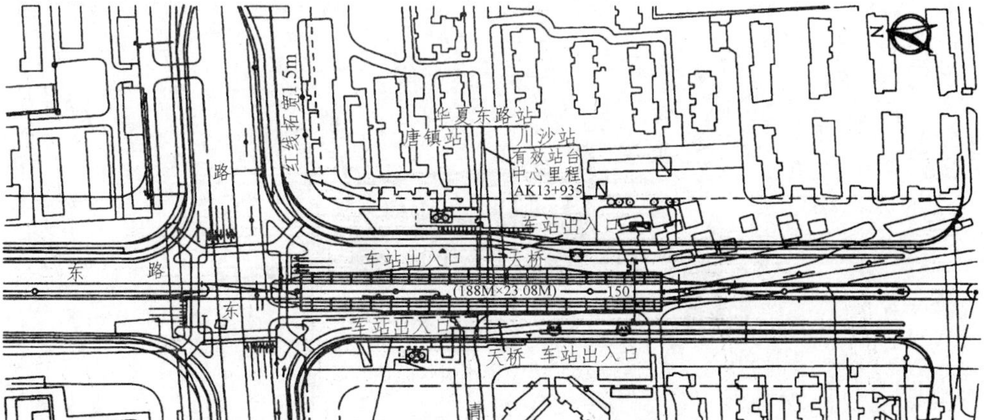

（a）华夏东路站总平面布置

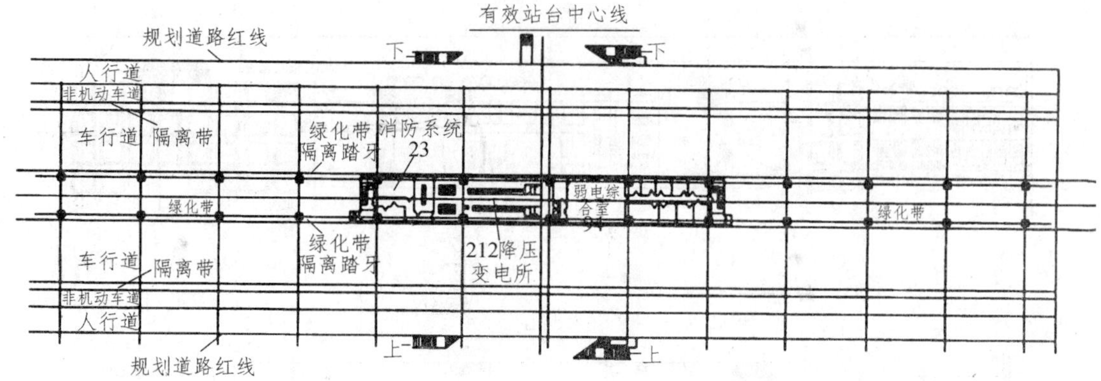

底层平面图（设备层）

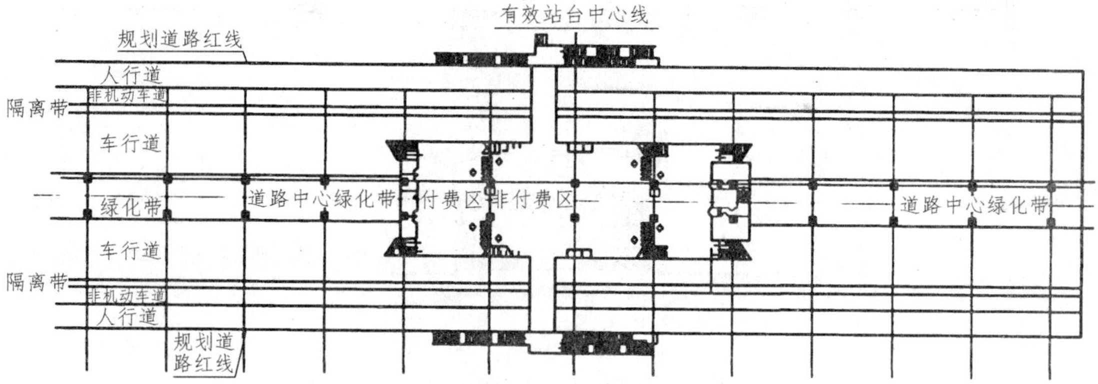

（b）华夏东路站平面布置

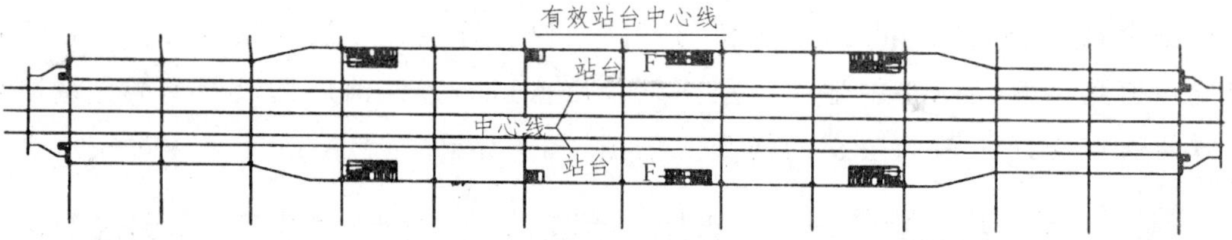

二层平面图（站台层）

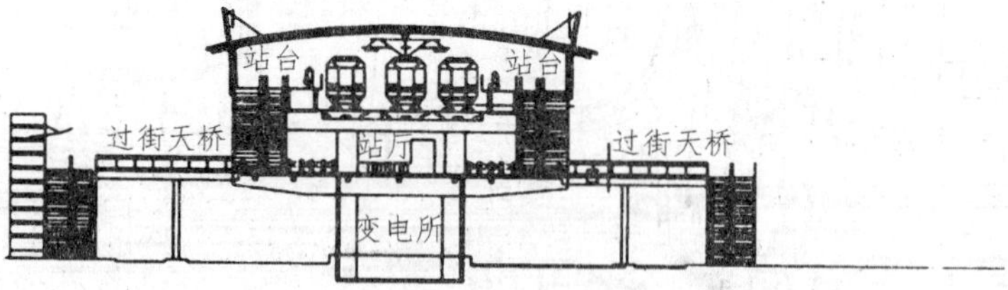

剖面图

（c）华夏东路站平剖面布置

图 4-19　路中高架二层侧式车站布置案例——华夏东路站

（3）路侧高架二层岛式车站。

整体布置与路侧高架二层侧式站类似，但站台为岛式。

（4）路中高架二层岛式车站。

整体布置与路中高架二层侧式站类似，但站台为岛式。

（5）地面二层侧式车站。

车站地面层为侧式站台层，主要为乘车区、车行线，站台层两端可设设备管理用房。地面二层为站厅层，实行人车分离。进站乘客通过楼扶梯，或是通过天桥跨越机动车道进入车站站厅层，并可与道路周边物业连通，有效组织客流的互动，如图 4-20 所示。

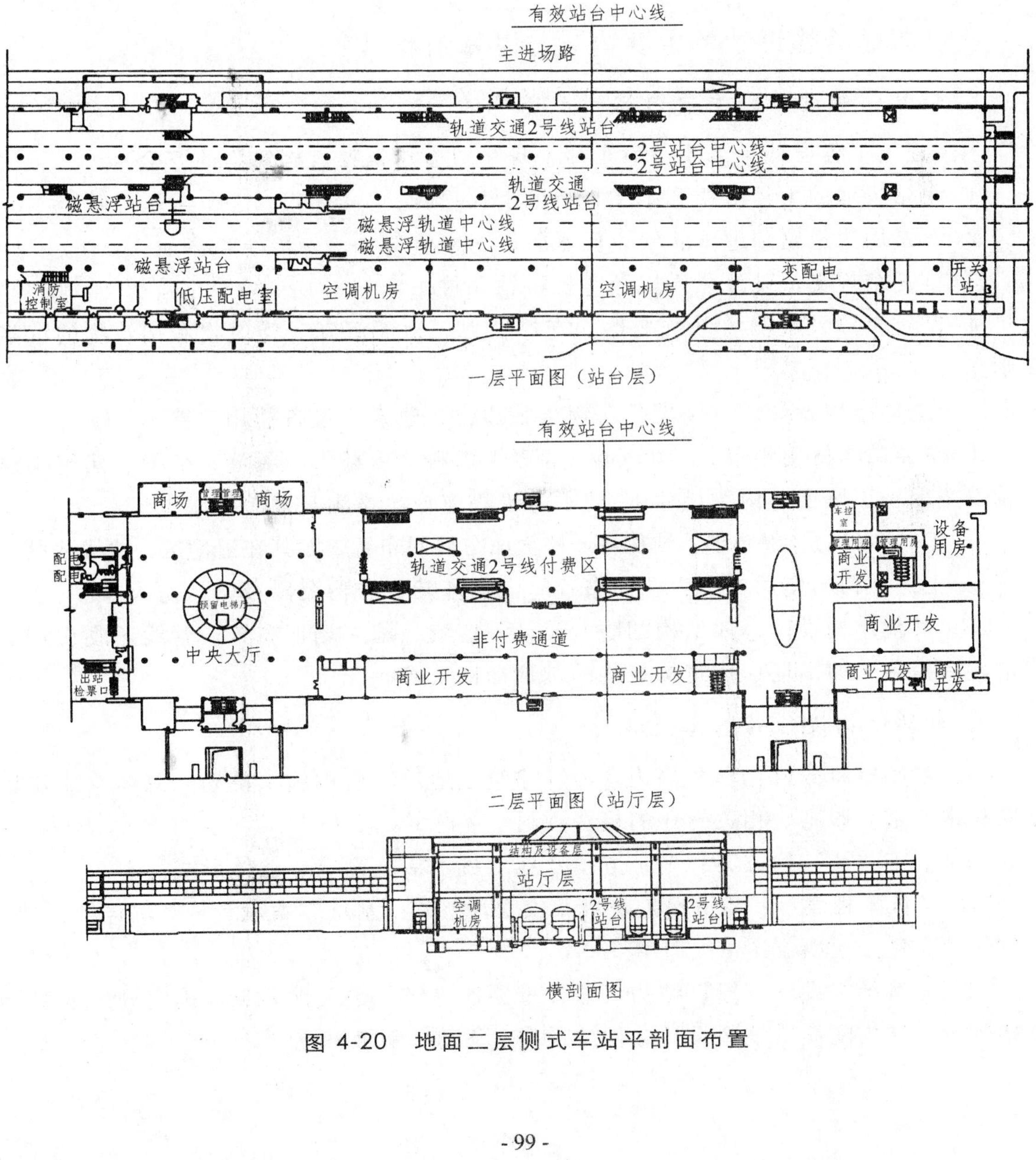

图 4-20　地面二层侧式车站平剖面布置

第四节 车站结构设计

城市轨道交通的地下车站，其结构形式、施工方法和周围的环境条件密切相关，往往需要进行多种方案的技术经济比较。地下车站的建筑构造，应该减少施工中和建成后对环境造成的不利影响，同时也应该考虑将来城市规划建设、周围环境等因素的改变可能对结构产生的影响。

地下车站结构无论在使用期间或者是施工期间，都应有足够的强度、刚度和稳定性，并且应该按照使用年限100年进行设计。要求做到具有一定抗震能力，且具有一定的人防抗力，满足和平与战争转换的功能要求。

一、车站结构设计的主要内容与基本流程

1. 车站结构设计的主要内容

（1）基坑工程设计（需要保障车站本身和周边建筑物、构筑物的安全）。

① 车站场地的工程地质和水文地质的勘探设计；

② 车站周边道路与地下管线（雨水管、污水管等）；

③ 维护结构支护设计（人工挖空桩、钻孔桩）；

④ 基坑监测及观测（基坑变形、支撑轴力、地面沉降、建筑物和构筑物的沉降变形）。

（2）主体结构设计（应该满足车辆行驶功能、建筑、设备使用功能）。

① 主体结构使用年限为100年，混凝土掺料、承载力、裂缝、变形、建筑构建和构造（保护层厚度、构建尺寸）、防水等级等应该严格满足规范要求。

② 主体结构的界限要求：结构梁、柱截面与柱网布置（尤其在道岔区，曲线地段）；

③ 主体结构的使用要求：孔洞布置、设备基础、结构沉降及防水防火等。

（3）其他结构设计，如结构的防水设计、监测、施工场地布置、管线迁改、施工中的辅助措施（如围堰、建筑构筑物的基地加固）等。

2. 车站结构设计的基本流程

（1）基础资料分析：车站周边环境、建筑、地质、盾构施工筹划、总体设计院制定的技术要求和原则、相关专业的提资资料。

（2）制定总体结构方案：施工方法及施工技术措施设定、墙体形式。

（3）基坑工程设计：环境保护等级及安全性等级、基坑方案设计、基坑详细设计、编制设计文件（说明、图纸、计算书）。

（4）主体结构设计：拟订结构尺寸、重要性等级、耐久性要求、确定分析模型及结构分析、结构配筋、编制设计文件（说明、图纸、计算书等）。

（5）防水设计：设计原则及防水等级、全包或半包、标准段、诱导缝处、施工缝处等。

二、车站结构形式及选择

（一）明挖法施工的车站结构

1. 结构类型

（1）矩形框架结构。根据功能要求，可以设计成单层、双层、单跨、双跨或多层多跨的形式，如图 4-21 所示。

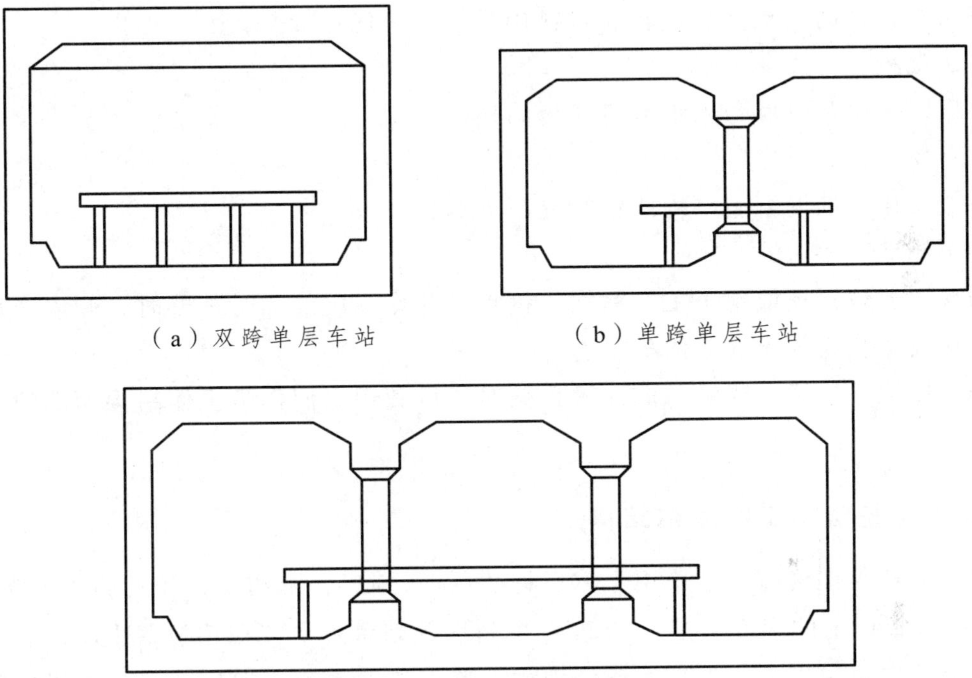

（a）双跨单层车站　（b）单跨单层车站

（c）三跨单层车站

图 4-21　矩形框架类型

（2）拱形结构（一般用于站台宽度较窄的单跨单层或单跨双层车站，可以获得较好的建筑艺术效果）。

2. 整体式结构与装配式结构

（1）现浇钢筋混凝土（防水性和抗震性能好，不需要大型起吊和运输设备；但混凝土浇筑质量良品率起伏较大，并且施工效率较低）。

（2）装配式结构（批量生产，质量比较容易控制，而且可以加快施工进度；但是连接处的防水较差）。

3. 结构选型与设计

明挖地铁车站结构由底板、侧墙及顶板等以及楼板、梁、柱等内部构件组合而成。

（1）顶板和楼板。

可分为单向板（梁式板）、井字梁式板、无梁板和密肋板。

单向板（梁式板）：将板支承在与车站轴线平行的纵梁和侧墙上，单向受力。其结构方案具有施工简单、省模板、可以利用底板至梁底的空间沿车站纵向布置管线，结构的总高度较小等优点，在明挖车站中应用较多。

井字梁式板：板由纵横两方向高度相等的梁所支承，双向受力，楼板较薄。

无梁板：没有梁，将板直接支承在立柱和侧墙上，省模板，但板厚度较大且用钢量较多。

密肋板：密肋板具有重量轻、材料用量较少等优点。

（2）底板。

采用以纵梁和侧墙为支承的梁式板结构。

（3）立柱。

一般采用钢筋混凝土结构或钢管混凝土结构。

（4）侧墙。

当采用放坡开挖或用于工字钢柱、钢板桩等作基坑的临时护壁时，侧墙多采用以顶、底板及楼板为支承的单向板。

当采用地下连续墙或钻孔灌注桩护壁时，可利用它们作为主体结构侧墙的一部分或全部。

（二）盖挖法施工的车站结构

地铁车站盖挖法施工是采用土方开挖“一明二暗”，结构全逆作的施工方法。“一明”是指顶板以上的土方明挖，“二暗”指站厅及站台层土方在顶板盖下暗挖，通过预留在顶板及中板的出土孔垂直运输到地面。施工的顺序为：围护结构及中间柱施工，明挖土方至顶板施工设计标高，施作顶板地模及顶板结构混凝土；待顶板混凝土达设计强度后开挖站厅层土石方至中板施工设计标高，施作中板地模及中板混凝土，待中板混凝土达设计强度后开挖站台层土石方至底板施工要求标高，施工接地网、底板垫层混凝土及底板结构混凝土；然后施工站台层、站厅层内衬墙，最后顶板覆土和道路恢复。逆作法的结构特点如下：

（1）结构与施工期间对地面交通的处置要求关系密切。

（2）结构的主要受力构件常兼有临时结构和永久结构的双重功能。

（3）多跨结构需设置中间竖向临时支撑系统，与侧墙共同承担结构封底前的竖向荷载。

（4）大多数交汇于同一节点的各构件不同步施工，必须考虑它们之间的连接问题。

（5）必须根据上部框架结构抵抗不均匀沉降的能力及节点连接的精度要求，严格控制边、中桩的绝对沉降量及差异沉降量。

（6）用逆作法施工的侧墙和立柱的混凝土施工缝，必须采用特殊施工方法和处理技术。

（三）暗挖法施工的车站结构

地下车站的结构形式：在不能明挖施工时，如车站位于由于交通或景观要求不能中断的道路下方，或地铁路站场下方，工程地质条件又允许的情况下，可采用暗挖地下车站的结构。暗挖车站结构应该根据环境条件和地质情况采用多种结构形式，如图4-22所示。

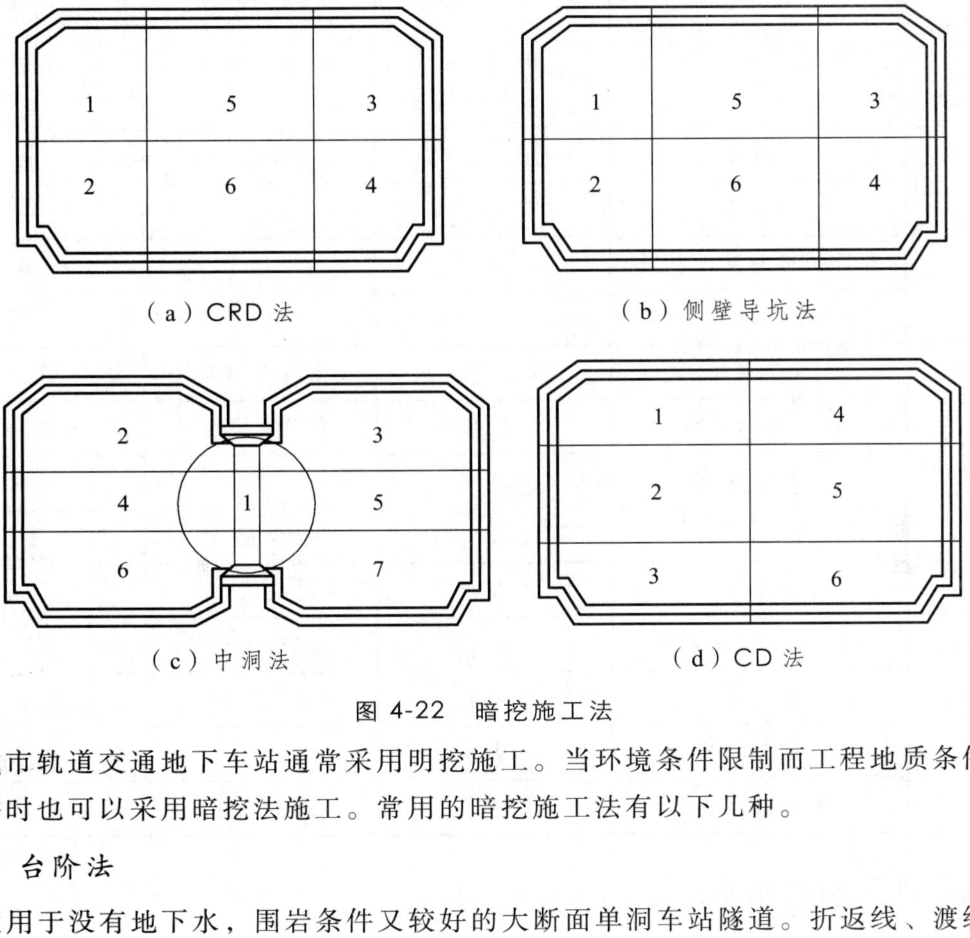

图 4-22　暗挖施工法

城市轨道交通地下车站通常采用明挖施工。当环境条件限制而工程地质条件又基本允许时也可以采用暗挖法施工。常用的暗挖施工法有以下几种。

1. 台阶法

适用于没有地下水，围岩条件又较好的大断面单洞车站隧道。折返线、渡线地段也多用台阶法施工。

2. 中隔壁法

即 CD 法或 CED 法，适用于地质条件稍差的大断面隧道。由于增加了中隔壁，分步开挖跨度减小，能较好地控制地面沉降。

3. 侧壁导坑法

适用于地质条件较差的单洞大跨的车站隧道。线开挖两侧导坑，后开挖拱部，这样能减少拱部沉降，确保安全。

4. 中洞法

适用于围岩条件稍好的联拱车站隧道。先开挖中洞做中（墙）柱和上（中）、下纵梁，再自上而下开挖、施筑两侧联拱。施工中的关键是保证中柱的稳定。

（四）地下车站施工方法技术经济比较（见表 4-6）

表 4-6 地下车站施工方法技术经济比较

比选内容 \ 施工方法		明挖法	盖挖法	暗挖法
投资	土建费	低	较低	高
	拆迁费	高	高	低
	自动扶梯及运营费用	低	低	高
	综合造价	低	较低	高
施工	施工难度	施工简便	技术成熟难度小	技术成熟难度大
	结构防水质量	容易保证	较容易保证	较难保证
	地面沉降量	小	小	较大
	施工工期	短	较长	长
	安全性	号	较好	较差
对环境的影响	对市民生活的影响	大	较大	小
	对地面交通干扰	时间长	时间较短	没影响
	房屋拆迁量	大	大	极少
	管线拆迁量	影响大	影响大	极少

三、地下结构防水

1. 地下结构的防水

根据《地铁设计规范》(GB 50157—2013)，地下结构防水应该遵循的原则是：以防为主、刚柔结合、多道防线、因地制宜、综合治理。

2. 地下结构防水标准

城市轨道交通地下车站及机电设备集中区段的防水等级应为一级。一级防水标准的要求是：结构不允许渗水，结构表面无湿渍。

区间隧道及联络通道等附属的隧道结构防水等级应该为二级。二级防水标准要求：顶部不允许滴漏，其他不允许漏水，结构表面可有适当湿渍，总湿渍面积不应大于总防水面积的 6/1 000，任意 100 m^2 防水面积上的湿渍不超过 4 处，单个湿渍的最大面积不大于 0.2 m^2。

3. 防水方案

（1）必须建立以混凝土自防水为根本的防水体系，任何附加的防水措施只能是对混凝土自防水的补充，而不能取代混凝土自防水，一般防水混凝土的抗渗等级不得小于 P8，当预埋深度大于 20 m 时，不得小于 P10。

（2）在条件允许时，应该优先采用全断面附加外防水层。

在地质条件允许，且围护结构为地下连续墙时，也可以考虑采用仅在顶板附加外防水层，侧墙、地板完全依靠混凝土自防水的方式。

4. 常用的两大类防水材料

市场上防水材料品种繁多，还有许多进口的防水材料，但是产品质量良莠不齐。城市轨道交通工程是百年大计，一定要慎重选用。

（1）刚性防水材料：以水泥混凝土为基体，通过提高混凝土表面或内部密实度，消除混凝土表面的裂缝，提高抗渗透性能，达到防水的目的。

（2）柔性防水材料：卷材和涂膜，为不透水性材料，多采用有机薄膜材料，防水原理是将建筑结构与环境水隔离，从而达到防水的目的如图 4-23 所示。

（a）防水卷材

（b）防水涂料

图 4-23　两种防水材料施工方式

第五章　城市轨道交通车辆段与综合基地

车辆段与综合基地（简称车辆基地）作为城市轨道交通配套系统，主要包括车辆段、综合维修中心、物资总库和培训中心四大基本部分，并辅以必要的办公、生活设施。国内有些地铁城市，还将行车调度指挥中心、地铁公安分局或运营公司部分职能、处室整合进车辆基地内。

第一节　概　述

一、车辆基地的基本组成

（一）车辆段

城市轨道交通车辆段主要担负着一条或几条线路城市轨道交通车辆的停放、检查、维修、清洁整备等任务。有的车辆段还负责乘务人员的组织管理、出乘、换班等业务工作，并相应地配备乘务值班室等设施。

（二）综合维修中心

综合维修中心（简称维修中心）是指城市轨道交通系统中各种设备和设施的维修管理单位。它的业务范围较广，涉及轨道交通线路、路基、轨道、桥梁、涵洞、隧道和房屋建筑等设施的维护、保养，以及供电、通信、信号、机电设备和自动化设备的维修保养和故障修理工作。

（三）物资总库

物资总库担负着轨道交通系统材料、配件、设备和机具，以及劳保用品等的采购、存放、发放和管理工作，为轨道交通工程各系统的建设、运营和维修所需的材料、机电设备和配件等提供储存和供应服务，并负责材料的采购、保管和发放工作。在工程建设期间可作工程材料、设备的临时存放。

（四）培训中心

培训中心负责组织和管理车辆段及综合基地职工的技术教育以及培训。城市轨道交通系统网络一般宜共用一个培训中心。中心内应设有教室、设备室、教职员工办公室以及配套设施。培训中心应以城市快速轨道交通线网规划为依据，进行合理的规划，根据功能和任务确定建设规模。

二、车辆基地的基本功能

车辆段与综合基地作为地铁系统的运用、检修、材料、后勤保障和培训基地，其功能应体现为整个地铁系统服务，因此，车辆段与车辆基地应具备以下基本功能。

（一）车辆停放及日常保养功能

地铁车辆的停放和管理；车辆的外部洗刷、内部清扫及定期消毒；驾乘人员每日出、退勤前的技术交接；对运用车辆的日常保养（包括列检和双周检、三月检）及一般性临时故障的处理等。

（二）车辆检修功能

依据地铁车辆的检修周期，定期完成对地铁车辆的计划性修理（包括定修、架修和大修）。

（三）列车救援功能

列车发生事故（如脱轨、颠覆）或接触网中断供电时，能迅速出动救援设备起复车辆，或将列车牵引至邻近车站或地铁车辆段，并排除线路故障，恢复行车秩序。

（四）系统设备/设施的维护、保养和检修功能

对地铁各系统，包括供电、环控、通信、信号、防灾报警、综合监控、自动售检票、给排水、自动扶梯等机电设备和房屋建筑、轨道、隧道、桥涵、车站等建筑设施进行维护、保养和检修等。

（五）材料物资供应功能

负责地铁系统在运营和检修过程中，所需各种材料、设备器材、备品备件、劳保用品以及其他物资的采购、储存、保管和供应工作。

（六）技术培训功能

负责对地铁各系统的工人、技术和管理人员进行培训。

第二节　车辆段

一、车辆段工作任务

从功能上来讲，城市轨道交通车辆段可以分为检修车辆段和运用停车场两部分。

（1）承担本段列车的运用、停放、消毒等日常维修保养及运用乘务、技术交接等任务。

（2）承担本线车辆的定修、临修和大修任务。

（3）负责本线运用列车事故救援工作和设备、机具的维修及机车的日常维修。

（4）负责本段的行政、技术与后勤管理及材料供应等。

以上任务范围是针对具备架修或大修能力的车辆段而言的。有些车辆段任务范围界定在定（临）修修程及以下，车辆架修或大修由具备能力的车辆段承担。前者称为大架修车辆段，后者称为定修车辆段。同一条地铁线，为了每天列车始发和收乘方便，往往在其中一尽端设置一个车辆段，另一尽端只设置具备停放、运用、清扫、洗刷和列车技术检查工作功能的停车列检库和列车清洗库，我们通常称之为停车场，如图 5-1 所示。

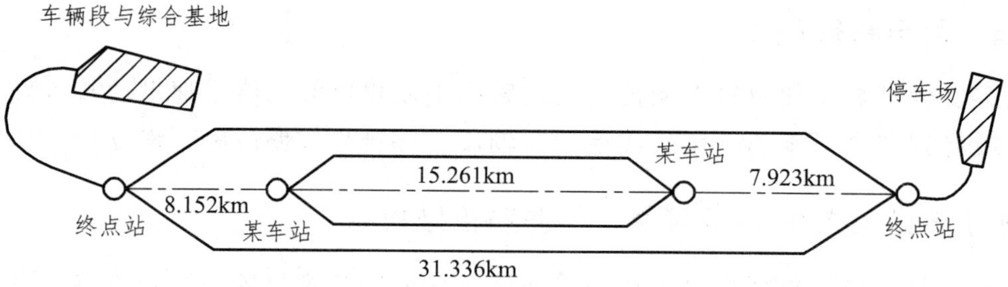

图 5-1　车辆段与停车场

二、车辆运用检修工艺流程

（一）车辆检修制度和检修作业方式

车辆检修制度的制定，一般应根据车辆的技术条件、线路条件、地区环境和运营条件，以及运用、检修人员的素质等多方面因素确定，并在实际运用中不断进行调整和完善。

车辆检修制度一般分为预防性计划检修制度和矫治性检修制度两种。由于城市轨道交通对车辆的安全性和可靠性要求非常高，考虑到目前我国车辆的总体运用检修水平，车辆检修宜采用按车辆运行周期进行计划检修的预防性计划检修制度。但在整体采用预防性计划检修制度的前提下，应对部分有条件的系统和部件（如电气和控制系统等）实行状态修，对低级修程（如双周检和三月检等）推广采用在线修，以提高车辆的利用率，降低购车和修车成本。

车辆检修作业方式分为现车修和换件修两种。

现车修是将待修车上的零部件，修理消除其缺陷后，仍安装在原车上。这种作业方式，除报废零件需要更换外，其他零部件均在得到修理后，装回原车。其优点是可减少备用零部件的数量，缺点是常因等待零件而延长停修时间。

换件修又称为互换修，是指将待修车上分解下来的零部件，用合格的备用零部件更换后装上去。现车拆卸下来的零部件经修理后可以装到其他车辆上。换件修的优点是最大限度地缩短停修时间，提高修车效率，其缺点是要求有足够的备用零部件。

从提高修车效率出发，车辆检修宜采用以换件修为主，部分零部件现车修为辅的检修作业方式。

（二）检修修程

车辆检修修程指标（参考）如表 5-1 所示。

表 5-1　车辆检修修程指标

修程	检修周期（10^4 km）	停修时间	库停时间
列检	2 天	2 h	2 h
双周检	0.5（15 天）	0.5 天	0.5 天
三月检	3（90 天）	2 天	2 天
定修	12～15（1～1.5 年）	8～16 天	8～16 天
架修	60（5～6 年）	24～28 天	18 天
大修	120（10～12 年）	36～40 天	30 天

注：① 表中停修时间及库停时间，均不含节假日；

② 以上各修程工作班制均按 1 班制考虑，工作日指标按国家法定工作日 251 日/年计算；

③ 车辆修程关系如图 5-2 所示。

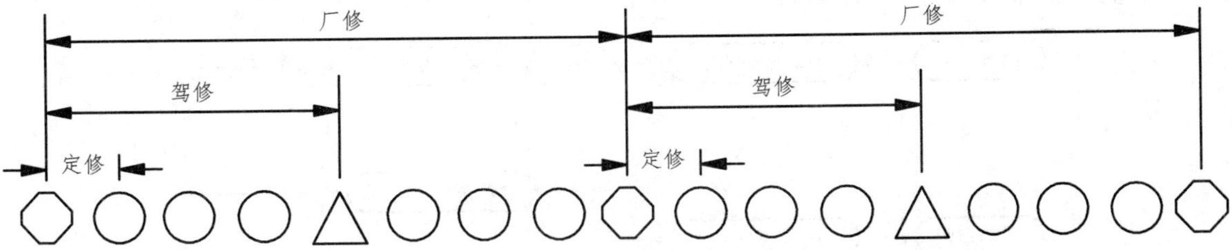

图 5-2　车辆修程关系

△—定修修程；　○—架修修程；　⬡—厂修修程

（三）车辆各检修修程的主要作业内容

1. 列　检

主要对与车辆行车安全相关的部分进行日常性技术检查。

2. 双周检

主要对易损件和磨耗件进行检查，对部分部件进行清洁、润滑。

3. 三月检

主要进行车辆的重点部件及系统状态的检查，部件的清洁、润滑，更换磨耗件。对车辆易损部件进行检查更换；对牵引、制动、控制系统进行全面检查、调试；对蓄电池根据需要进行检查，添加蒸馏水或离子交换水。

4. 定　修

主要进行车辆的各系统状态检查、检测；各部件全面检查、清洁、润滑以及部分部件的修理及车辆的调试。主要检修内容是对受电弓、空调机、电气控制、牵引、制动、走行部等关键部件进行局部分解、检查、修理、测试，检修后进行静、动态调试。

5. 架　修

对车辆的重要部件，特别是走行部进行分解，全面检查、修理，并更换部分部件。对车辆各系统进行全面检测、调试及试验。架车后对转向架、受电弓、空调机、空压机、牵引电机、制动系统、车钩缓冲装置、车门、座椅和各种电气控制装置等部件进行分解、检查、修理、更换、试验，对仪表仪器进行校验，对车体及其余部件的技术状态进行检查修理，检修后对车辆进行静、动态调试。

6. 大　修

对车辆包括车体在内的部分进行全面的分解、检查及整修，结合技术改造对部分系统进行全面的更换，对车辆各系统进行全面检测、调试及试验。车辆各修程均以整列车作为检修单元，采用定位检修作业，部分零部件根据检修工艺需要采用流水作业的检查形式。

（四）车辆运用整备工艺流程

车辆运用整备工艺流程如图 5-3 所示。

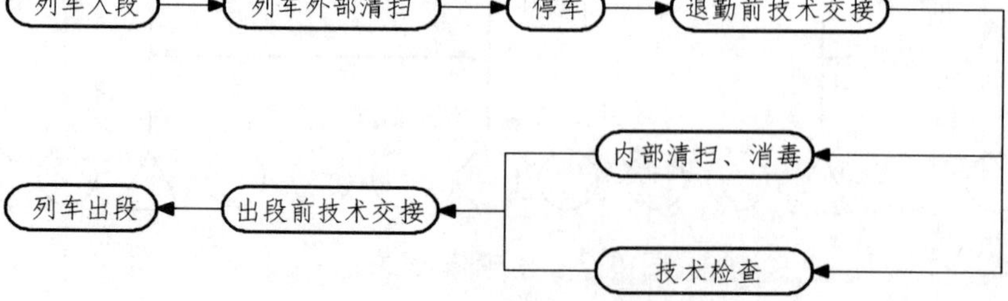

图 5-3　车辆运用整备工艺流程

（五）列车检查、检修工艺流程

列车检查、检修工艺流程如图 5-4 所示。

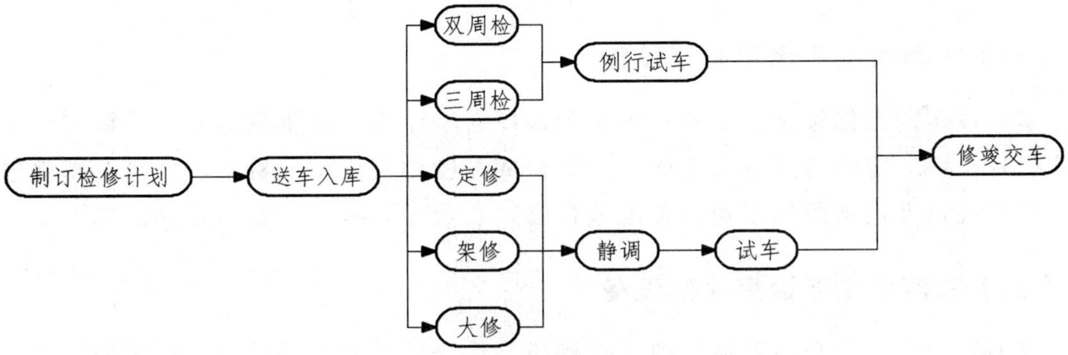

图 5-4 列车检查、检修工艺流程

1. 架修/大修工艺流程

工艺流程如下：车辆吹扫、冲洗→车辆由内燃机车推送入库解列→车辆预检→车辆架车→局部分解→落转向架→列车全部或局部解体→各零部件送检修司分解、检查、修理、更换、组装、试验→车体全面检查、除锈、刷漆、整修→各零件组装→落车调整→喷漆→单元或联挂静调→试车线动调→交验→出库。

2. 定修工艺流程

列车吹扫、冲洗→列车由调机推送入库→列车预检交接→列车架车局部解体→全面检查、测试→蓄电池检修充电→组装测试→落车调整→送不落轮镟库→送调试库单元/联挂静调→试车线动调→交验→出库。

3. 双周检或三月检工艺流程

列车整列入库→测试→全面技术检查→更换易损件→补充电或更换蓄电池→交验→出库。

4. 列车镟轮工艺流程

待镟轮列车自行牵引或由调机送入镟轮线→专用牵引装置与列车联挂→列车由牵引装置牵引停车轮对定位→轮对检测进行定位测量和磨耗测量→轮对镟修→轮对加工精度检测→其他轮对镟修→全部轮对镟修完成验交→列车出库。

5. 列车静调作业和动调作业

静调作业在专门的静调库或静调线内进行，主要对列车重要部件及连线进行低压通电检查，对车门、空调及列车控制等系统的功能进行调试，对各电器部件动作是否符合技术要求进行测试。动调作业是在试车线上对整列车的运行性能、状态及车载通信信号设备进行检测和试验。

调试作业工艺流程：单元静调→联挂静调→联挂动调→验交。

三、车辆段主要运用检修设施及设备

（一）车辆段主要运用检修设施

车辆段运用检修设施主要有：停车列检库、洗车库、不落轮镟库、静调库、双周检或三月检库、定临修库或临修库、大架修库、吹扫线、空压机站、内燃机车轨道车库、试车线以及设备维修车司、蓄电池检修库、救援办公室、备品备件库等。

（二）车辆段主要运用检修设备

据不完全统计，全国各城市地铁车辆段与综合基地初步设计中，列明的工艺设备约 400～600 项，累计 1 000～1 380 台（套、辆、组），总投资金额约为 1 亿～1.5 亿。车辆段与综合基地的主要设备如表 5-2 所示，其中车辆段工艺设备主要有：数控不落轮机床、列车自动清洗机、架车及转轨设备、内燃机车、起重运输设备、电源设备、专用工艺装备、机电检修检测设备、仪器仪表电器/电子检测设备、通用机电设备、清洗设备、转向架检修/检测设备以及救援设备等。

表 5-2　车辆段与综合基地主要设备

类别序号	设备类别		设备名称
车辆段主要工艺设备			
1	数控不落轮机床		数控不落轮机床、遥控公铁两用车
2	列车自动清洗机		列车自动清洗机
3	架车及转轨设备		地下固定式架车机、移动架车机、浅坑移车台、公铁两用车
4	内燃机车		内燃调车机车
5	起重运输设备	起重机	电动双梁桥式机、电动单梁桥式机、电动单梁悬挂式起重机、伸缩臂悬挂式吊车
		汽车	救援指挥车、工程救援车、救援设备集成箱货车、工具汽车、载货汽车、大客车、轿车
		叉车、搬运车	蓄电池叉车、蓄电池搬运车、手动液压搬运车
6	电源设备	静调/周月检电源设备	静调/周检/月检电源设备
		充放电设备	充电机、放电机、充放电机配套设备
		稳压电源	直流稳压电源、交流稳压电源

续表

类别序号	设备类别		设备名称
7	专用工业设备		车辆轮廓限界检测装置、线路设备限界检测装置、工艺转向架、转向架提升台、移动式液压升降平台、移动式车钩架托机、转向架转盘、轮对转盘、移动式作业平台、移动式作业平台、移动式车体支座、单柱式校正液压机、吊具（转向架/空调/受电弓）
8	机电检修检测设备	车门检修测试装置	车门密封条检修台、可移动式车门测试装置
		受电弓检修测试装置	受电弓检修试验台、便携式受电弓测试仪
		空调检修测试装置	可移动式车辆空调测试装置、空调冷媒充放装置、空调机清洗槽
		气制动设备检修测试装置	空压机试验台、单元制动装置综合试验台、固定式单阀试验台、可移动式制动装置测试设备
		电机检修测试装置	电机检修试验装置、牵引电机空载试验装置
		逆变器试验装置	可移动式 VVVF 试验装置、可移动式 SIV 试验装置
9	仪器仪表及电器/电子检测设备	仪器仪表	静调仪器仪表、月检库检测设备、接地兆欧表、示波器、单双臂两用电桥
		电器/电子检测装置	速度表及传感器试验台、压力表及传感器试验台、转速传感器试验台、电量传感器试验台、仪表检测及试验设备、主断路器试验装置、电器开关元件综合试验台、驾驶员控制器试验台、电子检修综合试验台、移动式耐压试验台、电热鼓风干燥箱、电热干燥箱
10	通用机电设备	空压机	固定式空压机、移动式空压机
		金属机床设备	车床、铣床、刨床、摇臂钻床、立式钻床、磨床、带锯床、弓锯床、剪板机
		电气焊设备	电焊机、气焊/气割设备、焊接配套设备
		钳工设备	台式钻床、除尘式砂轮机、划线平台、压装设备、电动套丝机、弯管机
		通用机械	管道机械、磅秤、台秤、液压千斤顶、吸尘器、排风扇、升降梯
11	清洗设备		车下吹扫设备、高压喷射清洗机、构架清洗机、轮对清洗机、轴箱清洗机、轴承清洗机、超声波清洗机
12	转向架检修/检测设备	探伤设备	构架探伤设备、轮对探伤设备、轴承探伤设备
		拆装、压装设备	轴箱拆装机、轴箱压装机、退轮高压油装置、轮对压装机
		检测设备	构架检测平台及专用工装、转向架静载试验机、轴承检测仪器设备、轴承检测平台、轴箱检测平台、轮对跑合试验台、轮对动平衡机
		机加工设备	数控轮对车床、数控立式车床、数控车轴车床
		组装设备	构架翻转机
		油漆设备	构架喷漆装置、喷雾净化装置

续表

类别序号	设备类别		设备名称
13	救援设备		车辆复位救援设备、扶正装置、牵引装置、气垫、剪扩钳、车轴推进器、轮对故障行走小车、轨道运输小车、发电及照明设备、人员防护装备、救援辅助设备
综合维修基地主要工艺设备			
14	接触网设备	接触网作业车	接触网检修车、架线车、放线车
		接触网检测车	接触网检测车（可以喝接触网检修车或轨道检测车组合）
15	工务设备	轻型轨道车	轻型轨道车
		轨道平板（吊）车	轨道平板车、平板吊车、轻型轨道平板车
		轨道打磨车	轨道打磨车
		轨道检测车	网轨检测车
		钢轨机械	锯轨机、焊轨机、弯轨机、钻孔机、液压拉轨器、轨缝调整器、钢轨涂油器
		道床机械	捣固机、起道机、拔道机、铁道螺钉电扳手、电镐、液压方枕器
		工务仪器及探伤	钢轨探伤仪、焊缝探伤仪、轨距水平恻量仪、经纬仪、水准仪
物资总库主要设备			
16	仓储设备		立体仓储设备、普通可调式工业货架
培训设备			
17	计算机及培训设备	计算机	台式电脑、笔记本电脑、移动硬盘、打印机、复印机、传真机、扫描仪
		电教设备	固定投影机、便携投影机、数字展示台、电动屏幕、移动屏幕、DVD 影碟机、彩色电视机、功率放大器、音箱、多媒体控制台、中央控制系统、无线手持话筒、会议专用话筒、DVD 光盘刻录机、红外线笔、录音笔、摄像机、数码相机
		教具模型挂图	驾驶员模拟驾驶器、受电弓演示器、动车转向架模型、拖车转向架模型、牵引电机模型、牵引逆变器模型、辅助逆变器模型、高压电路模型、牵引电路模型、自动列车防护（ATP）系统演示模型、自动列车驾驶（ATO）系统演示模型、自动列车监督（ATS）系统演示模型、微机联锁（CBI）系统演示模型、转辙机演示器、气制动演示器、气制动系统原理模型、车钩缓冲原理演示器、列车空调机模型、永久性牵引杆模型、车钩缓冲原理演示器、列车空调机模型、车门控制传动系统演示模型、屏蔽门（PSD）控制传动系统演示模型、自动检票机控制模型、传动系统演示模型、扶梯传动原理模型、其他教具/模型/挂图

第三节　车辆基地及其设计原则

一、车辆基地

1. 综合维修中心

综合维修中心的主要由工建车间、机电车间、供电车间、通号车间和自动化车间等组成。

工建车间承担全线轨道、桥梁、路基、隧道、车站建筑、所有地铁地面建筑等建筑物、构筑物的检查、维修、保养工作。

供电车间承担全线变电所设备、接触网和高中压电缆线路及相关设备、电力监控设备、全线杂散电流防护设备的运营管理、巡检、维护保养、检修工作。

通号车间承担全线通信、信号系统、列车上通信广播设备和信号设备的运营管理、巡检、维护保养、检修工作。

机电车间承担全线各种机电系统及设备，包括环控系统空调设备、给排水系统（水泵、电机）、屏蔽门、防淹门、自动门、电梯及自动扶梯、各种小型运输车辆、低压电气设备及线路等的运营管理、巡检、维护保养、检修工作。

自动化车间承担全线各自动化系统及通用办公计算机系统的测试、维修保养工作，其中自动化系统包括自动售检票系统（AFC），车站设备监控系统（BAS），防灾报警系统（FAS），门禁、综合监控系统。

各系统设备以及线路、隧道等建筑物的大修，宜结合城市轨道交通线网运营模式统筹考虑检修方式，现各城市轨道系统较多考虑社会化服务。

综合维修中心的主要工艺设备有：接触网作业车（检修车、架线车、放线车）、接触网检测车、钢轨打磨车、钢轨检测车、轨道平板（吊）车、钢轨机械、道床机械、工务仪器及探伤设备等。

2. 物资总库

物资总库承担本线范围内运营和检修所需的各种材料、机电设备、机具、备品备件、配件、钢轨、劳保用品，以及其他非生产性固定资产的采购、存放、保管和供应工作。

物资总库的主要设施是各种库房、料棚和材料装卸线站，主要设备有起重运输设备、自动化立体仓储设备和普通可调式工业货架等，其中起重运输设备已归入车辆段主要工艺设备中，详见表 5-2。

3. 培训中心

地铁培训中心是对地铁员工进行技术教育的重要基地。地铁系统是一个多专业的综合性交通系统，它不仅技术复杂，而且发展很快，必须对所有职工进行定期的技术培训，不断提高全员的技术业务水平，以保证地铁系统的正常运营。培训中心一般按城市轨道交通线网性的地铁员工教育培训基地考虑。

培训中心设有大、小教室以及各种实验室、微机室、模型室、图书室、教职工办公用房等。培训中心主要设备包含计算机设备、电教设备和各种教具模型挂图，详见表 5-2。

二、车辆基地的设计

（一）车辆基地的设计原则

车辆段与综合基地的设计应根据线路和车辆的技术特征，在充分利用所选段址地形地貌和周围环境的基础上，以确保修车质量和生产安全，满足工艺要求为前提，以努力提高作业效率、改善劳动条件、节省基建投资、降低生产成本、获取最佳综合效益为目的，除了应该遵守的相关规范以外还需要注意以下原则。

1. 有利于运营管理

满足功能需要，车辆基地的功能定位和设计规模应满足所服务的轨道交通线路的运营要求，车辆基地与正线联系便捷，出入基地线路长短适当，减少列车出入基地空驶里程，降低运营成本。

2. 有利于可持续发展

在轨道交通线路长度、客流量、行车组织密度等因素变化或波动时，会影响到车辆基地的设计规模，车辆基地选址过程中应考虑适当的发展条件。同时还应尽可能地为其他轨道交通线路车辆基地的设置创造条件。

3. 有利于资源共享

从节省总的用地规模，减少建设投资，提高设备利用效率，降低维修成本等方面考虑，车辆基地在有条件的时候，应考虑为两条或多条轨道交通线路服务，选址时应充分考虑实现资源共享的可能性。

4. 有利于环境保护

车辆基地生产过程中产生的噪声、振动、污水甚至生产、生活垃圾，都会对周边环境有所影响，应尽量避开居民生活区布置车辆基地，或通过调整车辆基地的周边地区规划来减少其对人民工作、生活的影响，同时在车辆基地建设过程中积极采用新型环保材料、采取有力的环保措施以减少对周边环境的影响。

5. 有利于投资控制

轨道交通工程建设耗资巨大，怎样使有限的资金发挥最大的效用是设计者必须考虑的问题。车辆基地的选址过程中，避开不利条件，减少工程难度，是节省投资的有效途径。结合具体实际，实施综合开发，是加快投资回收的良好办法。

6. 有利于协调发展

车辆基地多位于郊区偏僻地区，区域内排水、排污、道路等市政设施不一定很完善，轨道交通与市政工程相互协调，同步建设可以节省投资，促进周边地区的发展。

总的来说，车辆基地是城市轨道交通的重要组成部分，车辆基地的选址除了满足其功能需求外，还应当留有一定的发展条件，实现社会的资源共享。选址过程中，还应当注意对周围环境的影响，减少投资，绿色、环保等问题。

（二）车辆的选型（以地铁为例）

地铁车辆的选型不仅是确定地铁系统运营管理模式和维修方式的基本条件，而且还是地铁系统设备选型和确定设备规模的重要依据。如果车辆选型还未确定，就匆忙开展设计和施工，必然造成工程设计大量返工，甚至造成浪费或者严重影响运营。因此，地铁车辆的选型在车辆基地的设计过程中起着至关重要的作用。

车辆选型的原则：能够适应城市的线路状况以及当地的气候和环境条件，减少对周围环境噪声振动等的影响；运送能力能够满足客流量的要求：所选车辆应技术成熟、安全可靠、外形美观、便于运用维修，并具有相应的经济性；各线车辆选型应综合考虑整个城市线网车辆选型的规划，并统一协调，实现线网检修资源的最大共享和利用（见表 5-3）。

表 5-3　车辆选型

线路运能分类	Ⅰ（高运量）	Ⅱ（大运量）	Ⅲ（中运量）
	地铁		轻轨
单向运能/（万人次/h）	5 ~ 7	3 ~ 5	1 ~ 3
适用车型	A	B（或 A）	C（或 B）
列车最大长度/m	185	140	100
线路型式（市中心区）	全封闭	全封闭	半封闭/全封闭
最高速度/（km/h）	≥80	80	60 ~ 80
旅行速度/（km/h）	30 ~ 40	30 ~ 40	20 ~ 30/30 ~ 40
适用城市市区人口规模/万人	>300	>200	>100

（三）车辆检修基地的设计规模（以地铁站为例）

表 5-4　车辆检修基地设计规模

类别	检修种类	检修周期		检修时间（天）
		里程（万公里）	时间（年）	
定期检修	厂修	120	10	35/32
	架修	60	5	20/18
	定修	15	1.25	8/6
日常维修	三月检修	3	3 月	2/2
	双周检修	0.5	2 周	0.5/0.5
	列检	—	每天或双日	—

注：表中分子为近期天数，分母为远期天数。以上各修程工作班制均按 1 班制考虑，工作日指标按国家法定工作日 250 日/年计算。

确定车辆段的规模，首先应根据行车组织提供的列车对数路、线路长度等资料计算得出全年车辆走行公里数。然后，根据城市轨道交通车辆检修的主要指标所示，计算出车辆段初、近、远期的任务量，最后以车辆检修工作量及采用的检修工艺为依据，确定车辆段的设计规模。

（四）总平面布局

车辆段与综合基地的总平面布置是实现车辆基地整体功能的重要保证。为满足地铁车辆最佳的作业流程，车辆基地的总平面布置应该从检修规模、工艺流程、功能分区等方面进行综合考虑。力求基地内检修流程顺畅，功能分区明晰，物流组织合理，近远结合，预留发展条件。当前，车辆段与综合基地从布置形式上主要分为以下三种形式：纵列式布置、并列式布置以及复合式布置。

1. 并列式布置的特点

布置紧凑，占地面积小，列车集中检修。缺点是检修流程不如纵列式布置顺畅，车辆在段内走行距离较长，特别是在段内咽喉区容易造成干扰。

2. 纵列式布置的特点

列车走行顺畅，便于车辆进行检修。缺点是各检修设施的布置比较分散，不方便管理。在实际运用的过程中，很少采用纵列式布置。

3. 复合式布置的特点

复合式布置综合了并列式布置和纵列式布置的优点，不仅能满足各种地形的要求，还能让地铁车辆的检修作业集中进行，方便管理，因此成为当前最普遍采用的布置形式。综上所述，在设计过程中，我们应尽可能地使用复合式布置形式，特殊情况下可使用并列式的布置形式，极力避免使用纵列式布置。这样才能达到节约土地，提高车辆检修运用效率的目的。

第四节　主要设备及其功能

车辆段与综合基地设备的种类多、涉及专业广，限于篇幅，本节不做一一介绍，这里主要介绍数控不落轮镟床、地下固定式架车机、列车清洗机及车辆称重仪等功能。

一、数控不落轮镟床

数控不落轮镟床是用于地铁车辆在整列编组不解列、车下转向架轮对不落轮的条件下，对车辆单个轮对的车轮踏面和轮缘的磨损、缺陷表面进行镟削加工的专用设备，安装在镟轮库轨面以下的基坑中，如图 5-5 所示。与镟床配套使用的公铁两用车是主要用于镟轮线上牵引地铁车辆，对指定轮对进行不落轮镟削时遥控定位停车的专用设备。公铁两用车亦可用于其他轨道的牵引作业或在地面道路上行驶。

目前，国内各城市地铁系统使用的数控不落轮镟床主要来自三个国外公司，分别是德国 Hegenscheidt 公司、法国 Sculfort 公司、意大利 Safop 公司。国内一些机床生产厂家也在逐步引进这项技术，与上述厂家合资生产。

地铁车辆在整列编组不解列、车下转向架轮对不落轮的条件下，对车辆单个轮对的车轮踏面和轮缘的磨损、缺陷表面进行修整加工的专用设备，除采用车削加工的原理外，还有采用铣削加工修形的，但终因价格太贵，目前在国内城市轨道交通行业中还没有应用实例。

图 5-5　数控不落轮镟床

二、地下固定式架车机、移动式架车机（见图 5-6、5-7）

地下固定式架车机一般安装在车辆段大架修库内。除地面操作控制台外，架车机安装在地下基础坑内。架车/落车作业完成后，设备全部降入地坑，地坑表面设置盖板，机库地面平整无障碍。

移动式架车机的基本功用同地下固定式架车机，只是设备安置在地面上使用，一般安装在车辆段定、临修库内，其功能和技术要求基本类似于地下固定式架车机。

图 5-6　地下固定式架车机

图 5-7　移动式架车机

三、列车清洗机

列车清洗机是对地铁列车外表面实施自动洗车作业的专业设备（有些还具备淋雨试验的功能）。列车长期在隧道、地面和高架线路上高速运行，其车体端面和表面会吸附很多的灰尘或其他脏物，长期累积会影响车辆外表面的美观，应予及时清洗，完成车身两侧（包括车门、窗玻璃、侧顶弧圆面）及车端面（包括端面肩部）的洗刷工作。

同时，借助于列车清洗机的供水、排水系统，列车清洗机可用于对新造车辆和架修或大修过的车辆进行密封性验证的淋雨试验。

列车清洗库包括清洗主库和边跨两部分。清洗主库布置有列车清洗线，该线为一条单向行驶的可以直接实施洗车作业的专用线。边跨设有控制室、机泵间、水处理间等。

洗车时列车自行牵引，不降受电弓，由架空接触网供电、列车以“洗车模式”3 ~ 5 km/h 的速度通过洗车主库。驾驶员按信号指示操纵列车运行或停车。

自动进行列车端部及两侧的刷洗和冲洗工作。列车采用走—停清洗模式。列车行进中刷洗两侧面，停车时刷洗列车前、后车头端面。

洗车主库喷淋或刷洗设备为贯通式设计，沿线按工艺流程布置。

占地范围允许时，尽量采用单向列车清洗操作，即列车只从一个方向通过，在列车单次通过后完成清洗操作。只有在清洗库长度过短时，才采用往返清洗作业方式。

常见的列车清洗工艺流程如图 5-8 所示，全过程采用自动控制。

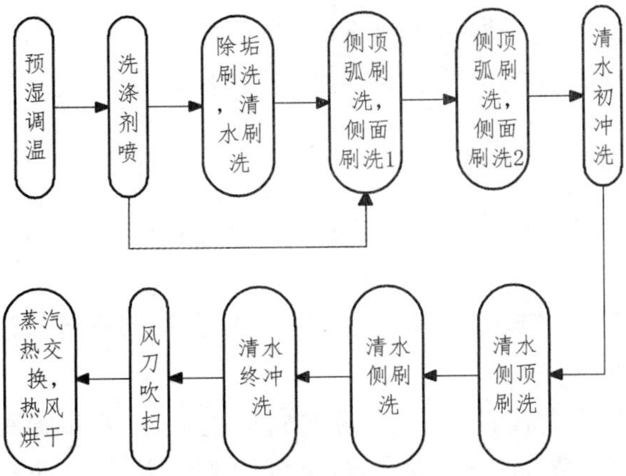

图 5-8　列车清洗工艺流程

列车清洗线上安装的清洗设备的主要类型（如图 5-9 所示）有：喷淋架、车头水平端刷洗装置、侧顶弧刷洗装置以及侧面垂直刷洗装置。上述四种装置对于塞拉门的地铁车辆来说，已满足其清洗要求。对于内藏门、外挂门地铁车辆来说，为了做到对车体侧面可以无死角刷洗，还需设置侧面水平轴刷洗装置。

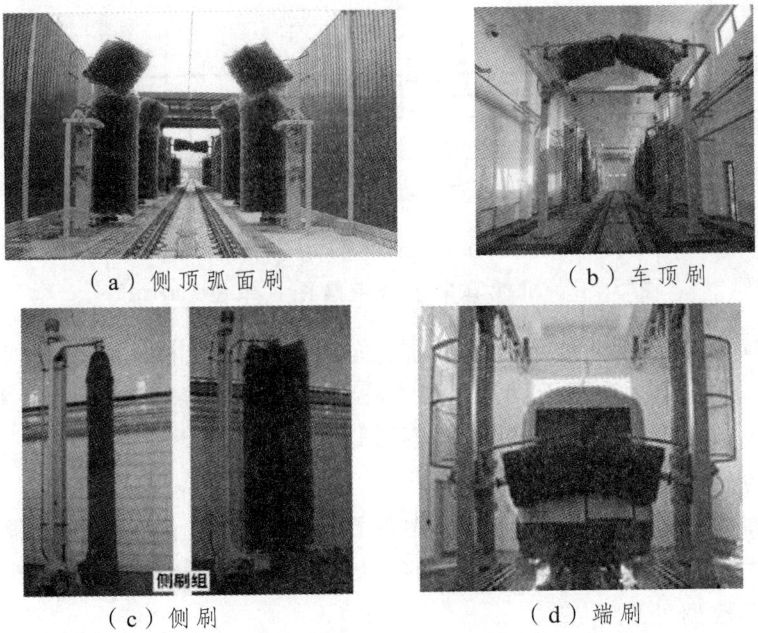

（a）侧顶弧面刷　（b）车顶刷

（c）侧刷　（d）端刷

图 5-9　喷淋、刷洗装置

四、车辆称重仪

（一）车辆称重仪功能

为了提高机车车辆运行的平稳性，确保行车安全，新造或经检修后的机车车辆应使其轮重、轴重符合检修的要求，以确保轴重和轮重的均匀性。该系统利用动态行驶的车辆经过专用的传感器后，传感器感受到动态车辆的压力信号，再由微机处理器进行一系列的分析、处理、计算后得到车辆的称重值。

车辆称重仪能够测量单轮重、轴重、整车重量及轮重差、轴重差。

（二）车辆称重仪技术特点

（1）车辆称重仪按照《静态机车车辆称重台检定规程》和《铁道机车车辆称重台技术条件》进行设计和制造。

（2）车辆称重仪组成：机械测量系统、应变传感器检测系统和计算机数据处理系统等。

（3）机械测量系统。

该系统采用便携移动式设计，利用两钢轨间的轨底板和腰板进行定位，利用双向螺旋快速夹紧机构将机械测量系统固定于钢轨内侧，并通过防松机构保障系统长时间的牢固和可靠，如图 5-10 所示。

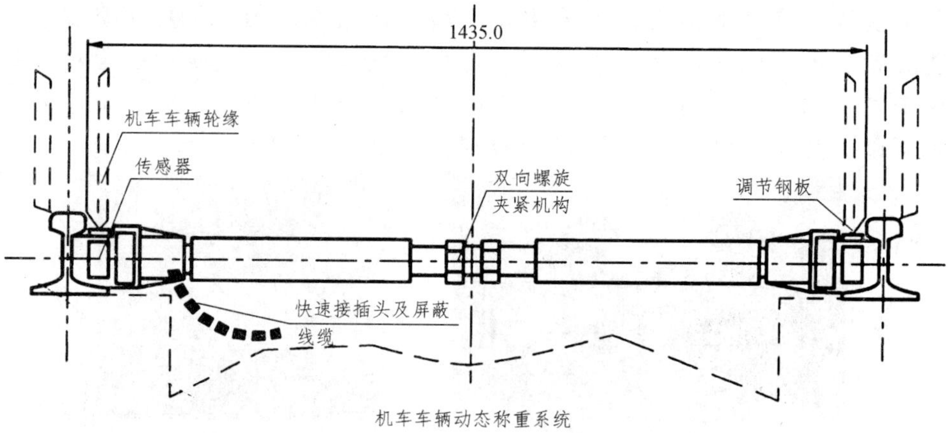

图 5-10　机械测量系统示意图（单位：mm）

测量时机车轮缘走行至机械测量系统，轮缘上升，使机车每个轮对落到称重传感器上，计算机采集数据。采用不同厚度的钢板调节系统高度，以适应各种轮缘的高度。不需要测量时，去掉调节钢板，机车车辆可以正常行驶。

（4）应变传感器系统。

应变传感器检测系统中的传感器选用的是高精度称重传感器，该器件长期工作的稳定性好，抗侧向力和抗干扰能力强，信号线采用屏蔽线，快速接插头连接。

（5）计算机数据处理系统。

该系统包括模拟信号接口板、多路直流稳压电源、被测参数液晶显示屏、工控机（包括数据采集板卡）和打印机等。微机软件搭载平台是 Windows 系统，具有丰富的图形界面和各种报表形式，中文操作，容错性和可移植性好，具有在线帮助和菜单帮助功能，操作简便直观。能够实时显示机车车辆总重、轴重、轮重、轴重差、轮重差和操作日期、时间、车号、实验者姓名等参数，当轴重超过平均轴重的限度、轮重超过该轴平均轮重的限度（其限度值根据标准设定），具有超限自动报警功能，能以报表的形式打印和存储检测参数和各种数据。

第六章　城市轨道交通供电系统

供电系统是城市轨道交通设备的重要组成部分，它不但为列车提供牵引动力，而且还为地铁运营服务的辅助设施，如照明、通风、空调、排水、通信、信号、防灾报警、自动扶梯等提供电力。

城市轨道交通供电系统由电力系统经高压输电网、主变电所降压、配电网络和牵引变电所降压、换流（转换为直流电）等环节，向城市轨道快速交通线路运行的动车组输送电力。

城市轨道交通供电系统通常包括两大部分，即对沿线牵引变电所输送电力的高可靠性专用外部供电系统(参见城市轨道交通外部供电系统);从直流牵引变电所经降压、换流后，向动车组供电的直流牵引供电系统。

第一节　供电系统的组成及功能

城市轨道交通供电系统包括：电源系统、牵引供电系统、动力照明配电系统、电力监控系统、杂散电流腐蚀保护与接地系统。

一、供电系统的组成

（1）电源系统，如图 6-1 所示。

① 主变电站及其电源线路（集中供电方式）。

② 开闭所及其电源线路（分散供电方式和集中供电方式）。

③ 中压供电网络。

（2）牵引供电系统。

① 牵引变电所。

② 接触网。

（3）动力照明配电系统。

① 降压变电所。

② 动力照明配电系统。

（4）电力监控系统。

（5）杂散电流腐蚀保护与接地系统。

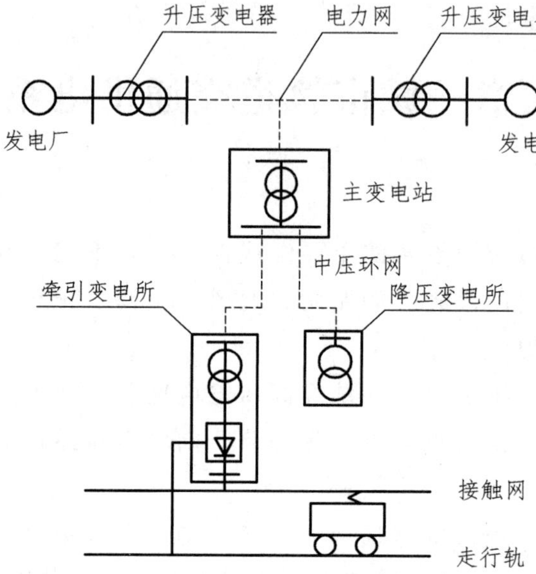

图 6-1　电源系统结构图

二、供电系统的功能

（一）主变电站的功能

当城市轨道交通从电力系统引入的电压高于城市轨道交通中供电网络（中压交流电）的电压时，需要通过主变电所将来自于城市电网的高压 110 kV 交流电或其他电压等级交流电，降压为轨道交通系统使用的中压交流电（中压交流电一般为 10 kV、20 kV 和 35 kV），再由中压供电网络向牵引供电系统和低压配电系统供电。

为了保证供电的可靠性，主变电站一般有备用的供电系统，即当主变电站退出运行时，其他的主变电站能够承担其一、二级的供电，因此每一条线路至少有两座主变电站为其供电，以实现城市轨道交通电力系统运行的可靠性。

（二）开闭所的功能

分散供电时开闭所将城市供电网络中 10 kV 或农村供电网络中 35 kV 的中压电直接引入城市轨道交通的中压供电网网络。开闭所一般和牵引降压混合变电所或降压变电所合建。

采用 10 kV 分散供电时，由于供电电压等级较低，为了保障供电的可靠性和供电的质量，和主变电站一样，一条城市轨道交通线增设多个开闭所。

（三）中压供电网络的功能

中压供电网络也称为中压环网，它主要是把主变电站或开闭所导向的电能输送到各牵引变电所和降压变电所。

中压供电网络的作用主要是：纵向把上级的主变电所和下级的牵引变电所、降压变电所连接起来；横向把全线的各个牵引变电所和降压变电所连接起来。

（四）牵引变电所的功能

牵引变电所将主变电站或开闭所送来的中压（35 kV 或 10 kV）电能经过降压和整流后变成牵引车辆所用的直流电（DC1 500 V 或 DC750 V）工作原理如图 6-2 所示。

城市轨道交通系统牵引负荷不同于一般工业和民用的用电，为一级负荷。一级负荷规定有两路独立的双边供电，当任何一路电源发生故障中断供电时，另一路应能保证一级负荷的全部用电。

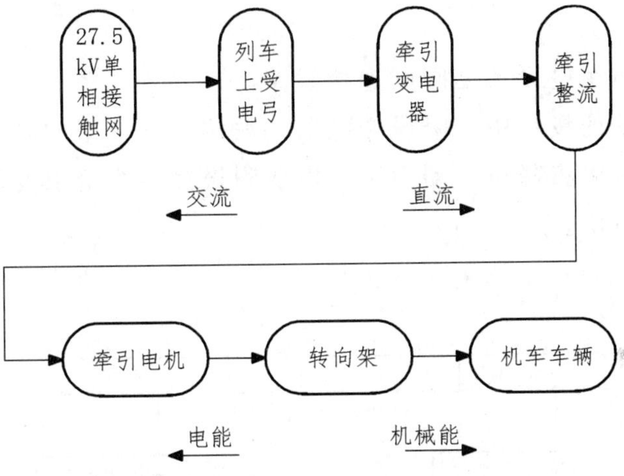

图 6-2　电力牵引系统工作原理及能量传递过程

（五）降压变电所的功能

降压变电所将三相电源进线电压降压为三相 380 V 交流电，主要向风机、照明、通信、信号、防灾报警等设备供电，也可将其称为动力变电所。

当车站规模较大时，为了减少低压供电电缆和满足供电质量要求，可能需要增设降压变电所，增设的降压变电所称为跟随式降压变电所。

（六）接触网的功能

经过电动列车的受电器向电动列车供给电能的导电网（有接触轨方式和架空接触网两种方式）。

（七）动力照明配电系统的功能

动力照明供电系统由降压变电所及动力照明组成。每个车站应设降压变电所，若地下车站负荷较大，一般在车站站台两端分别设置降压变电所，其中一端可以和牵引变电所合建成混合变电所；若地面车站负荷较小，可设一个降压变电所。城市轨道交通动力及照明供电系统各部分的功能如下：

1. 降压变电所

降压变电所将三相电源进线电压降压为三相 380 V 交流电。

2. 配电所（室）

配电所（室）仅起到电能分配的作用。降压变电所通过配电所（室）将三相 380 V 和单相 220 V 交流电分别供给动力、照明设备，各配电所（室）对本车站及两侧动力和照明等设备配电。

3. 配电线路

配电所（室）与用电设备之间的连接线路。

在动力供电系统的设计中，降压变电所一般按每站一个的频率设置，也可以几个车站合设一个，也可以将降压（动力）变电所附设在某个牵引变电所之中，形成一个牵引与动力混合变电所。

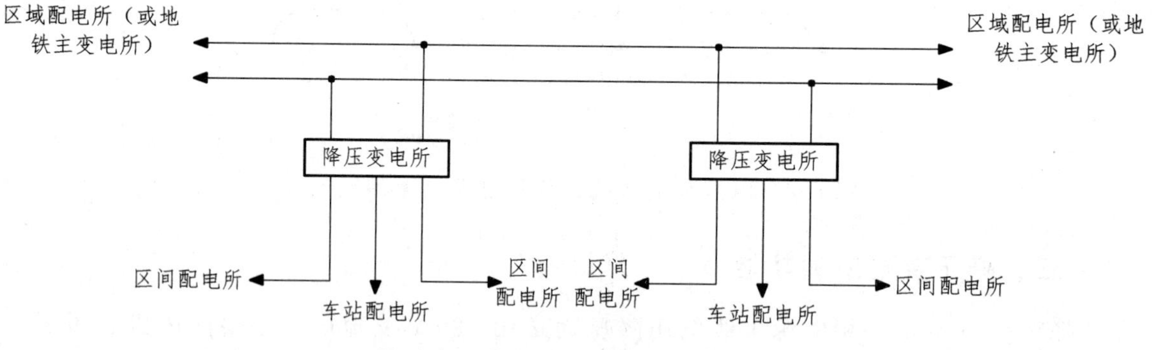

图 6-3　动力照明系统工作原理

（八）电力监控（SCADA）系统的功能

在轨道交通控制指挥中心（OCC），通过电力调度中心调度端、通道、执行端（RTU），对整个轨道交通供电系统的主变电所、牵引降压混合变电所、降压变电所、牵引网等主要供电设施的运行状态进行实时监视、控制、数据采集及处理，实现供电设备的自动化调度管理，以保证设备的正常运行。

（九）杂散电流腐蚀保护与接地系统

绝大多数城市轨道交通线路通过走行轨回流，由于钢轨与大地之间不可能做到完全绝缘，必然有小部分电流经过大地流回牵引变电所。这部分电流因为大地土壤的导电性质，可以分布地很广，称为“杂散电流”或“迷流”。

杂散电流腐蚀防护采取“以堵为主，以排为辅，堵排结合，综合治理”的原则，使综合防治效果达到国内现行和国际上的相关标准。

第二节　变电所

变电所是联系发电厂和电力用户的中间环节，担负着电压变换和分配电能的工作。

一、变电所的分类

根据变电所在城市轨道交通系统中作用的不同，变电所可以分为高压主变电所、牵引变电所、降压变电所。

（一）高压主变电所

由发电厂或区域变电所直接供电。在主变电所降压后，分别以不同电压等级向牵引变电所和降压变电所供电，是城市轨道交通供电系统的集中变电所（用于三级电压供电）。

（二）牵引变电所

城市轨道交通供电系统的主要用电对象是电动车组，即牵引用电。为了确保牵引供电的质量，牵引变电所的设置和容量应该按远期列车编组、运行密度在进行牵引供电计算后确定。

（三）降压变电所

除了电动车组外，降压变电所负责城市轨道交通的其他所有交流低压负荷的供电。它是根据动力用电量确定其设置数量和容量的。

二、供电方式与负荷

城市轨道交通的外部电源供电方式，主要根据城市电网构成的不同特点，划分为集中供电、分散供电和混合供电三种方式。我国城市轨道交通供电系统的受电方式都为集中式供电。国外则有分散式和集中、分散混合的供电方式。

（一）集中供电方式

集中式供电是在城市轨道交通沿线，根据用电容量和线路长短，建设专用的主变电所，这种由主变电所构成的供电方案，称为集中式供电。

城市轨道交通供电系统在城市轨道交通沿线均衡地设置几座主变电所，每座主变电所分别从城市电网引入 110 kV 或其他电压等级的电源，引入的电压等级越高，主变电所的数量就越少。由于城市 110 kV 或 220 kV 公用变电所容量较大，供电能力较强，因此轨道交通主变电所接引电源时，对城市公用变电所的改造工程量较小。城市轨道交通供电系统目前多采用集中供电的方式，如上海、广州、南京、香港、德黑兰地铁等。

集中供电方式的优点：

（1）城市电网提供的电源点少、与城市电网接口少，有利于城市轨道交通供电的管理，运营维护方便，提高了检修作业的独立性。

（2）进线电压等级高、进线数量少，提高了供电的可靠性和灵活性。

（3）轨道交通主变电所的设置位置应尽可能地靠近多条轨道交通线路，可实现建造一座主变电所，给多条轨道交通供电的目标，从而达到供电资源共享的目的。

国内城市电网中电压中等级为 35 kV、10 kV 的公用变电所容量较小，供电能力较差，无法为轨道交通的车站提供足够可靠的电源，它的缺点是外部电源的投资较大，中压环网电缆所需的投资很大。

集中供电方式组成如图 6-4 所示。

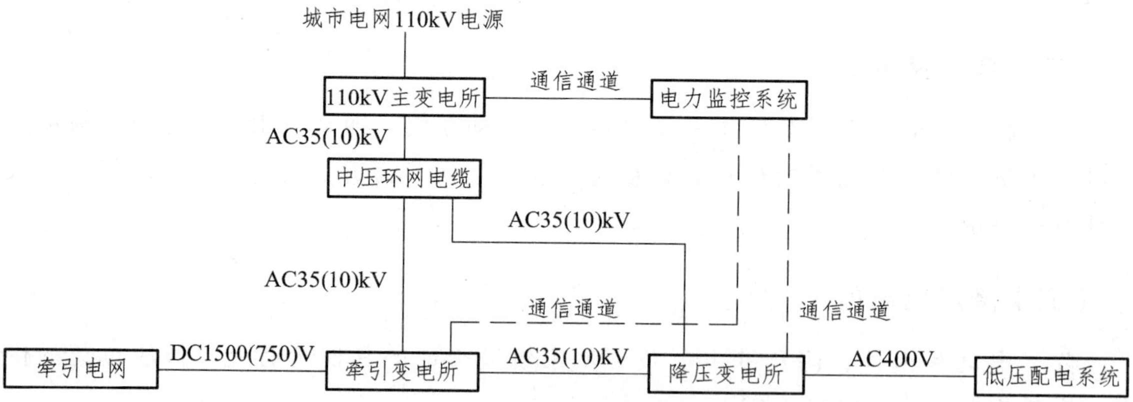

图 6-4　集中供电方式

（二）分散供电方式

分散供电方式不设主变电所，各牵引变电所、降压变电所或电流开闭所分别由城市轨道交通沿线城市电网就近引两路相互独立的 35 kV 或更低电压等级的电源供电。分散式供电要求城市电力系统的变电所留有足够的备用容量及备用仓位，才能保证城市轨道交通电源的可行性和可靠性。北京已建成的城市轨道交通线采用的是分散供电的方式，在市郊线沿线如果有较好的中压电源条件，也宜采用分散供电的方式。

分散供电方式的优点如下。

（1）由于沿线牵引变电所、降压变电所可由就近的城市电网供电，供电距离短，可极大地节省外部电源投资；

（2）无须单独设置主变电所，节省了较大的投资；

（3）由于每站都可接引两路可靠的电源，所以无须中压环网电缆，节省了大量的投资。

在城市电网可靠，电源能够满足轨道交通各车站供电要求时，可优先考虑采用分散供电的方式。目前发达国家的轨道交通大多采用分散供电的方式。缺点是要求城市轨道交通沿线城市电网有足够的电源引入点及备用容量，与城市电网接口多，同时因牵引负荷的冲击和谐波的存在，将影响较小容量城市公用变电站 35 kV 或更低电压等级电源点的电能质量。

分散供电方式组成如图 6-5 所示。

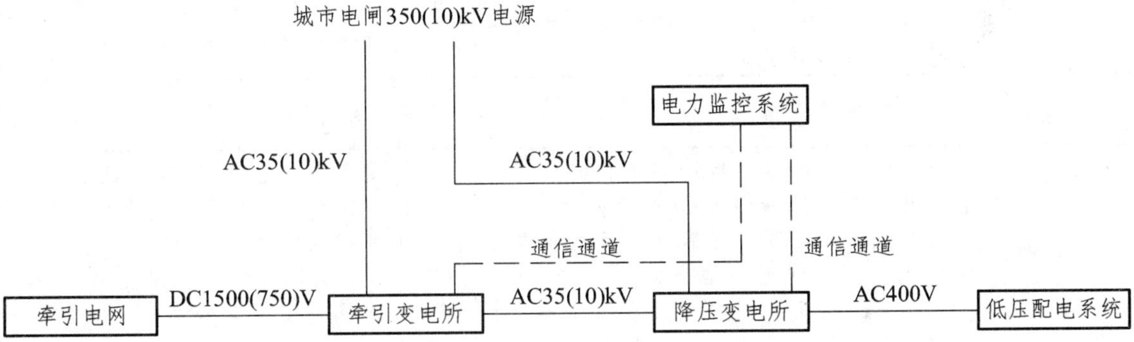

图 6-5　分散供电方式

（三）混合供电方式

混合式供电方式是前两种方式的结合，以集中供电方式为主，个别地段就近引入城市电网电源作为集中供电方式的补充。

在合适的线路适当采用混合供电方式可以集合集中供电方式与分散供电方式的优点，是避免了集中供电方式投资较大的缺点，在满足供电可靠性要求的前提下，有效地降低工程投资。但此种供电方式不利于城市轨道交通供电系统的管理。当城市轨道交通线路很长，穿越城市中心及郊区时，可考虑混合供电的方式。北京地铁 1 号线和环线即系取的是混合式供电方案。

（四）集中供电方式与分散供电方式的比较

集中供电方式、分散供电方式各有优缺点，表 6-1 分别从技术、经济等方面进行了比较。

表 6-1 集中、分散供电方式经济、技术比较

比较项	集中供电方式	分散供电方式
调度	与公用电网的连接点少，运行、调度管理方便	与公用电网的连接点多，运行、调度管理不便
业务管理	计量收费工作简化	计量收费工作增加
电源间隔	需公用电网提供的出现间隔少	需公用电网提供的出现间隔多
需公用电网提供的备用	受电点少，要求公用电网提供的备用容量降低	受电点多，各分散点的受电点备用容量之和比集中供电的方式大
电缆敷设	隧道外电缆敷设量少，通道易解决，隧道内敷设量多，有利于电缆的施工和维护	由于线路回数多，隧道外电缆敷设量增加，不利于电缆的施工和维护
供电可靠性	可靠性、安全性高，受外部电网影响小，有利于形成轨道交通供电网，供电资源共享，进一步提高可靠性	与众多的公用负荷出线引接在一条公用母线上，供电可靠性受影响
电能质量	与公用电网相互影响小，可采取措施监测和治理谐波	与公用电网相互影响较大，容易造成电网的污染
远、近期结合供电	对近、远不同期建设的线路，可进行供电方案优化，提出更合理的供电方案向多条轨道交通线路供电	由于线路送电容量小，每条线路无能力再向其他轨道交通线路供电
变电所占地面积	主变电所需占用土地	不建设主变电所
经济性	（1）对交叉或临近线路供电，能进行综合优化，节约投资及土地资源；（2）对近、远不同期建设的线路供电方案能优化，做到远近结合；（3）充分利用公用电网的电力资源；（4）节约优化使用公用电网出线间隔	（1）没有能力对交叉或临近线路供电，不能对近、远不同期建设的线路供电方案进行综合优化；（2）公用电网需提供大量出线间隔，可能影响社会用电间隔需求，对公用变电所的改造量大
投资建设	需建设主变电所、电力通道	对公用电网必须进行改造及增容，需建设较多的电力通道
运行	集中管理，运行人员少，费用相对较低，电网损耗也相对较低	分散管理，运行人员多，费用相对大，电网损耗也大

（五）供电系统电压等级的划分

可分为二级电压供电和三级电压供电两种方式。

1. 二级电压供电方式

城市轨道交通供电系统分为若干个供电分区，主变电所通过 35 kW 电源向牵引变电所和降压变电所供电，一个供电分区内牵引变电所与降压变电所构成环网，每个分区均有两路互为备用的电源。由于只有 35 kV 中压供电网络，相应沿线敷设电缆少，电缆敷设工程量小，变电所只有牵引变电所和降压变电所两类，变电所种类少，工程建设方便，电能损失和运营维护的工程量较少。

二级电压供电方式的组成如图 6-6 所示。

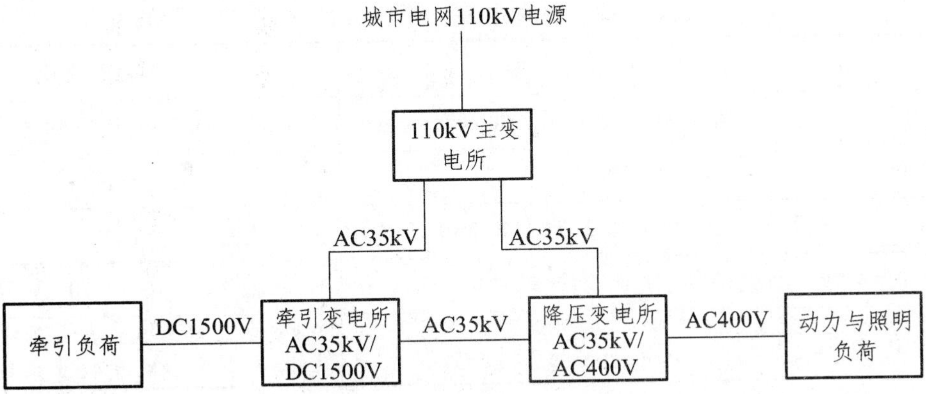

图 6-6　二级电压供电方式

2. 三级电压供电方式

牵引变电所以每两座为一个单元，单元中每个牵引变电所直接从主变电所 35 kV 母线各引入一回 35 kV 主供电源，两个牵引变电所之间设联络电缆。每个牵引变电所源一主一备，牵引供电系统供电可靠性高。

全线设若干个 35/10 kV 中心降压变电所，各中心降压变电所从主变电所引入两回 35 kV 电源，输出 10 kV 电源向全线降压变电所供电。10 kV 系统采用环串供电方式，每个 10 kV 降压变电所也有两回路电源。

三级电压供电方式沿线敷设的供电电缆多，既有 35 kV 电缆又有 10 kV 电缆，电缆敷设工作量大。变电所包括牵引变电所、降压变电所和中心降压变电所，变电所种类多，设备种类多，工程建设复杂，电能损失和运营维护的工程量较大。

三级电压供电方式组成如图 6-7 所示。

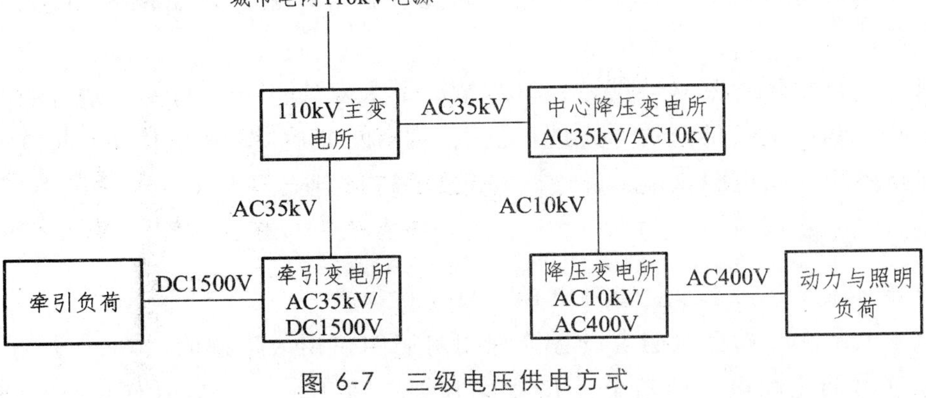

图 6-7　三级电压供电方式

3. 二级电压供电方式与三级电压供电方式的比较（见表 6-2）

表 6-2 两种电压供电方式的比较

名称	二级电压供电	三级电压供电
可靠性	可靠性满足要求，略优	可靠性满足要求
供电工程投资	略低	较高
运营成本	电能损失少，初估每年可节省 250 万度电	较高
运营维护工作	设备可靠性高，维修工作量小	较多，且多了 10 kV 等级
供电系统	35 kV 电压等级高，供电半径大，延伸条件好，系统简单	10 kV 电压等级低，系统延伸条件差，增加了 10 kV 等级，系统复杂

（六）供电负荷

城市轨道交通系统内各用电单位对供电有不同的需求，为了满足各单位的用电要求，需要对供电负荷进行分类。城市轨道交通供电负荷分为牵引负荷及动力照明负荷，负荷等级分为一级负荷、二级负荷和三级负荷。

1. 一级负荷

（1）牵引系统。

（2）变电所操作电源。

（3）火灾自动报警系统、消防系统、消防电梯、事故风机、排风/排烟风机及相关风阀、兼作疏散用的自动扶梯。

（4）通信系统，信号系统，电力监控系统，环境与设备监控系统，自动售、检票系统。

（5）屏蔽门、防护门、防烟门、排雨泵、车站排水泵。

（6）应急照明、地下站厅站台照明、地下区间照明。

其中变电所操作电源、火灾自动报警系统、通信系统、信号系统、应急照明为特别重要负荷。

牵引系统正常运行时双边供电，故障情况下大双边供电；站厅、站台照明由低压配电室不同母线以交叉供电的方式进行供电，其他一级负荷供电采用由两段低压母线以专用回路各引一路电源供电，并在设备末端进行切换。

2. 二级负荷

（1）普通风机、污水泵、直升电梯、自动扶梯。

（2）地上站厅、站台照明、设备管理用房照明、出入口照明。

正常时由低压配电室两段低压母线的其中一段供电，故障时低压母线断路器投入，由另一段母线供电。

3. 三级负荷

（1）冷水机组及配套设备、电热设备、清洁机械。

（2）广告照明。

正常时，由一路电源供电，一路电源故障时，三级负荷自动从电网中切除。

三、主要电器设备

1. 变压器

利用电磁感应的原理来改变交流电压的装置，在城市轨道交通系统中主要起到传递和变换交流电能的作用。按功能分为升压变压器和降压变压器；按相数分为单相、三相、多相变压器；按线圈数分为单相线圈（自耦变压器）、双线圈、三线圈变压器；按调压方式分为空载调压（不带负载调压）、有载调压变压器；按绝缘方式分为干式、浇注式、油浸式变压器。

2. 断路器

能够关合、承载和开断正常回路条件下的电流，并能关合、在规定的时间内承载和开断异常回路条件下的电流的开关装置。当发生严重的过载或者短路及欠压等故障时能自动切断电路，起到保护设备的作用。

3. 隔离开关

隔离开关（俗称“刀闸”），一般指的是高压隔离开关，即额定电压在 1 kV 以上的隔离开关，通常简称为隔离开关，是高压开关电器中使用最多的一种电器。

隔离开关不能切断负载电流和短路电流，但可在无负荷电流时接通和断开电路。在断开状态，能起到隔离电压、保护设备的作用。

4. 母线

用导电率高的铜、铝质材料制成，用以传输电能。母线常用颜色标记识别，在三相交流系统中：黄色－A 相，绿色－B 相，红色－C 相；在直流系统中：红色－正极，蓝色－负极，黑色－零线及接地线。

5. 熔断器

是指当电流超过规定值时，以本身产生的热量使熔体熔断，断开电路的一种电器。当电流超过最小熔断电流时，熔断时间随电流的增大而缩短，避免设备损坏。当熔体熔断，须停电更换熔体。

6. 电压互感器

和变压器相像，都是用来变换线路上的电压。但是变压器变换电压的目的是为了输送电能，因此容量很大，一般都是以千伏安或兆伏安为计量单位的；而电压互感器变换电压的目的主要是用来给测量仪表和继电保护装置供电，测量线路的电压、功率和电能，或者用来在线路发生故障时保护线路中的贵重设备、电机和变压器，因此电压互感器的容量很小，一般都只有几伏安、几十伏安，最大也不超过一千伏安。

7. 电流互感器

是一种电气测量、控制和保护回路用的变流器。将一次线圈串联在一次回路中，二次绕组与仪表、继电器等的电流线圈串联，形成闭合回路。

8. 避雷针

一种防止从线路浸入的雷电波损坏电器设备绝缘的保护电器，一般分为保护间隙型（角型）、管型、阀型等。

9. 整流器

把交流电转换为直流电的电流变换设备。通过整流器，将牵引变压器输出的交流电变为一定电压等级的直流电流，当牵引变压器是多相变压器时，整流器变换成的直流电较为平滑。

主要电器设备的图形和符号如表 6-3 所示。

表 6-3　主要电器设备的图形和符号

名称	图形	符号	名称	图形	符号
三相变压器	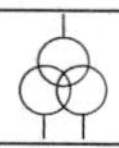	B	电压互感器	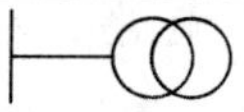	YH
断路器	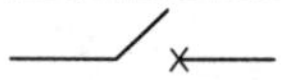	DL	电流互感器	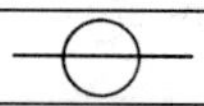	LH
断路器触电		DS	筏型避雷针	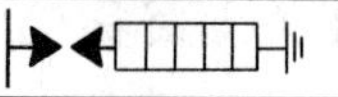	BL
隔离开关		G	整流器	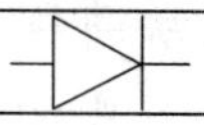	ZL
母线		M	带隔离触指直流高速开关	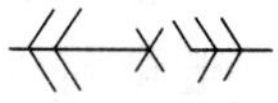	SK
熔断器	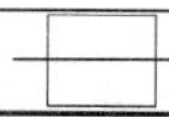	RD	低压交流开关		DK

四、主变电所

主变电所承担着向城市轨道交通全线提供可靠电源的任务，必须保证其供电的可靠性。其功能是将来自城市电网的 110 kV 电源降为中压 35 kV 电源。主变电所的设置，应结合城市轨道交通线网规划及城市电网规划统筹考虑，尽可能靠近负荷中心，通过供电计算并结合城市电网电源分布现状及规划，采用多条线路供电电源（地区性供电资源）共享的设计，以避免地区供电工程建设的重复和浪费。

主变电所由城市电网提供两路相互独立、可靠的 110 kV 电源。当一座主变电所因事故解列时，与之相邻的主变电所应能越区供电，满足城市轨道交通高峰小时牵引负荷和一、二级动力照明负荷用电要求。主变电所应尽量设置在靠近负荷中心、城市轨道交通线路附近、电缆线路引入方便、设备运输方便的位置。在条件允许时，尽量将主变电所建在地面上。

主变电所至少设置两台主变压器，正常时两台主变压器同时运行，其容量应满足主变电所的任何一台主变压器因故退出运行时，另一台主变压器能够担负起本所供电区域内的城市轨道交通高峰小时牵引负荷和一、二级动力照明负荷用电。

如主变电所以不同电压等级向附近牵引变电所、降压变电所供电，主变压器可选用三相三线圈有载调压变压器（主变压器主接线如图 6-8 所示）。

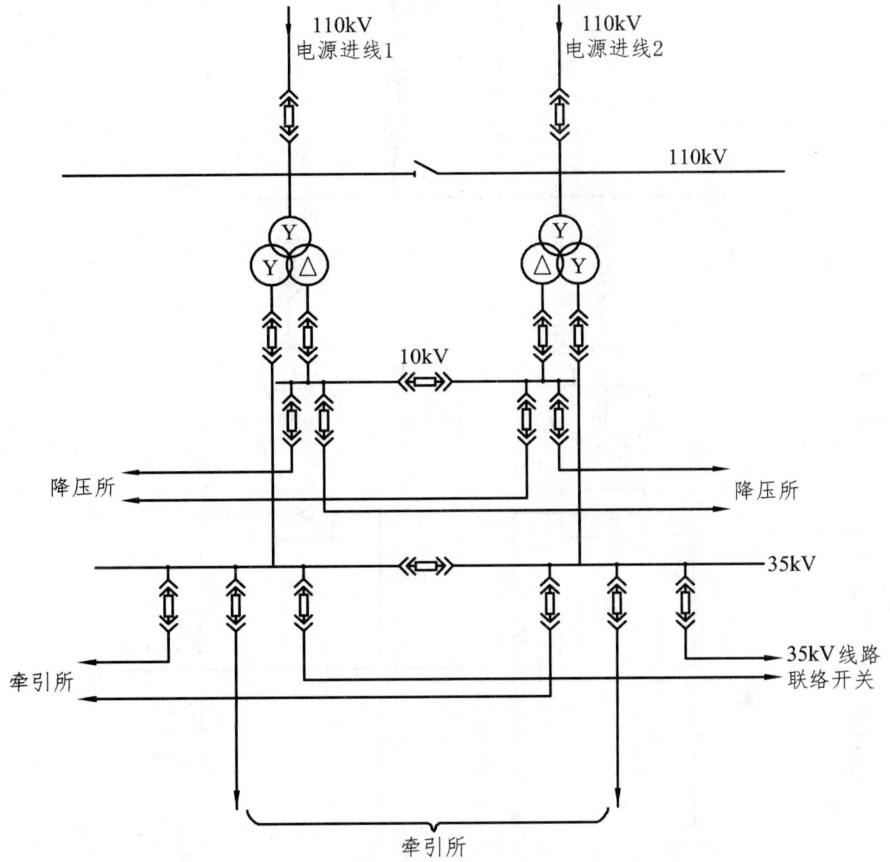

图 6-8　主变电所的主接线（内桥接线类型）

五、牵引变电所

牵引变电所承担着向牵引电网提供电源的任务，功能是将中压 35 kV 电源降压整流后变成供轨道交通列车使用的直流 1 500 V 电源。

牵引变电所根据牵引供电计算要求和线路情况、接触网的形式、沿线车站的形式等要求，考虑牵引变电所的站址选择，一般相邻牵引变电所之间的距离为 2 ~ 4 km。牵引变电所在线路上的设置位置、数量和容量，根据远期运行高峰小时的车流密度、车辆编组及车辆形式通过牵引供电计算，经对多方案的比较后确定。

每座牵引变电所按照其所需容量设置两组整流机并列运行，当任意牵引变电所发生故障时，由两侧相邻的牵引变电所共同承担故障期间的全部牵引用电负荷。

牵引变电所一般设置在站台层，同一车站同侧的牵引变电所与降压变电所合建，一方面可共用设施，节省设备投资，便安装调试配合更为方便，另一方面使变电所的总体设计结构紧凑，可减小面积，节省土建工程投资。利用轨道车进行设备运输，满足了设备正常安装及检修时的运输需要。牵引变电所主接线如图 6-9 所示。

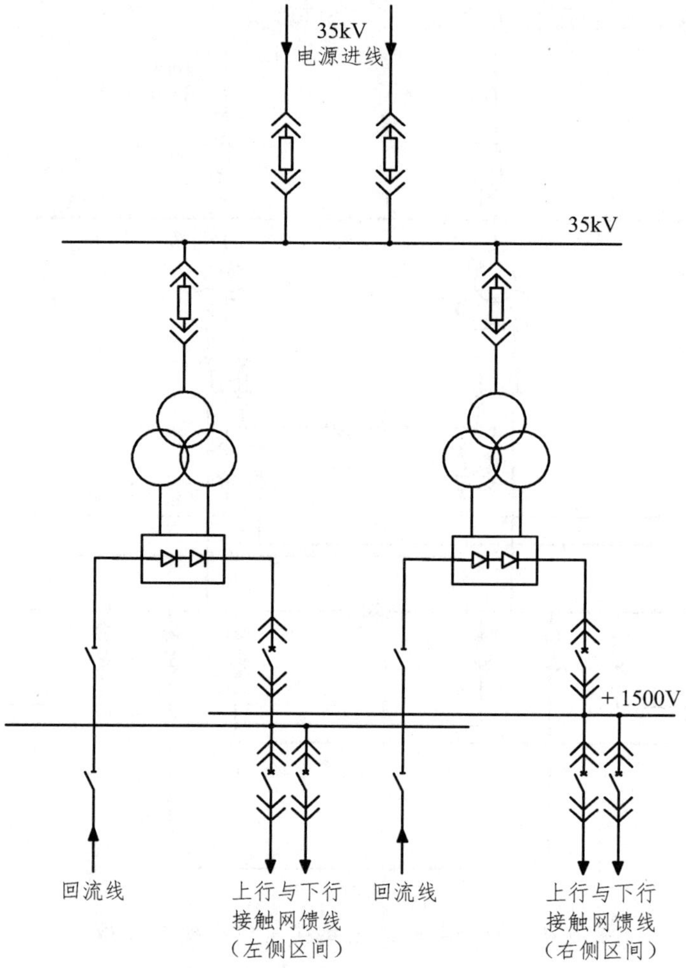

图 6-9　牵引变电所的主接线

六、降压变电所

降压变电所担负着向车站、区间动力系统、照明系统提供电源的任务。每个车站均设有降压变电所，功能是将中压 35 kV 或 10 kV 电源降压为低压 380/220 V。

降压变电所以两路 35 kV 或 10 kV 交流电为输入电源，可以来自主变电所，也可以来自相邻车站牵引变电所或降压变电所。35 kV 或 10 kV 侧及 0.4 kV 侧均采用单母线分段的形式，中间设母联开关。

每座降压变电所设两台电力变压器，正常时两台变压器分列运行，同时负担其供电范围内的动力、照明负荷供电，负荷率为 70%左右。当一台变压器发生故障退出运行时，自动切除三级负荷，另一台变压器可以承担全部的一、二级负荷，保证轨道交通的正常运行。

在换乘枢纽站、车辆段等用电负荷较大的车站，还需设置跟随式降压变电所。牵引、降压混合变电所主接线如图 6-10 所示。

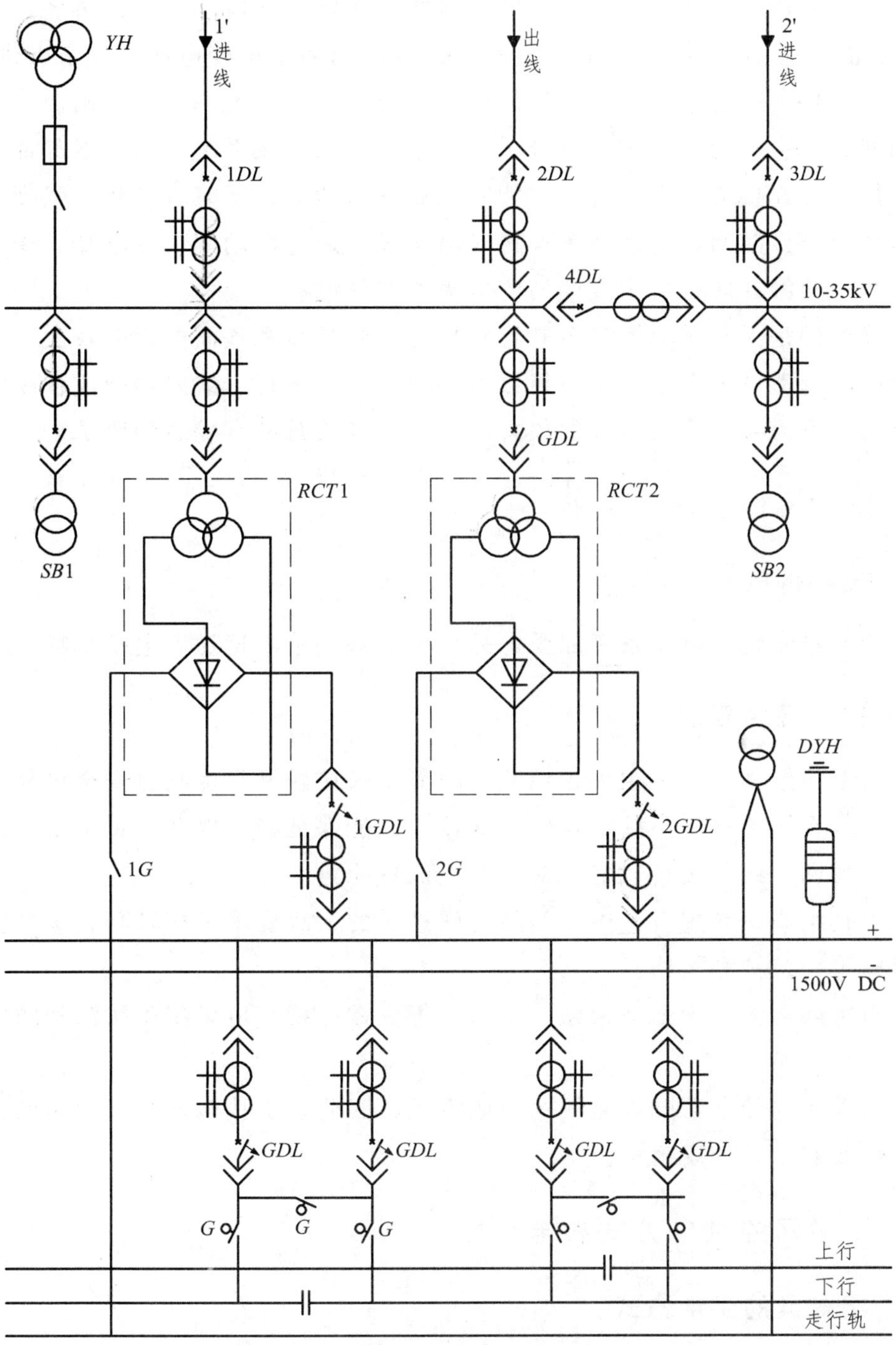

图 6-10　牵引、降压混合变电所典型主接线

RCT—整流机组；GDL—快速开关；DYH—直流电压互感器；SB—动力变压器

第三节　接触网

城市轨道交通供电系统接触网是沿轨道架设的特殊供电线路，将变电所的电能传送给车辆。电能从牵引变电所输出，经馈电线、接触网到电动车组，再经走行轨或负馈电线（单轨车辆、自动向导系统车辆等）、回流线返回牵引变电所构成牵引供电回路。在这个闭合回路中，通常将馈线、接触网、轨道、回流线统称为牵引网。

接触网是牵引网的重要组成部分，是一个庞大的机械系统，它用零部件实现有序的连接和接续，连接成一个能传递电能并且有支持功能，同时具备相应强度的机械性质的整体系统。接触网沿电动列车开行线路架设，通过电动列车受电弓（受流器）和接触网的滑动接触，向行进中或停站的电动列车供电。

由于接触网是无备用设备又极其容易损耗的受环境和气候的影响较大，一旦设备损坏就会造成牵引供电中断，从而导致电动列车无法运行，线路停顿或秩序混乱，对城市轨道交通电力系统造成极大的损害。因此，对接触网有较高的要求。

一、接触网的功能和要求

（一）接触网的功能

将电能通过车辆受电设备（如受电弓、受电器）不断地送入电动车辆。

（二）接触网的要求

（1）由于接触网在工作中无备用网，因而要求接触网强度高且安全可靠。

（2）要求在各种气候条件下均应受流良好，能保证稳定性变化量最小。

（3）接触网导线与走行轨的相对位置应保持稳定。

（4）因其维修是利用行车中的间隔时间进行的，故要求结构轻巧，零部件互换性强，便于施工、维护和抢修。

（5）因接触网无法避开腐蚀强、重污秽等异常环境，应采用耐腐蚀和防污秽的技术措施。

（6）因采用与受电器摩擦接触的受流方式，因此要求接触网有较均匀的弹性，接触线等部位要有良好的耐磨性。

二、接触网的供电方式和电分段

（一）接触网的供电方式

牵引变电所是沿铁路线布置的，每一个牵引变电所有一定的供电范围。供电距离过长，会使末端电压过低及电能损耗过大；供电距离过短，又会使变电所数目太多而不经济。

牵引变电所向接触网供电的方式有三种：单边供电、双边供电和越区供电，其中越区供电是一种非正常的工作方式，如图 6-11 所示。

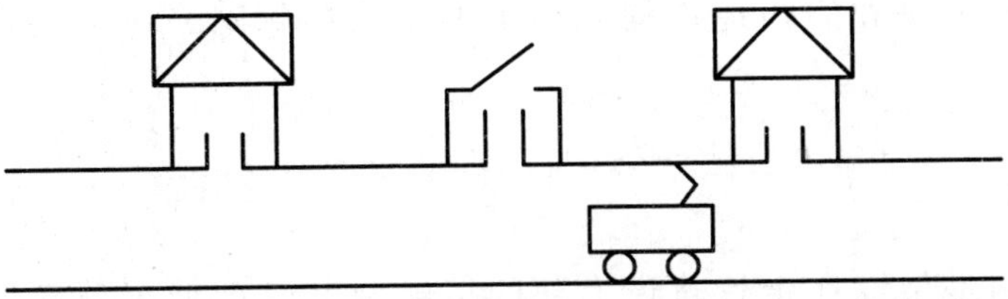

图 6-11　接触网供电原理图

接触网通常在相邻两牵引变电所的中央断开，将两牵引变电所之间两供电臂的接触网分为两个供电分区。每一供电分区的接触网只从一端的牵引变电所获得电流，被称为单边供电。

如果在中央断开处设置开关设备时，可将两供电分区连通，此处称为分区亭。将分区亭的断路器闭合，则相邻牵引变电所间的两个接触网供电分区均可同时从两个变电所获得电流，称为双边供电。

在某牵引变电所发生严重故障而全所停电的情况下，此变电所担负的供电臂，通过分区亭开关的闭合，则接触网从两相邻牵引变电所获取电流的供电方式被称为越区供电。

单边供电时故障影响范围小，对牵引变电所的保护比较简单；其缺点是电能的损害较大，原因是电动车组所需要的牵引电能全由一侧经过接触网。双边的供电与单边供电相反。

（二）接触网的电分段

电分段是为了便于检修和缩小事故范围，通过设置隔离开关将接触网分成若干电分段。当某一供电分段发生故障或进行检修时，可以打开相对应的隔离开关，缩小事故范围，减少对其他段接触网的正常供电的影响。

电分段根据设置位置分为纵向电分段和横向电分段两种方式。纵向电分段指的是沿线路方向进行分段；横向电分段是在线路之间的分段，如在车辆段的各股道之间进行的分段等。电分段隔离开关设置的位置应具有方便、实用等特点。

三、接触网的分类

接触网按其结构形式可分为架空式和接触轨式两大类型。架空式接触网用于城市地面或地下、铁路下线、工矿的电力牵引线路。接触轨式接触网一般仅用于净空受限的地下电力牵引。我国在地铁轨道系统中，架空式和接触轨式的接触网均有采用。一般，牵引网电压等级较高时，为了安全和保证一定的绝缘距离，宜采用架空式接触网。在净空受限的线路和电压等级较低时多采用接触轨式接触网。我国北京地铁采用的是接触轨式接触网，上海和广州地铁均采用了架空式接触网，下文将详细介绍接触网的这两种形式。

（一）架空式

架空式接触网是架设在走行轨道上部的接触网，电动列车顶部伸出的受电弓通过与之接触取得电能。一般，牵引网电压较高时，为了安全和保证一定的绝缘距离，宜采用高架式接触网。架空接触网可分为地面架空式和隧道架空式两种。

1. 地面架空式接触网组成（见图 6-12）

（1）接触悬挂。

由承力索、吊弦、接触线组成，其直接与受力弓接触，并能保持良好的接触性能。其作用是直接供给电动列车电流，使其正常运行。

（2）支持装置。

其作用是用以支持接触悬挂，并将其负荷传给支柱或其他建筑物的结构。包括腕臂、绝缘子、腕臂：腕臂安装在支柱上，用以支持接触悬挂，对地有绝缘，并起到传递负荷的作用，腕臂通过旋转底座固定。接触导线固定在定位器的定位线夹上，定位器装配在定位管上。

（3）定位装置。

其作用是保证接触线与受电弓的相对位置在规定范围内，包括定位器与定位管。

（4）支柱与基础。

其作用是承受接触悬挂和支持定位装置的负荷，并将接触悬挂固定在规定高度。

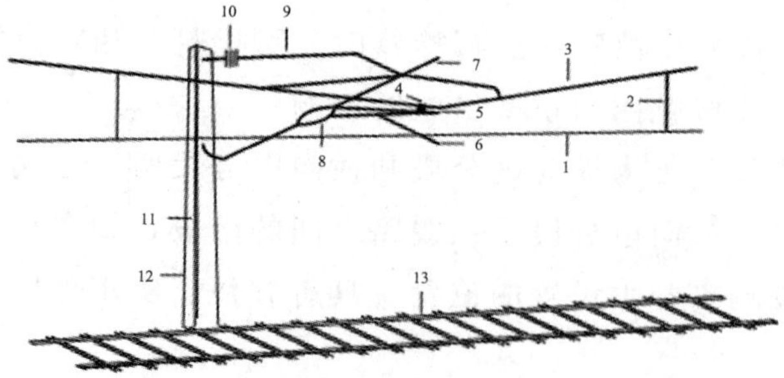

图 6-12　地面架空式接触网

1—接触网；2—吊线；3—承力索；4—弹性吊弦；5—定位；6—定位器；7—腕臂；8—棒式绝缘子；9—拉杆；10—悬式绝缘子；11—支柱；12—接地线；13—钢轨

2. 接触悬挂的类型

主要可分为简单悬挂和链形悬挂两类。

（1）简单悬挂。

导线直接固定在支撑装置上，一般用于车速较低的线路上。简单悬挂的悬挂方式比较简单，支持装置和支柱所承受的负荷较轻，对支柱高度的要求较低，因而建造费用比较经济，施工方便、维修简单。其缺点是弛度大，相对不宜调整，弹性不均匀，电动车组的行车速度受限。

弹性不均匀会造成由于受电弓上下追随速度和电动车组运行速度不协调而导致离线和冲击现象发生。从图 6-13 中可以看出，当受电弓从 a 点移至 b 点时，可能因为车速大而导致弓线脱离，发生电弧（电流通过所产生的瞬间火花），并且由于对 b 点的局部冲击而增加接触线局部的机械磨耗和损伤。因此，简单悬挂的最大车速不宜超过 40 km/h。

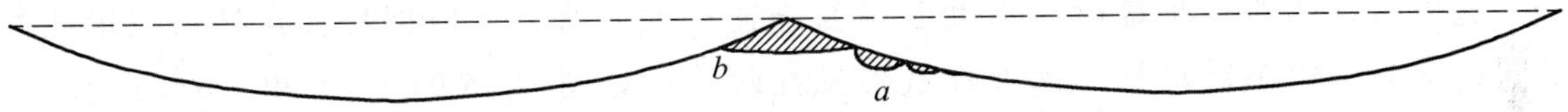

图 6-13　简单接触悬挂及离线和冲击示意图

为了改善上述状况，在一些国家的干线上大量采用了带弹性吊索的简单悬挂，被称为弹性简单接触悬挂（又叫简化接触网）。在悬挂点处加了一个弹性吊索，如图 6-14 的（a）、（b）所示。

弹性简单接触悬挂，相应地改善了悬挂点处的弹性和运行状态。具有结构简单、支柱高度低、支柱负荷小、建造费用低及施工维修方便等优点，同时电动车组的运行速度有所提高。

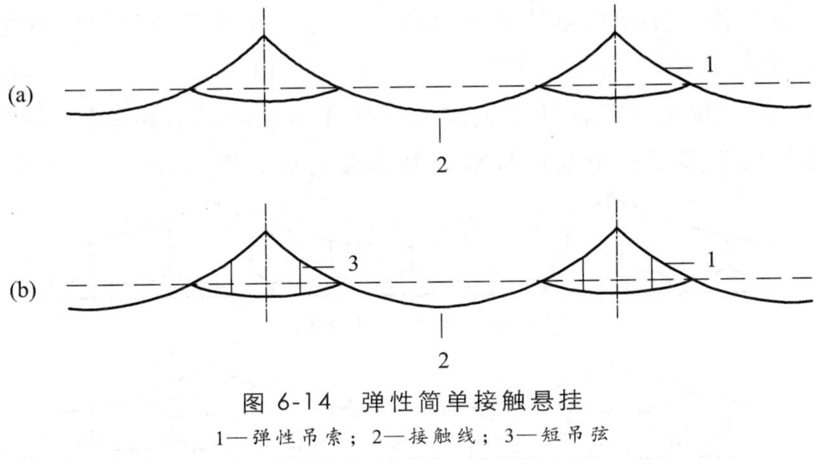

图 6-14　弹性简单接触悬挂

1—弹性吊索；2—接触线；3—短吊弦

（2）链形悬挂。

通过吊弦接触线直接悬挂在承力索上。承力索悬挂于支柱的支撑装置上，使接触线在不增加支柱的情况下增加了悬挂点，利用对吊弦长度的调整，使接触线在整个跨距内对轨面的距离保持一致。链形悬挂减小了接触线在跨距中间的弛度，由于这种悬挂接触线是悬挂到承力索上的，因而基本消除了悬挂点处的顶点，使接触悬挂的弹性在整个跨距内都比较均匀，增加了悬挂质量，提高了供电的整体稳定性，满足电力机车高速运行时电流的供取要求。

链形悬挂比简单悬挂的性能好，但也带来了结构复杂、造价高、投资大、施工和维修调整较为困难等问题。

链形悬挂的分类方法较多，按悬挂链数的多少可分为单链形，双链形和多链形（又称三链形），目前我国采用单链形悬挂；根据线索的锚定方式（即线索两端下锚的方式），可分为未补偿链形悬挂、半补偿链形悬挂和全补偿链形悬挂。

① 按悬挂的链数划分。

a. 单链形接触悬挂。

这种悬挂的特点是接触线借助于吊弦悬挂在承力索上。根据悬挂点处吊弦形式的不同，又分为简单链形悬挂和弹性链形悬挂两种，如图 6-15 的（a）和（b）所示。

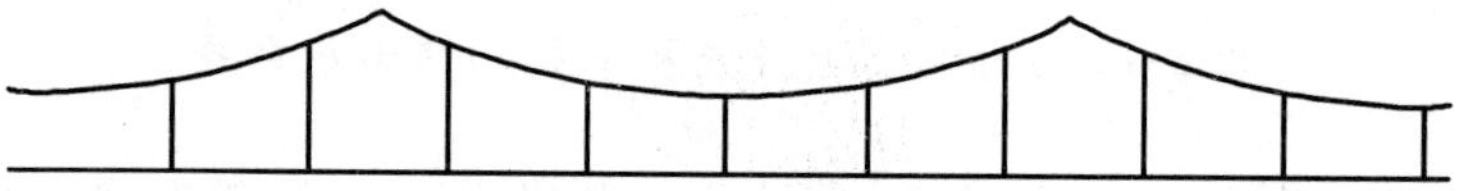

（a）简单单链悬挂

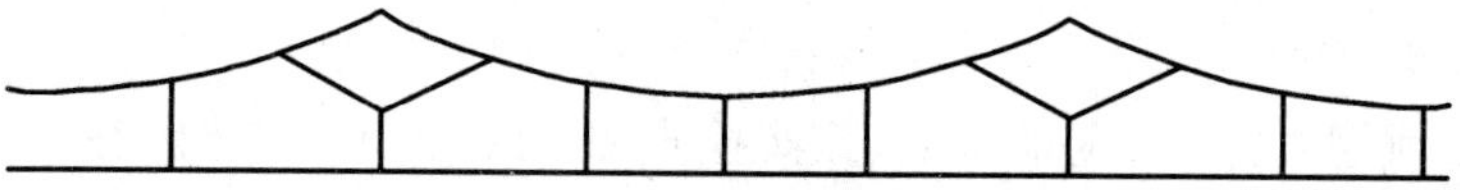

（b）弹性单链形悬挂

图 6-15　单链形接触悬挂

弹性链形悬挂使支柱处接触线的弹性得到改善，并使整个跨距的弹性更趋均匀。

b. 双链形接触悬挂。

由接触线、承力索及一根辅助索组成的悬挂称为双链形接触悬挂，如图 6-16 所示。双链形接触悬挂由于多了一根辅助导线，其弹性更加趋于均匀。

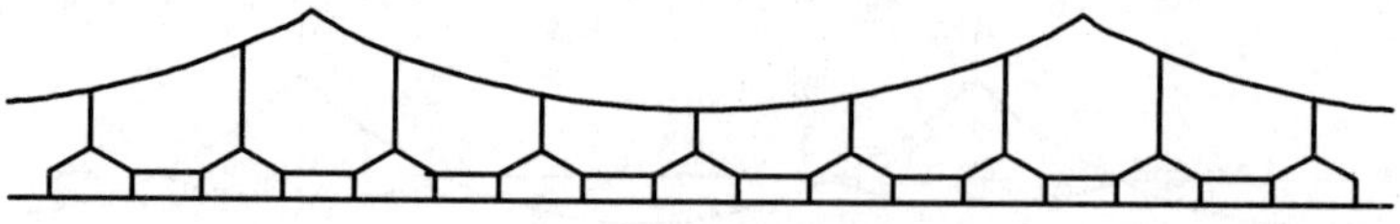

（a）简单双链悬挂

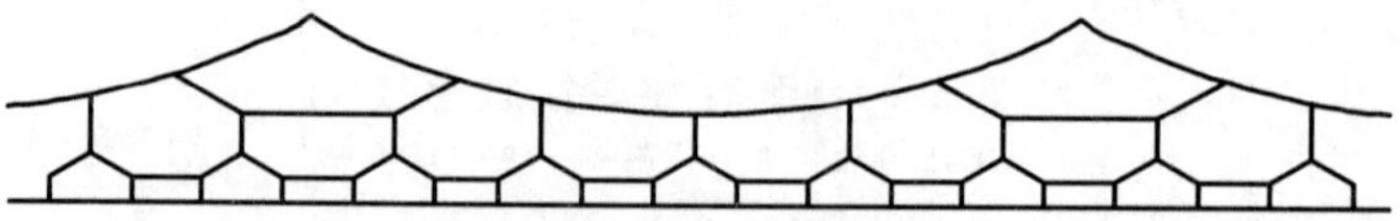

（b）弹性双链形悬挂

图 6-16　双链形接触悬挂

c. 多链形接触悬挂。

多链形悬挂由接触线、承力索及两条或两条以上的辅助索组成。三链形悬挂示意图如图 6-17 所示。因多链形悬挂结构复杂，安装和维修比较困难，因而实用意义较小。

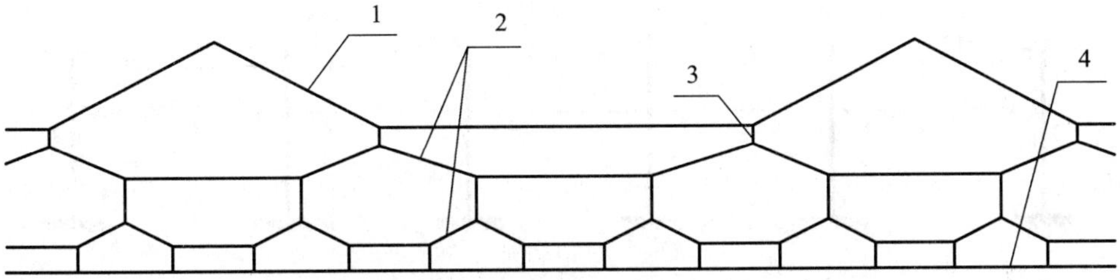

图 6-17　三链形悬挂

1—承力索；2—辅助索；3—吊弦；4—接触线

② 按下锚方式分。

a. 未补偿链形悬挂（见图 6-18）。

未补偿链形悬挂是指下锚处不设置补偿装置接触线、承力索张力弛度受温度的影响较大，因为供电不稳定，在我国很少采用。

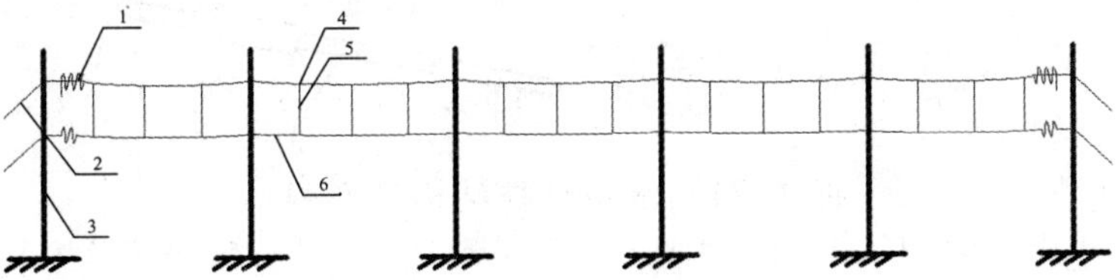

图 6-18　未补偿链形悬挂

1—绝缘子；2—拉线；3—支柱；4—接触线；5—承力索；6—吊弦

b. 半补偿链形悬挂（见图 6-19）。

半补偿链形悬挂的接触线补偿下锚，承力索未补偿，因此存在明显吊弦偏斜和张力差，我国少数站线和低速线路上有部分使用。其优点为下锚结构简单，断线后容易修复等。

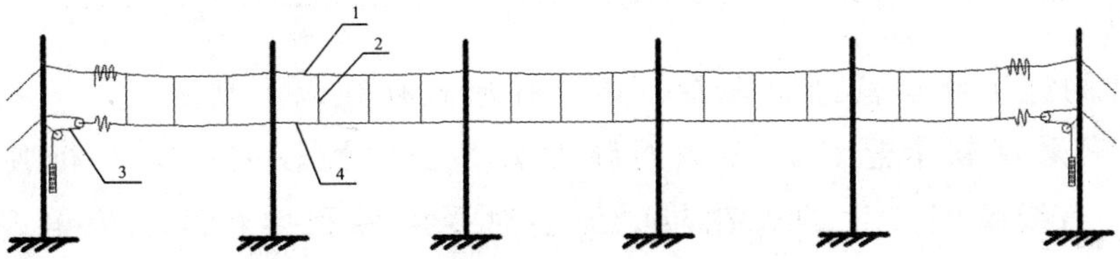

图 6-19　半补偿链形悬挂

1—承力索；2—吊弦；3—补偿装置；4—接触线

c．全补偿链形悬挂（见图 6-20）。

全补偿链形悬挂的接触线补偿下锚，并且承力索设有补偿装置。接触线、承力索张力恒定、弹性较均匀、受流质量较好。适合高速列车的行车需要，为我国目前主要的悬挂类型。其主要优点为弹性均匀，弛度变化小，调整方便。

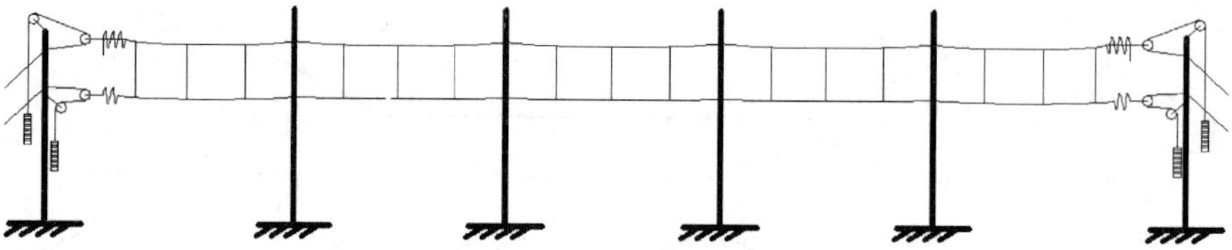

图 6-20　全补偿链形悬挂

（二）隧道架空式

1．水平悬挂

在净空高度为 6750 mm 的隧道内一般采用传统的水平悬挂形式，如图 6-21 所示。

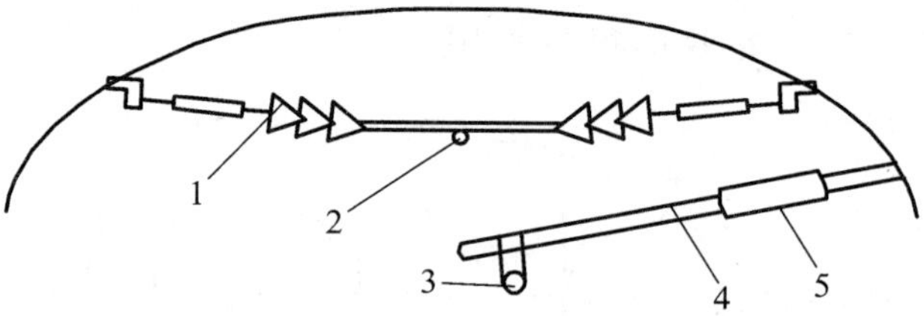

图 6-21　水平悬挂结构示意图

1—悬式绝缘子；2—承力索；3—接触线；4—定位管；5—棒式绝缘子

（1）结构形式。

承力索悬挂在上部软索上，接触线利用安装在定位管上的支持器定位，结构高度一般为 450 ~ 500 mm。其悬挂带电部分和悬式绝缘子接地，其与隧道壁之间分别应保持 400 mm 和 150 mm 以上的绝缘距离。

（2）悬挂特点。

该悬挂形式结构简单、稳定，技术成熟可靠，装配材料基本上均为标准定型零件，且工程造价低，投资少。在目前建成的电气化铁路中有广泛的应用。

（3）缺点。

根据以往的施工和运营经验来看，该悬挂形式存在以下缺陷。

① 承力索采用软索悬挂，接触网弹性大，稳定性较差，列车行驶时容易形成受电弓离线。离线瞬间产生的火花与电弧会对受电弓和接触线造成电腐蚀，降低其使用寿命。

② 支持装置的负荷集中在定位点，易形成硬点从而造成接触网弹性不均匀。

③ 隧道壁悬挂点多，测量与施工的工作量大。

2. 吊柱腕臂结构

在净空较高的单线隧道及双线隧道内，可以采用吊柱腕臂结构，如图 6-22 所示。

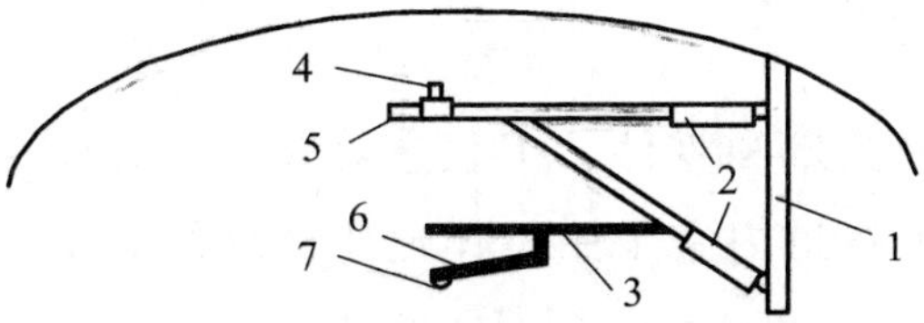

图 6-22 吊柱腕臂结构示意图

1—吊柱；2—棒式绝缘子；3—定位管；4—承力索；5—承力索座；6—定位器；7—接触线

（1）结构形式。

该结构与隧道外支柱装配形式类似，在吊柱上安装“十”字形旋转腕臂结构。

（2）悬挂特点。

接触网弹性均匀，稳定性良好，可满足更高时速区段运营的需要。

（3）缺点。该悬挂方式对隧道净空的要求较高，投资较大。目前在双线隧道内广泛使用，但在单线隧道内因受净空限制而很少采用。

另外，其结构形式决定了锚栓、底座、绝缘子等材料要有足够的强度。

3. 刚性悬挂

2005 年在兰武二线乌鞘岭隧道首次采用了刚性悬挂形式，如图 6-23 所示。

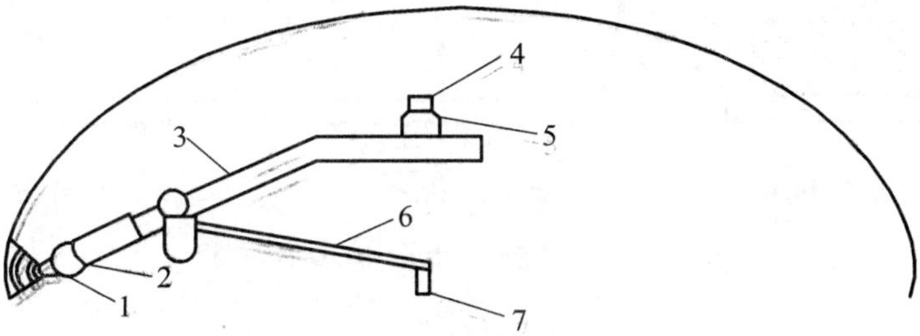

图 6-23 弓形腕臂结构示意图

1—可调底座；2—绝缘子；3—弓形腕臂；4—承力索；5—承力索座；6—定位器；7—接触线

（1）结构形式。

刚性悬挂由一根无张力的Ⅱ字型汇流排和一根无张力的接触线共同组成，接触线被夹持在汇流排的燕尾槽中，电力机车的受电弓在接触线的下方滑行取流。刚性悬挂中的接触线无弹性，依靠刚性结构的支持装置，使刚性接触线与钢轨的距离保持一致均匀。

（2）悬挂特点。

结构简单，为施工、维修提供了方便，节省了大量的人力和物力。由于刚性悬挂所要求的隧道净空小，因而可以在减少投资的同时在运营上大大降低检修工作量，具有良好的经济性能。

（3）缺点。

该工程引进了国外的技术和零件，工程造价较高。另外，刚性悬挂对钢轨面的要求极为严格，一般情况下隧道内宜采用整体道床的结构。

四、接触轨式

接触轨是沿着走行轨道一侧平行铺设的附加第三轨，故又称第三轨。在净空受到限制的线路和电压等级较低时多采用接触轨式接触网。

（一）接触轨的布置方式

接触轨可以有三种布置方式，即上接触式、下接触式以及侧接触式，如图 6-24 所示。

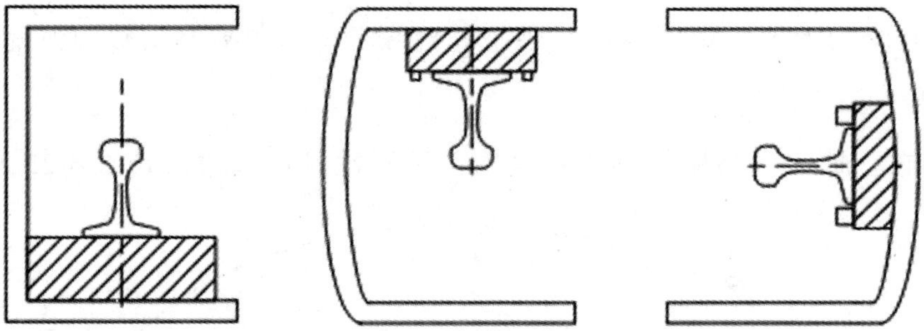

（a）上接触式　　（b）下接触式　　（c）侧接触式

图 6-24　接触轨布置形式示意图

1. 上接触式

接触轨安装在绝缘子上，工字型轨底朝下。取流时，接触靴自上而下压向接触轨。上接触式的接触力不由受流器的重量和磨损情况决定，只受弹簧支座特性的控制，受流平稳时能减少在间隙和岔道外受到的电流冲击。

上磨式接触轨因接触靴在其上面滑动，所以固定方便，但不易加防护罩。上磨式接触轨施工作业简便，可以在轨头上部通过支架安装不同类型的防护板。北京地铁、纽约地铁都是采用上接触式第三轨。上磨式的优点是方便，缺点是接触靴在其上面滑行，无法加防护罩。

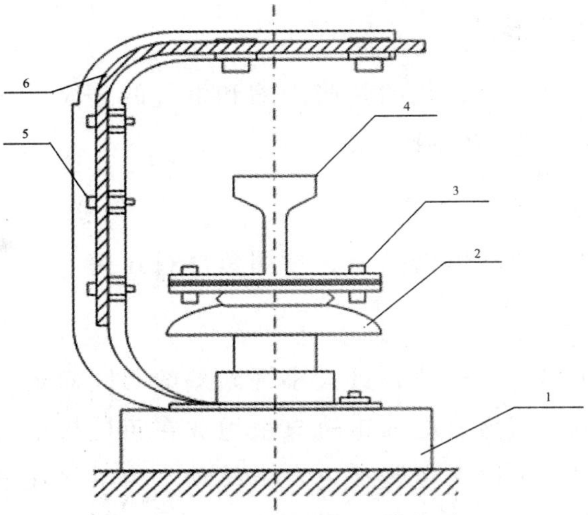

图 6-25　上磨式接触轨结构图

1—接触轨底座；2—地铁用针式绝缘子；3—接触发扣板；4—接触轨断面；
5—防护罩支架；6—防护板（玻璃钢）

2. 下接触式

下接触式接触轨底朝上，通过绝缘肩架、橡胶垫、扣板收紧螺栓、支架等安装在底座上，如图 6-26 所示。下接触式的优点是防护罩从上部通过橡胶垫直接固定在接触轨周围，对人员安全性好。这种方式安装结构较为复杂，费用较高，在经常受冰冻和下雪影响，集电困难的地区使用较为普遍。

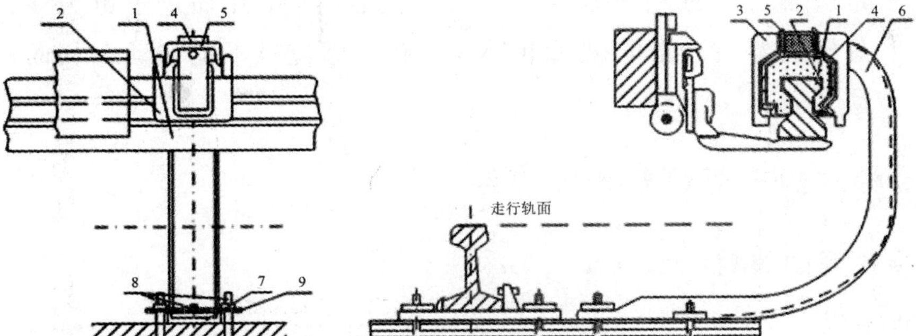

图 6-26　下磨式接触轨结构图

1—接触轨；2—绝缘肩架；3—橡皮垫；4—扣板；5—收紧螺栓；
6—肩架；7—垫片；8—螺钉；9—销枕片

3. 侧接触式

侧接触式在工作上与上接触式相似，都是安装在绝缘子的上部，主要区别是接触导电轨的外形不同。侧接触式的接触轨轨头端面朝向走行轨，集电靴从侧面受流。跨座式独轨车辆就采用侧面接触形式，其受流器装在转向架下部，接触轨装在轨道梁上。

（二）接触轨的接连形式

在结构上，由于考虑到接触轨的热胀冷缩和电气的分段，各轨节的连接分为三种形式：正常接头、温度接头和绝缘接头。

1. 正常接头

在正常接头处，两轨轨端紧密接合，并用鱼尾板连接。

2. 温度接头

在温度接头处，轨端留一空隙，其大小视温差的不同而定。轨头上的鱼尾板用螺栓固定在一边的钢轨上，而另一端的钢轨自由地放在鱼尾板中间，当接触轨随温度变化，其长度发生变化时，可以在鱼尾板内自由移动。为了保证电气方面的良好接触，在温度接头处用软裸铜线做的连接器加以连接。

温度接头在地下铁道的接触轨中，每隔 100 m 设一个。

3. 绝缘接头

在绝缘接头处，用鱼尾板紧扣轨端，轨端的空隙留 50 mm。

除了以上接触轨形式之外，20 世纪 80 年代加拿大首先建成的空中列车（因其线路大部分为高架线而得名），动车采用线性感应电动机，其供电电压为直流 600 V，经架设在走行轨一侧的上、下两根相互绝缘的接触轨供电，再经动车内的逆变器将直流变成可变频调压的交流电送到线性感应电动机上。常规感应电动机的转子此时变成固定铺设在两根走行轨之间的转子感应轨（实际为钢或铝板），而定子也为展开式的绕组固定在有轮对的转向架上。当电机通电后，因转子感应轨不能移动，从而代之就是定子（车子）移动了。

五、接触网的主要设备和零部件

（一）接触网的线材

1. 接触导线

接触导线是接触网中直接与机车之间传递电能的设备，它对整个机车的电力运行具有十分重要的作用，电力系统中的许多性能指标受到导线性能的影响，如：波动传播速度、接触导线的抬升量、接触导线的损耗。高速铁路对接触导线的基本要求有：机械强度满足规范要求；其导线的单位质量应该尽可能地减少；良好的导电性且摩擦性能与受电弓的性能匹配；良好的耐摩擦性、耐高温性，不宜损坏，使用寿命较长等。

随着高速铁路列车速度的不断提高，接触导线的抗拉强度、耐磨性也必须得到相应的提高，新型材料也不断地被研发出来，如铜合金导线和复合导线。

2. 承力索

承力索是城市轨道交通中电气化铁道悬挂接触导线的配套产品，主要通过吊弦将接触线悬挂起来。承力索还可通过承载一定的电流来减小牵引网阻抗，降低电压损耗和能耗。

承力索在接触网中起到了承载接触导线并传输电流的作用，承力索应当具有以下特性：承力索的线膨胀系数与接触导线相匹配；机械强度高；耐摩擦、耐疲劳和抗腐蚀性。

我国电气化铁路接触网的承力索一般选用 95 mm^2 和 70 mm^2 的铜合金材料，增强了承力索的张力和接触网之间的稳定性。

3. 弹性吊索

弹性吊索的作用是改善定位点的弹性，有抗拉伸强度高、弹性大等优点。对弹性链型悬挂，弹性吊索一般选用 35 mm^2 的青铜复合材料，张力为 2.8 ~ 3.5 kN。

（二）接触网的终端锚固零部件

1. 张力补偿装置

张力补偿装置是调整承力索、接触导线张力，使它们保持恒定的自动装置，是接触网的关键部件。城市轨道交通高速铁路接触网一般有两种方式的自动补偿装置：滑轮组自动补偿装置和棘轮补偿装置。对张力补偿装置具有较高的要求，传动效率高，安全可靠，且耐腐蚀性能好，寿命长，有断线制动装置。

2. 承力索终端锚固线夹和接触导线终端锚固线夹

这两种零件是接触网的主要受力部件，是保障轨道车辆安全运行的关键零部件。在结构上有锥套式螺纹胀紧结构和楔形胀紧结构两种。

（三）高速接触网的电连接类零件

电连接的零件是保障接触网之间及股道之间电流的传递部件。应该具有以下优点：电连接线夹与接触导线或承力索间的接触电阻小，整体电连接导电性能好等。结构上应该具有连接可靠，重量轻，耐腐蚀性强等优点。

（四）高速接触网的线岔

线岔是两股接触网交叉处的装置，它直接影响着高速受电弓的运行安全，是高速接触网设计和安装的决定性环节。高速接触网的线岔应该满足一下要求：

（1）满足正线上高速行车的需要，避免发生接触网的拖弓。

（2）正线进渡线或渡线进正线时，保障受电弓平稳过渡。

（3）保证正线上高速行车的受流质量，保障车辆安全运行。

（4）安装简单，操作简单，便于施工，维修调整方便。

接触网线岔一般有交叉式和无交叉两种形式，我国高速接触网适合无交叉式线岔。

第四节　动力照明供电系统

一、动力照明供电系统基本组成

动力照明供电系统由降压变电所及动力照明组成。每个车站应设降压变电所，若地下车站负荷较大，一般设于站台两端，其中一端可以和牵引变电所共同建成混合变电所；若地面车站负荷较小，可设一个降压变电所。

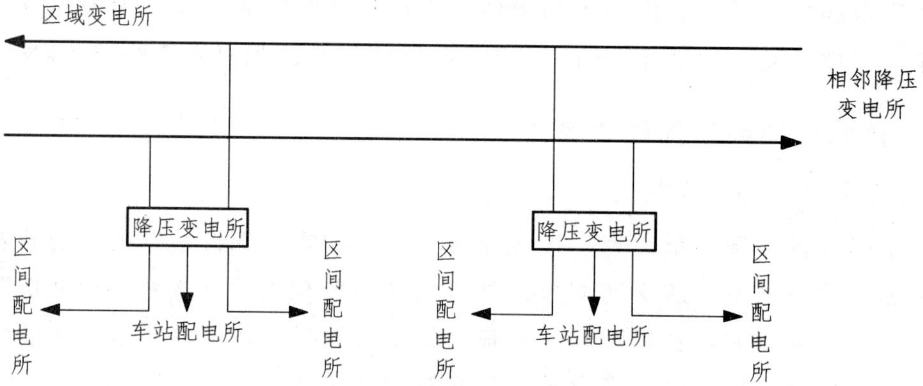

图 6-27　动力照明系统的组成

二、动力照明系统负荷等级及供电要求

（一）供电等级根据各用电设备对供电可靠性的不同要求分类

一级负荷：消防用电、防灾报警、设备监控、通信、信号、售检票、排风/排烟机以及相关风阀、事故照明（含疏散指示照明）、废水泵和降压变所自用电、屏蔽门系统、交直流屏。

二级负荷：一般照明、节电照明、设备及管理用房照明、出入口照明、标志灯箱、污水泵、直升电梯、自动扶梯等。由降压变电所任意一段低压母线供电，必要时可切除。

三级负荷：广告照明、冷水机组及配套设备、电热设备、清洁机械等。由降压变电所的任意一段低压母线供电，当变电所只有一路电源时自动切除。

一级负荷中的事故照明由交、直流屏供电，消防泵、喷淋泵、废水泵、防灾报警、设备监控、通信、信号、售检票采用双电源末端自切，双电源引自降压变电所的两端低压母线；其他一级负荷均接在环控室低压母线上，该母线由降压变电所双路供电，在环控电控柜自切。

（二）供电要求

一级负荷由车站降压变电所两端母线各提供一路专用电源，一主一备末端切换，两路电源都为热备状态供电。

二级负荷一般由车站降压变电所提供一路专用电源，较重要的二级负荷（站台、站厅照明）由车站降压变电所两段母线各提供一路专用电源。

三级负荷由车站降压变电所提供一路专用电源，故障状态下可根据实际情况停止对三级负荷的供电。

三、配电系统设计原则

（1）供电可靠、配线合理简单，便于维护和使用。

（2）车站附属房屋照明应自成系统，与车站主体照明分开，以减少故障时的相互影响。

（3）地铁经济效益，广告照明、商业零售电源回路要尽量缩小故障范围。

第五节　电力监控系统

电力监控系统（Supervisorycontrol and Data Acquisition System，SCADA 系统），又称数据采集与监控系统，实现在控制中心对供电系统主变电所、牵引变电所和降压变电所供电设备等的运行状态进行集中管理和调度、实施控制和数据采集。

轨道交通的电力监控系统主要承担着监视、控制变电所设备及牵引网的运行状态，提高变电所在无人监控条件下的安全可靠性的任务。许多的交通设备，如主变电所、牵引变电所等出现故障都会对人身安全和社会经济发展产生极大的危害。因此，通过设置电力监控系统对设备的运行状态进行实时的监控、数据的采集，实现供电设备的自动化管理是轨道交通发展的必然趋势。

一、电力监控系统的基本功能及系统结构

（一）电力监控系统的基本功能

（1）对遥控对象的遥控。主站监控系统应具有运行监视和远程控制功能，实现对各变电所主要开关设备的控制，并在显示屏上显示、打印并输出操作内容。遥控种类

分为选点式、选站式、选线式控制。

（2）对城市轨道交通供电系统设备运行状态的实时监视和故障报警。

（3）对城市轨道交通供电系统中主要运行参数的遥测。

（4）实现汉化的屏幕画面显示、模拟盘显示或其他方式显示，以及打印运行和故障记录信息。

（5）实现电能统计等日报、月报制表打印。

（6）系统自检、自恢复功能。系统对软件、硬件设备的状态下进行实时监测，在故障情况下，实现备用设备的自动切换。当软件因某些原因处于死机状态，应能自动恢复系统运行。

（7）以友好的人机界面实现系统维护功能。

（8）主、备通道的切换功能。

（二）电力监控系统的系统结构

SCADA 是一种集中控制系统，在结构上有两个层次：中央层和地方层。当然，在中央层和地方层之间有通信联系。图 6-28 所示是一个典型的 SCADA 系统的结构。

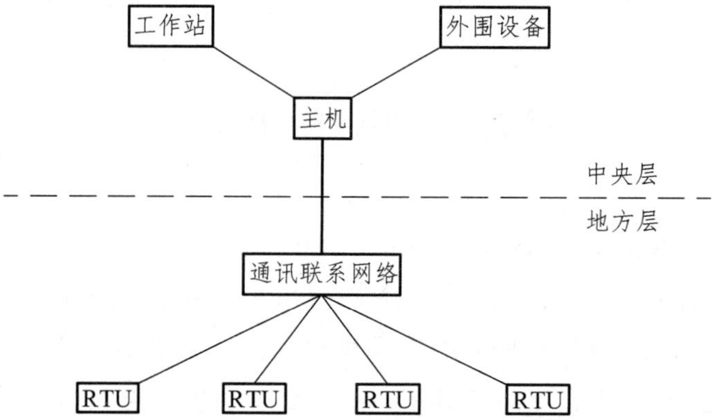

图 6-28　SCADA 系统结构图

通常地方层是若干个“远动终端设备”或“远程终端设备”，即 RTU（Remote Terminal Unit）。这些 RTU 靠近被监控的设备，起着相当于人五官的作用：一方面为中央层提供现场设备的状态信息，另一方面执行来自中央层的指控命令。

二、电力监控系统的特点

（一）遥　控

控制中心调度员对远方变电站的被控对象（如开关等）进行远程操作控制；遥控

对象包括主变电站、中心降压变电站、牵引变电站、降压变电站内 10 kV 以上等级的断路器、负荷开关及电动隔离开关；还有牵引变电站的直流断路器、正极闸刀、接触网闸刀；变压器有载调压开关等。

（二）遥　测

将变电站的被测对象如电压、电流值等，传送到控制中心。

（三）遥　信

将变电站的监视对象传送到控制中心，主要包括：断路器的故障跳闸信号、变压器、整流器的故障信号、电源系统故障信号、钢轨电位限制装置的动作信号、预告警信号等。

（四）遥　调

控制中心对远方变电站的监控对象的工作状态和参数（如变压器的输出电压等）进行调整控制。

（五）遥　视

能对供电设备的关键部位进行视频监视，如对油浸式变压器内部、GIS 组合电气设备的内部闪络、击穿等情况的视频监视。

三、电力监控系统的基本组成

（一）主　站

主站一般设置在城市轨道交通控制中心大楼内。主站系统采用计算机网络技术，客户机/服务器模式，主从网络节点方式。配置服务器、调度工作站、系统维护工作站、前置通信处理、行调显示终端节点设备，设置实时数据、程序、统计报表、画面拷贝等打印机及实时监控供电系统概况的模拟盘（或投影仪）等外围设备，重要设备冗余配置，以提高系统的可靠性。系统还配置有保证系统供电的电源装置。

系统采用开放式局域网结构，网络体系符合国际网络互联网标准，软、硬件采用国际流行、标准化、通用性强的产品。因此，这不仅有利于网络的扩展，而且支持网络互联，为将来与各种管理网络系统及其他所需系统联网提供了方便。

（二）被控站

被控站设在主变电所、牵引降压混合所、降压变电所。变电所采用分层分布式变电所综合自动化系统，主要由站级管理层设备、所内现场通信网络、间隔设备组成，完成对变电所及其供电范围内供电设备的保护、控制、信号、测量及自动装置、远程通信等功能。

（三）数据传输通信通道

系统采用通信专业配置的专用数据传输通道，通道结构一般采用点对点式结构。

（四）监控对象

监控对象包括遥控对象、遥信对象和遥测对象三部分。

1. 遥控对象

（1）主变电所、牵引变电所、降压变电所内 10 kV 及以上电压等级的断路器、负荷开关及电动隔离开关。

（2）牵引变电所的直流快速断路器、直流电源总隔离开关。降压变电所的低压进线断路器、低压母联断路器、三级负荷低压总开关。

（3）接触网电源隔离开关。

（4）有载调压变压器的调压开关。

2. 遥信对象

（1）遥控对象的位置信号。

（2）中、高压断路器、直流快速断路器的各种故障跳闸信号。

（3）变压器、整流器的故障信号。

（4）交直流电源系统的故障信号。

（5）降压变电所低压进线断路器、低压母联断路器的故障信号。

（6）钢轨电位限制装置的动作信号。

（7）预告信号。

（8）断路器手车位置信号。

（9）无人值班变电所的大门开启信号。

（10）控制方式。

3. 遥测对象

（1）主变电所进线电压、电流、功率、电能。

（2）变电所中压母线电压、电流、功率、电能。

（3）牵引变电所直流母线电压。

（4）牵引整流机组电流、电能、牵引馈线电流。

（5）变电所交直流操作电源的母线电压。

四、电力监控系统中调度主站的系统组成

调度主站系统运行的安全可靠性，是整个电力监控系统正常运行的前提条件，而配置一个较好的调度主站系统结构，是保证系统稳定性、安全性、开放性和先进性的先决条件。

调度站系统主要由局域网、服务器、通信前置机、操作员工作站、数据文档工作站、UPS、打印机等设备组成，这些设备也称为系统节点。对于一个分布式网络结构的系统来说，网络上各个节点之间如何相互传送数据是系统成败的关键。它关系到系统的效率、可靠性，以及数据的正确性、实时性等重要方面。由此，根据系统的设计角度，根据数据通信方式、工作方式和网络任务分配的不同，调度主站系统可分为以下几种方案。

（一）客户机/服务器模式，双网结构（主从网络节点方式）

局域网 LANA 和 LAN B 分别为数据采集和调度管理两个网络；正常运行时，双网各司其职。调度管理网络用于各计算机之间的数据交换和资源共享，负责系统的调度、维护、管理。数据采集网络用于主站和各被控站间数据的实时高速采集，实现控制中心命令的发送和变电所实时数据信息的接收。当其中一个网络发生事故时，另一网络因不具备其功能，不能进行切换；当某一主节点故障时，启动它的从节点，可保证各节点的正常运行，不影响其他节点的正常工作。

该方案的优点是：利用双层网络实现不同数据处理任务的分配，减轻了设计管理网络的负担，提高网络的数据通信速度和实时性，同时实现了数据集中管理，资源共享。缺点是：增加了网络管理层次和网络节点关联的复杂性，不能实现一网故障情况下的备用，降低了网络可靠性。

（二）客户机/服务器模式，双网结构（一主一备）

LAN A 和 LAN B 网络结构相同，功能等价，互为备用；正常运行时，只有一网在线，另一网作为备用；当在线网发生故障，由另一网自动切换负责整个系统的运行。在此方案中，不存在主从节点，只存在主备网络。当在线网某一节点发生故障时，不影响其他节点的正常工作，只在其他节点需要这个节点的数据时才会出现“数据不可用”的错误信息。一旦故障节点恢复运行，错误信息将立即清除，整个系统继续运行。

该方案的优点是：因双网相互备用，提高了网络的可靠性和安全性。缺点是：因单网负担全部负荷，所以与方案一比较，本方案各网络负担重，实时性较差；同时因节点不存在主备，节点可靠性较方案一低。

（三）客户机/服务器模式，主从节点，同时工作，冗余配置

采用同时运行的分流以太网，正常工作时，LAN A 和 LAN B 同时工作，传送不同的系统信息。当其中一个网络发生异常或故障时，系统自动将全部需传送的信息切换到另一个网络上。当两个通信节点间的两个网络的状态发生变化时，系统将根据变化后的网络状态重新设置其通信路径。在正常状态下，数据传输节点按照预先配置的路径将信息传送到目的节点。当某个网络发生故障或某个节点发生故障时，传输节点将改变传输路径，通过正常的网络将数据传输到目的节点。

该方案的优点是：利用双层网络实现不同数据处理任务的分配，减轻了设计管理网络的负担，提高了网络的数据通信速度和实时性，同时实现了数据的集中管理，资源共享。系统服务器能对系统各节点进行自由组态，控制信息传输方向。缺点是：因网络故障或节点故障，改变了传输方向，进行了重新组态．增加了网络管理层次，增加了网络节点关联的复杂性和软件的复杂性。

（四）客户机/服务器模式（双网、对等结构）

LAN A 和 LAN B 节点对等，无主从关系。该方案的优点是：系统投资少，节省网络服务器。缺点是：各节点相对独立，功能分布不均，很难保证各节点数据的一致性和可靠性。其方案的结构系统如图 6-29 所示。

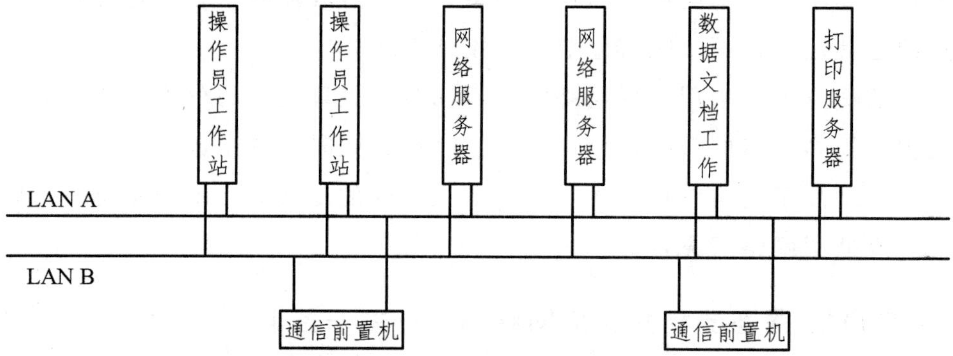

图 6-29　主站的系统构成

第六节　杂散电流及其防护

一、杂散电流的产生及其危害

（一）杂散电流的产生

地铁杂散电流也称迷流，是指采用直流牵引方式的地铁列车在运行时泄露到道床

及周围土壤介质中的非正常渠道回流电流。在直流供电方式中，列车直流牵引系统采用正极连接接触网，负极连接走行轨，走行轨兼做回流线的形式。

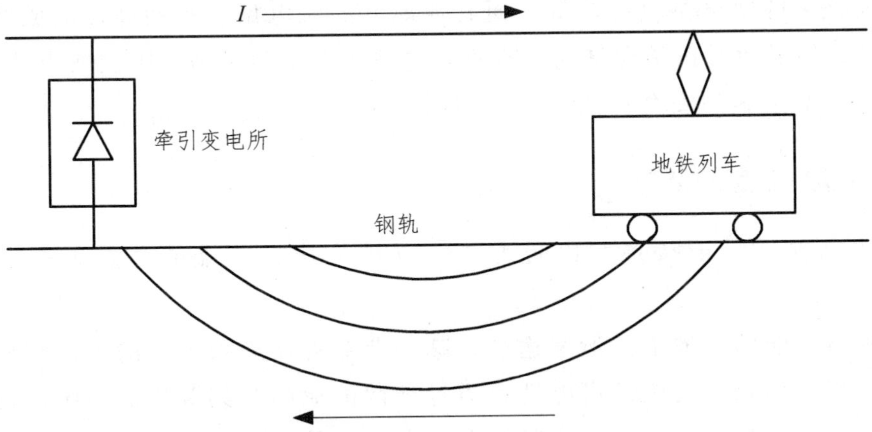

图 6-30　直流牵引地下杂散电流示意图

在地铁建成并投入运营初期，走行轨与道床之间的绝缘程度较高，轨地过渡电阻较大，由走形轨泄露到道床的迷流也较少。但随着地铁运营时间的推移，由于受到不可避免的污染、潮湿、渗水及钢轨磨损产生的金属粉尘堆积等因素影响，使钢轨对地绝缘性能降低，轨地过渡电阻减小。根据分流原理，这种非正常回流的杂散电流就会随着过渡电阻的不断减小而逐渐增大。地铁隧道混凝土结构中有电阻较低的钢筋，电流就沿着钢筋向低电位的区域流动。接近回流点附近地区的轨道电位比较低，甚至低于其附近的大地电位，洞体结构钢筋中的杂散电流又可能再流回走行轨。

（二）杂散电流的危害

（1）杂散电流会造成地下金属结构的电腐蚀。如果这种电腐蚀长期存在，将会严重损坏地铁附近的各种结构钢筋和地下金属管线、破坏结构钢的强度，影响其使用寿命。当轨道沿线地下有金属管道或建筑物钢筋等导电物时，地下杂散电流必多沿金属导体流动，到了回流点附近再流向钢轨回变电所，因此在回流点附近的金属管道形成了阳极区（对大地为正）。阳极区总是在回流点处不动，这就使阳极区内的金属物正离子流向大地，发生电解腐蚀现象，损坏了金属。

（2）若杂散电流流入电气接地装置，又将引起过高的接地点位，导致某些设备无法正常工作，甚至会危及人身安全。

（3）若钢轨（走行轨）局部或整体的绝缘变差，则此钢轨对大地的泄漏电流增大，地下杂散电流增大，这时就有可能引起牵引变电所的框架保护动作。而框架保护动作，引起整个变电所的断路器跳闸，导致全所失电，同时还会联跳相邻牵引变电所对应的馈线断路器，从而造成较大范围的停电事故，影响城市轨道交通的正常运营。

（4）危及地铁乘客的安全。地铁钢轨除了作为牵引回流的通路与牵引变电所的负极相连外，还起到屏蔽门框架保护作用。若走行轨某处或局部与大地间的绝缘比其他地方低，则该处的轨电位就会较低，而其他地方的轨电位会被抬高，造成部分地方的轨电位异常，甚至超过正常允许值。即使有电位限制保护装置，限制轨电位继续升高，但这样的电位对乘客的安全仍然具有一定的威胁。

二、杂散电流的防护

杂散电流防护一般按照“以防为主，以排为辅，防排结合，加强监测”的原则进行。

控制所有可能的杂散电流泄漏途径，减小杂散电流进入地铁的主体结构、设备、金属管线及其他的相关设施的可能性；通过杂散电流的收集及排流系统，提供杂散电流返回牵引变电所的金属通路，以限制杂散电流向外泄漏，减少杂散电流对金属管线及金属构件的腐蚀；设计完备的杂散电流监测系统，监视、测量杂散电流的大小，为运营维护提供依据。

（一）电流防护措施

1. 迅速畅通的回流通路

牵引回流系统由钢轨、负回流电缆、上下行均流电缆等组成。减小钢轨纵向电阻即减小钢轨纵向电压，从而降低了钢轨电位和杂散电流。

（1）走行轨焊成的长轨，当设有钢轨接头时，设置铜连接线；道岔与辙岔的连接部位设置铜引连接线，铜引线与钢轨间可靠焊接。

（2）牵引侧回流电缆与钢轨可靠焊接，其根数不少于两根，并具有足够的导电截面，当一回电缆故障时，其余电缆也能满足导电截面的要求。

2. 钢轨对地泄漏电阻

（1）通过使用绝缘扣件、绝缘垫和绝缘缓冲垫板增加走行轨与道床之间的绝缘过渡电阻，堵截杂散电流。

（2）地下隧道设置持久有效结构防水层及进行相应的排水防水设计。

（二）电流的排流措施

（1）建立杂散电流收集网。

① 将钢轨下方设置的钢筋作为杂散电流主收集网，并确保其截面大小能使杂散电流密度处在腐蚀状态钝化范围内。

② 将隧道钢筋作为杂散电流的辅助收集网，将隧道内纵向结构钢筋焊接连通，再用电缆引至牵引变电所排流柜。该网的作用是，进一步收集主收集网未收集到的杂

散电流，回流到牵引变电所，使隧道结构钢筋处在腐蚀钝化状态之中，保证隧道结构的使用年限。

出现主收集网钢筋极化电压接近 0.5 V 的情况时，需进行排流，保护结构钢筋免受杂散电流腐蚀的影响。

（2）车站的底板、中板、顶板横向结构钢筋电气连续，若有搭接，应进行搭接焊，并和车站边墙的竖筋相焊接。底板纵向钢筋电气连续，若有搭接，应进行搭接焊，每隔 5 m 距离选取底板、中板、顶板内表层的一根横向钢筋和所有纵向钢筋焊接。

（3）车站中间的变形缝两侧用 50 mm × 5 mm 的扁钢和侧墙表层结构钢筋焊接引出连接端子，两侧的连接端子通过铜绞线连接，将变形缝两侧的车站结构钢筋连成一个电气整体。

（4）挖区间隧道每个结构段内的内层横向钢筋电气连续，若有搭接，应进行搭接焊，并且内层横向钢筋和竖筋焊接。每个结构段内的内层纵向钢筋电气连续，若有搭接，进行搭接焊。

（5）暗挖区间隧道每个横向钢筋圈电气连续，若有搭接，进行搭接焊。每个纵向钢筋电气连续，若有搭接，进行搭接焊。每隔 5 m 的距离将内表层横向钢筋圈与所有的内表层纵向结构钢筋焊接。

（6）隧道变形缝两侧第一排横向结构钢筋圈和所有的与之相交的纵向结构钢筋焊接，并在侧墙上引出连接端子，两侧的连接端子通过铜绞线连接，将变形缝两侧的隧道结构钢筋连成一个电气整体。

（7）整体道床结构段内的横向钢筋电气连续，若有搭接，进行搭接焊；整体道床结构段内的纵向钢筋电气连续，若有搭接，进行搭接焊；每隔 5 m 距离选一根横向钢筋与所有的纵向钢筋焊接。

（8）道床沉降缝处两侧第一排横向钢筋和所有的纵向结构钢筋焊接，并在整体道床的两侧引出连接端子，道床沉降缝两侧的连接端子采用铜绞线连接，使全线的整体道床结构钢筋电气连续。

（三）杂散电流的分区防护

（1）在地下和地面交接处，设置单向导通装置，实行分区域防护。

（2）停车场内采用单向导通装置进行区域隔离。正线走行轨与停车场出入段线、停车场内每条线路与段内其他线路间、停车场检修库设置单向导通装置，并与其他线路单向隔离，同时将根据现场实际，设置均流线，减少回流电阻，达到减少杂散电流的目的。

（3）所有进出停车场的管线，在进入停车场前应加长度不少于 1 m 的绝缘管。

（四）杂散电流监测系统

杂散电流监测系统一般由参比电极、传感器、信号转接器、监测装置及上位机管理系统组成。在每个车站的站台两端以及车站边缘一定范围内的隧道外墙及道床上设置有测量端子、参比电极、传感器以及信号转接器。每个参比电极及测量端子对应一个传感器。在每个牵引变电所的上下行站台各安装1个信号转接器。无牵引变电所车站的各监测点传感器通过通信电缆与相邻牵引变电所信号转接器相连。

在每个测试点，将参比电极端子、测量端子及钢轨引出线接至传感器，将该车站区段的上行/下行传感器通过通信电缆分别连接到位于各车站的上行/下行数据转接器。传感器采集数据经数据转接器通过通信电缆接至牵引所的杂散电流监测装置，再通过综合自动化通信通道将全线监测装置的数据上传至上位机微机管理系统中。微机管理系统对所测量的数据进行处理和打印作业。

三、减少杂散电流的方法

从杂散电流产生的原因可以得到治理的方向，即按照“堵、排、限”的思路进行治理。

（一）“堵”——减少杂散电流量

通过适当限制供电区段长度可减少区段内的开行列车数，降低供电区段内的负荷和走行轨电位，设置走行轨均流线和走行轨电位限制器也可降低走行轨电位，直流供电设备和回流走行轨采用绝缘安装等措施可以有效减少杂散电流。

（二）“排”——设置杂散电流收集网，逐层屏蔽

利用杂散电流的首经通路——道床内的结构钢筋良好连通，形成第一道屏蔽网，防止杂散电流向道床外部漏泄，将隧道结构钢筋连通形成第二道屏蔽网，既可保护自身免受腐蚀，又可防止杂散电流向隧道外部漏泄，危及市政公共设施。

此外在牵引变电所内设置排流装置，构成排流通路，既可保护自身免受腐蚀，又可防止杂散电流向隧道外部漏泄。

（三）“限”——限制迷流

提高走行轨道与大地的绝缘度，减小迷流强度。在走行轨道与混凝土轨枕之间、螺栓与混凝土轨枕之间、扣件与混凝土轨枕之间采取绝缘措施，使每公里轨道对迷流收集网的泄漏电阻值大于10 Ω。

在停车场由于列车集中度高，客观上形成走行轨回流电流大，造成对道床的泄漏电阻较低和杂散电流分布区段较大，需要设置单向导通装置，限制杂散电流的扩散。

为防止隧道内的金属管线和其他金属设施受到电腐蚀，可在材质选择和增强对地绝缘等方面采取措施，限制杂散电流向其漏泄。

四、综合接地系统

综合接地系统除应满足正常的工作接地和人身、设备安全接地的功能之外，还应考虑杂散电流防护的需要。

（1）每个车站只设一个接地网，供车站各种设备的工作接地和安全接地。接地电阻满足弱电设备共用接地网的要求。

（2）沿线电缆支架上敷设贯通的接地扁铜，供沿线区间电气、通信、信号等机电设备安全接地用。

（3）敷设架空地线，供接触网系统设备工作接地、安全接地和防雷接地用。

（4）牵引回流系统采用浮空不接地的方式，钢轨、负回流线、直流开关柜、整流器、负极柜等采用绝缘法安装。

（5）当杂散电流防护设计与安全接地发生矛盾时，优先考虑安全接地。

（6）各车站设置钢轨电位限制装置。

第七章　城市轨道交通车站设备

城市轨道交通车站既是客流节点，也是乘客出行的基地，旅客上下车以及相关的作业都是在车站进行的，同时也是列车到发、通过、折返、临时停车的地点。

城市轨道交通车站是城市轨道交通路网中重要的建筑物，它是供旅客乘降、换乘和候车的场所。车站应保证旅客方便、安全、迅速地进出，并有良好的通风、照明、卫生、防火设备等，给旅客提供舒适、清洁的乘车环境。

城市轨道交通车站主要包括：自动检售票系统，乘客信息与导向标识系统，屏蔽门与门禁系统，电梯及自动扶梯系统等。系统和设备的选用应考虑其可靠性、安全性、稳定性、先进性、可扩展性、开放性、交互性和易于维护性等主要指标。

第一节　售检票设备

自动售检票（Automatic Farecollection，简称 AFC）系统是用于自动售票、自动检票和自动统计、结算的一系列设备所构成的系统，它是集机械、电子、计算机应用、计算机网络管理、通信传输、票务政策及票务管理等功能于一体的控制系统和信息管理系统，是城市轨道交通部门综合自动化管理不可缺少的重要组成部分。随着计算机技术，通信技术的发展，特别是随着智能卡技术的越发成熟，自动检售票系统（AFC）在轨道交通领域的应用越发普及。与人工售票相比，AFC 具有以下优点：

速度快。

能处理大量的票务信息，使地铁可以推出各种方便乘客选用的票种和推广实行维护乘客利益的计程、计时票价，以便吸引客流。

每天可以记存数以百万的客流信息，并能准确地统计各站及全线客流量并获得相应的按时分布的客流量表。

严谨了票务管理制度，在整个系统运行中，任何不正常的操作都能在中央计算机上记录、显示，既杜绝了员工作弊的可能性，也有效地防止了乘客无票、超站乘车的行为出现。

能有效地排除人为因素的影响，维护企业利益。

AFC 系统主要由轨道交通清分系统（ACC）、中央计算机系统、车站计算机系统、终端设备和车票五个层次构成，如图 7-1 所示。

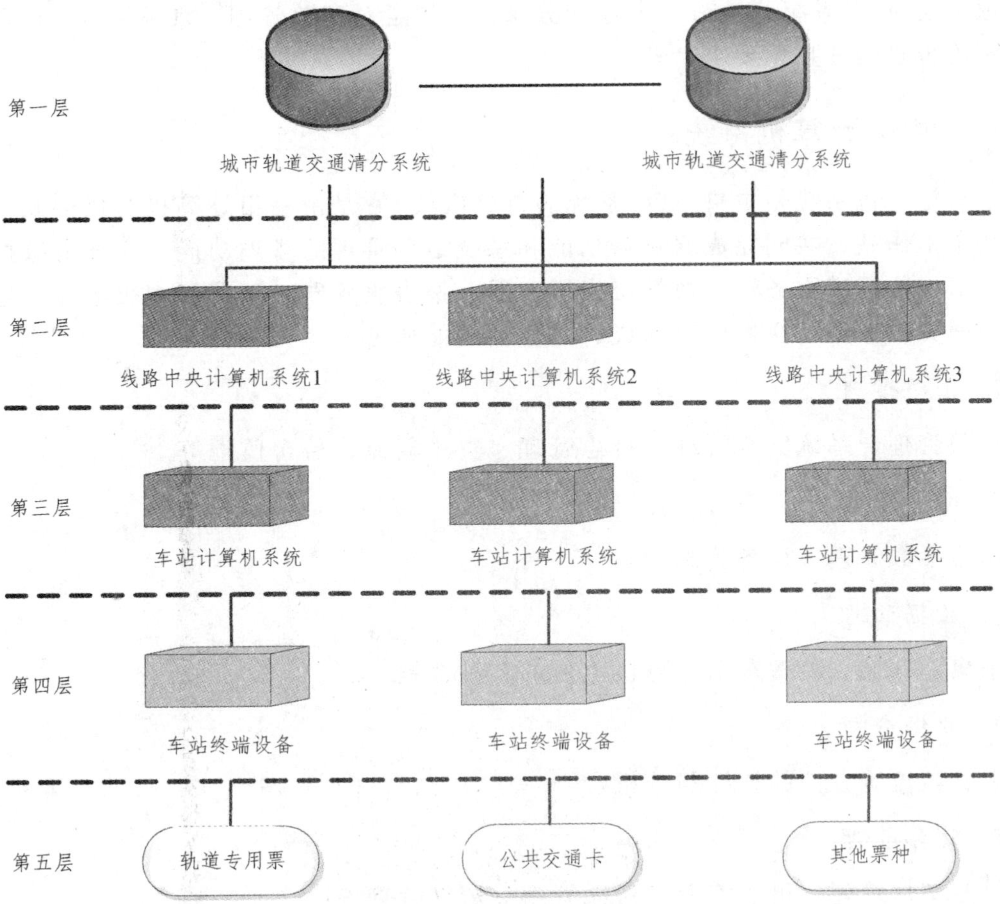

图 7-1 AFC 系统结构图

目前 AFC 系统主要分为三大类：磁卡系统、接触式 IC 卡系统和非接触式 IC 卡系统。由于以非接触式 IC 卡为媒介的自动售检票系统应用的范围最广，技术和设备的发展也日趋成熟，在交通行业中的自动收费系统中具有一定的代表性。因此，本节以非接触式 IC 卡 AFC 系统为例进行介绍。

一、轨道清分系统

第一层轨道清分系统用于实现轨道交通内部各线路之间的账务清分以及轨道交通与城市公共交通“一卡通”之间的清分；还可以对交通网络内的客流进行实时监控。清分中心中央系统由服务器、磁盘阵列、磁带机、工作站（系统管理工作站、数据管理工作站、网络通信管理工作站、参数下载工作站、票卡管理工作站、设备监控工作站、报表查询工作站中央及远程维修工作站）、交换机和路由器、局域网设备、打印机、不间断电源及分拣编码等组成。

清分系统的主要功能是统一城市轨道交通 AFC 系统内部的各种运行参数、收集城市轨道交通 AFC 系统产生的交易和审计数据并进行数据清分和对账、同时负责连接城市轨道交通 AFC 系统和城市一卡通清分系统，规定对车票管理、票务管理、运营管理和系统维护管理的技术要求。

二、中央计算机系统

中央计算机系统是中央 AFC 系统的首脑机关，它是由一组计算机组成的几个服务器和几个工作站，共同完成服务器功能和系统运营管理的各项功能，主要由数据库服务器、历史数据库服务器、数据交换服务器、报表服务器、运营管理服务器、通信服务器、网关服务器、交换机等组成，其主要功能如下。

1. 系统管理

权限管理、系统安全管理、日志管理、灾难复原、后台监控等。

2. 运营管理

运营参数管理、设备管理等。

3. 数据管理

采集、存储、处理车站计算机上传的各种数据。

4. 数据分析

卡、客流等方面的统计与分析。

5. 财务管理

收益交易管理、报表管理、对账管理、清算管理等；

6. 票务管理

管理票卡使用流程，监督票卡使用、制定黑名单等；

7. 其他功能

数据库管理、网络管理、时钟同步功能。

三、车站计算机系统

车站计算机系统是车站 AFC 系统的核心，主要负责把一个车站的自动售票机、人工售票机、人工补票机、进/出口闸机等 AFC 车站终端设备联系在一起。

车站计算机系统的主要功能如下：

（1）对车站的设备进行操作控制，包括关闭、开启及设置工作模式等。

（2）监视车站 AFC 设备运行状态。

（3）采集保存相关信息。

（4）提供车站一级票务统计，能以要求的格式和内容进行车站报表打印。

（5）自动完成与中央计算机及各终端设备的时钟同步。

（6）与中央计算机实时通信，实现实时数据下载、下发和车站数据上传。

四、车站终端设备

车站终端设备由自动检票机、自动售票机、自动加值机、自动验票机、分拣机等组成。

（一）自动检票机（AGM，闸机）

主要有进站检票机、出站检票机、双向检票机。检票机的主要功能是检查乘客所持车票的有效性，即检查该车票是否为本运输系统的车票，是否有值，是否在有效期内，是否有信息码等。如果检查结果符合上述条件，则检票机在该车票上记录时间、站号、设备号、编上信息码等，提示乘客是进站、出站还是去补票处更新。各式检票机如图 7-2 所示。

图 7-2　各式检票机

（二）自动售票机（TVM）

自动售票机是乘客自行操作的自动售票设备，主要完成单程票的发售功能。乘客可以根据目的地票价，在设备上选择相应的票价键，同时投入相应的钱币，设备即可自动将已格式化的卡进行编码发售。自动售票机如图 7-3 所示。

图 7-3　自动售票机

图 7-4　自动加值机

（三）自动加值机（AVM）

自动加值机也称自动增值机（见图 7-4），位于车站的非付费区，由乘客操作，对储值票加值。

自动增值机的主要功能如下：

（1）乘客可以用纸币或者是银行卡对储值票进行增值。

（2）向乘客显示 AVM 当前的工作模式：接受纸币和银行卡模式；只接受纸币模式；只接受银行卡模式；停止服务模式。

（3）乘客可以进行验票，给出车票内的各种信息和历史交易记录。

（四）票务处理机（BOM）

票房售票机位于车站的售票处，由站务员操作，可以发售单程车票、储值车票，同时还可以实现对车票的有效性分析、补票和给储值车票加值等功能。

票房售票机分为售票模式和补票模式两种操作模式。售票模式可以对车票进行出码更新、发售和加值，该模式主要为非付费区的乘客服务。补票模式可以对车票进行出码更新、超乘更新、超时更新、发售免费/付费出站票和加值，该模式主要为付费区的乘客服务。

（五）自动验票机（TCM）

验票机有两种：固定式验票机和便携式验票机，如图 7-5 和图 7-6 所示。

固定式验票机安装在非付费区，用于给乘客检查车票的余值、有效使用时间。乘客把车票靠近验票机的读卡区，车票的信息将被读卡器读出，车票类型、剩余票值、有效日期和车票最近的（由系统设定）多笔交易记录会被显示在液晶屏上，这些信息将在液晶屏上保留一定的时间（由系统设定）。

便携式验票机的功能与固定式验票机基本相同，但它可以被移动使用。通过车站网络设备或车站计算机的串口，便携式验票机可以定时与车站计算机进行信息交互。

图 7-5　自动验票机

图 7-6　便携式验票机

（六）分拣编码机

分拣编码机属于中央计算机系统，由城市轨道交通运营单位的票务管理部门使用，其主要的功能是完成车票的编码、赋值、分拣、注销等功能。

新购的票卡，在使用之前必须对票卡进行初始化（即格式化）。票卡初始化由分拣编码机完成。车票使用一段时间后，会出现不同程度的损坏，这就需要进行定期的收缴和更换。注销超过有效期的车票或者由于损坏而不能继续使用的车票，这些都是由分拣编码机完成的。除此之外，分拣编码机还可以进行编制应急票、按类型分拣票卡、分离有效票和无效票等操作。

（七）车站计算机

车站计算机包括一台数据库服务器、一台应用服务器、一台宽带交换机以及相应的不间断电源。车站计算机可以监控车站内的自动售票机、票房售票机、闸机和验票机等车站设备的运行状态，对票务收益和客流量进行统计，生成及打印各类报表。车站计算机还向中央计算机发送各种设备运行状态、票务收益和客流信息，同时接受中央计算机下达的运营参数。

五、车　票

车票在轨道交通自动收费系统的构架中位于最下一层，也是乘客接触最多、与乘客联系最紧密的一层。车票是指供乘客持有、使用的单程票、公共交通卡、其他随机发行的车票等。车票记载了乘客从购票开始，完成一次完整的行程所需要的费用、时间、乘车区间等信息，是乘客乘车的唯一有效凭证。城市轨道交通车票的种类可以根据车票采用的媒介、车票使用的时间或者次数的限制等进行划分。

（一）根据采用的媒介划分

车票分为纸质车票、筹码车票、磁卡车票和 IC 卡车票。

1. 纸质车票

常见的纸质车票有普通的纸票和条形码纸票。普通的纸票是将车票的所有信息都印刷在车票上，由票务人员视读而定，适用于人工售检票。条形码车票是将车票的相关信息通过条形码编码存储，由条形码扫描仪完成信息的识别。标识的信息只供读取而不能改写，适用于条形码扫描仪辅助情况下的人工检售票。

2. 筹码车票

筹码车票采用代币 TOKEN，投入后能开启闸门。

3. 磁卡车票

磁卡车票有纸质磁卡车票和塑制磁卡车票，二者都是在基片上设置磁记录区域，通过留存存储密码、编号、车资、进站时间和地点等有关信息，由磁卡读写设备获取及修改相关信息，信息是可以修改的。

4. IC 卡车票

IC 卡车票的塑料基片上封装了集成电路芯片，具有存储量大、保密性能好、使用寿命长等优点。可以分为接触式 IC 卡车票和非接触式 IC 卡车票。接触式 IC 卡车票在 IC 卡车票发展早期使用，后因乘客插卡不变，通过闸机速度慢、难以适应大客流的要求，且由于票卡芯片裸露，磨损和污染易影响票卡的使用寿命等原因，在轨道交通实用化方面的进展速度慢。与接触式 IC 卡相比，非接触式 IC 卡读写操作简单，磨损小，成为城市轨道交通 AFC 系统的首选。非接触式 IC 卡(smartcard 或 integratedcircuitcard)是将车票的所有信息存储在车票的集成电路中,用非接触式 IC 卡读写设备获取及修改相关信息。目前，轨道交通使用的非接触式 IC 卡单程车票有两种形式：卡型（见图 7-7）和筹码型（TOKEN）(见图 7-8)。

图 7-7 卡型非接触式 IC 卡

图 7-8 筹码型非接触式 IC 卡

（二）根据使用时间限制来划分

车票可以分为普通车票和定期车票。普通车票是指只能在一定时间内乘车使用的车票；定期车票是指可以在一段时间内（如周内、季内、年内）乘车使用的车票。

（三）根据使用次数来划分

车票可以分为单程票和储值票。单程票是指供一次乘车使用的车票，储值票是指在有足够车资的情况下可多次乘车使用的车票。为了更好地满足不同乘客的不同需求，AFC 系统提供了多种类型的车票，例如：单程票、多程票、储值票、纪念票、出站票、公共交通卡等，供乘客使用。另外还有专供票与供员工使用的员工票。

第二节　乘客信息与导向标识系统

城市轨道交通车站是乘客与城轨系统产生联系的第一个环节。车站的作用就是给乘客提供一个理想的乘车环境，便于乘客做好乘坐城轨列车的准备，因此，车站内相应的设施设备是必不可少的。

城市轨道交通的主要服务对象就是乘客。如今“以人为本”的服务理念早已深入人心，在各大城市的轨道交通建设中也都非常注重乘客信息系统（Passenger Information System，PIS）的建设。一方面，PIS 通过正确的服务信息引导，为乘客提供直观、高效的人性化服务，使乘客能安全，便捷地乘坐轨道交通；另一方面，PIS 的应用也极大地提高了城轨服务水平、运营效率、应急处理能力以及市场竞争力。综上，乘客信息系统应受到足够的重视。

一、乘客信息系统（PIS）组成

城市轨道交通 PIS 从结构上可以分为中心子系统、车站子系统、车载子系统和网络子系统等四个子系统，如图 7-9 所示。

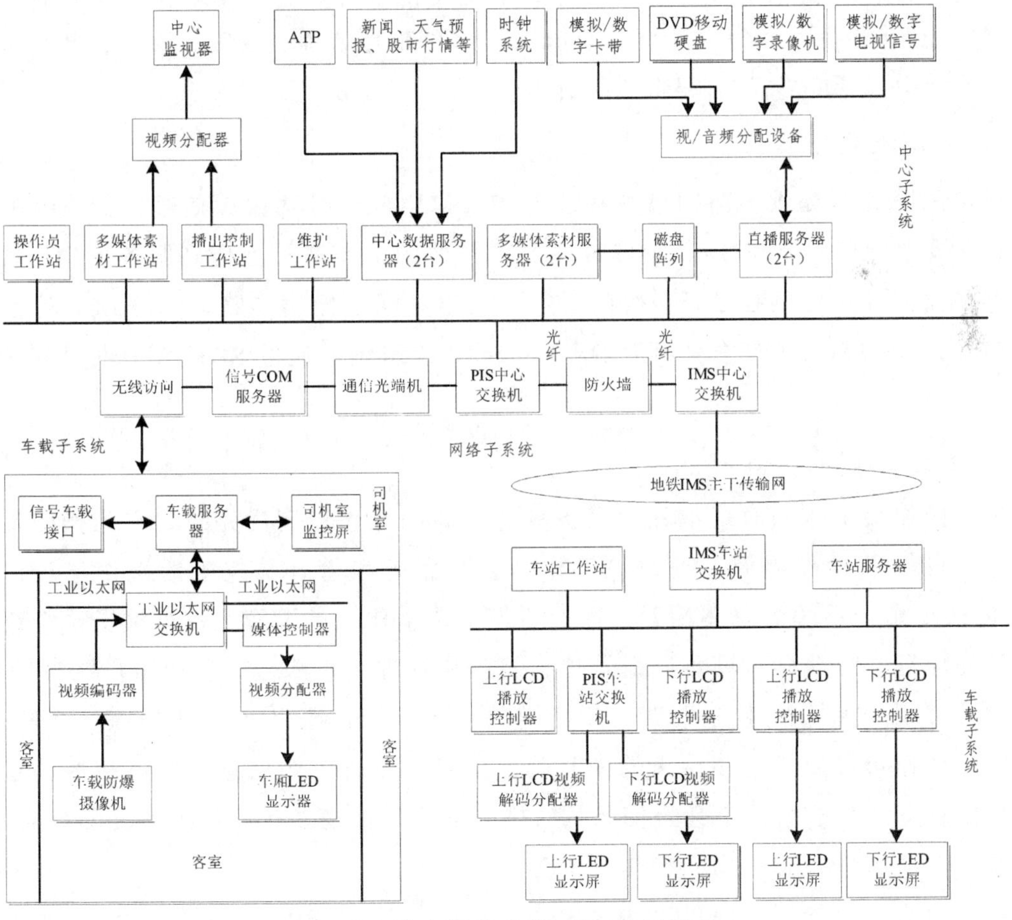

图 7-9　城市轨道交通 PIS 体系结构

（一）中心子系统

中心子系统是 PIS 的核心部分，主要负责整个城市轨道交通 PIS 的运营维护管理、外部信息导入、多媒体素材导入、系统发日志管理、系统监控、电源管理、系统参数管理、多媒体素材的下发、紧急信息的编辑和发布以及全线的播出控制等。其中，多媒体信息处理包括各种多媒体信息的编制、录入、转换、传输、合成及显示等；多媒体信息管理包括多媒体信息的浏览、制作和编辑，多媒体信息的导入、预处理，设置多媒体素材列表，多媒体素材浏览等；系统监控管理主要是对车站子系统、车载子系统进行设备状态的监视、故障诊断与报警工作；系统参数管理的主要任务是进行参数浏览、参数搜索、参数设置修改等；日志管理主要包括日志的浏览、搜索、备份及打印等。

中心子系统的主要设备包括：中心服务器、视频流服务器、中心操作员工作站、播出控制工作站、数字电视设备以及网络的网管设备等。

1. 中心服务器

中心服务器是整个 PIS 的管理中心和信息交换中心。它的主要作用是：管理整个 PIS，包括所有工作站、用户的登录、退出，用户账号名称、权限、密码，共享冲突仲裁，中心公共信息的发布、编辑、保存等。

2. 视频流服务器

视频流服务器提供多路网络视频通道和存储空间。外部视频信号，如 DVB 数字信号、有线电视信号、DVD 和录像带通过服务器的上传通道上传到服务器中。视频流服务器在播出控制站的控制下，按照预定的播出时间表播出多路 DVB、ASI 直播/录播视频信号，经 DVB-IP 网关复用为 DVB over IP 数据包，通过 SDH 骨干网直接传送到各车站。

3. 中心操作员工作站

中心操作员工作站对终端显示设备具有最高的操作控制优先级，它为操作员提供一个友好的主管操作界面。通过该工作站，具备超级管理员权限的操作员可以配置 PIS，包括车站子系统的总体配置、各车站子系统工作站的配置、各车站子系统终端显示设备的配置、终端显示设备分组管理；配置和管理用户账号，包括用户账号的添加/编辑/删除、用户账号的权限配置、用户组的管理、用户账号冻结/失效/激活/重置等。

中心操作员可以设置预定义的中心公共信息，紧急灾难信息，紧急疏散信息、地铁公益信息等，并根据自定义查询条件、排列顺序，报表显示，打印系统的日志数据，如告警日志、事件日志、用户操作日志等。

具备相应权限的用户还可以通过中心工作站，控制 PIS 中的某一个/某一组/全部终端显示设备的打印和关闭，实时显示中心子系统指定的信息，或进入紧急告警状态，或中心信息直播状态。

4. 播出控制工作站

播出工作站对乘客信息系统的所有播出设备(包括中心视频服务器、视频切换器、上载录像机、车站终端设备等)进行集中播出管理。播出控制工作站提供成套定时播出功能，对所有设备的开机、关机，播出列表的编制、播出的启动通过网络进行统一管理，从而可以达到各车站无人运行值守的目的，降低人为操作带来的失误和故障。如夜间停播时，播出控制工作站自动将第二天各站点需要的播出列表发送到各站点播出控制工作站，进行播出准备。

5. 数字电视设备

数字电视设备可以采用 DS3 信道直接播出，也可以采用 MPEG-2 over IP 的方式通过 TCP/IP 网络播出。

6. 网络的网管设备

中心子系统实际上是基于以太网构架组成的，其核心是一台具有三级交换功能的网络交换设备。

(二)车站子系统

车站子系统主要负责管理车站内的 PIS。其结构如图 7-10 所示。

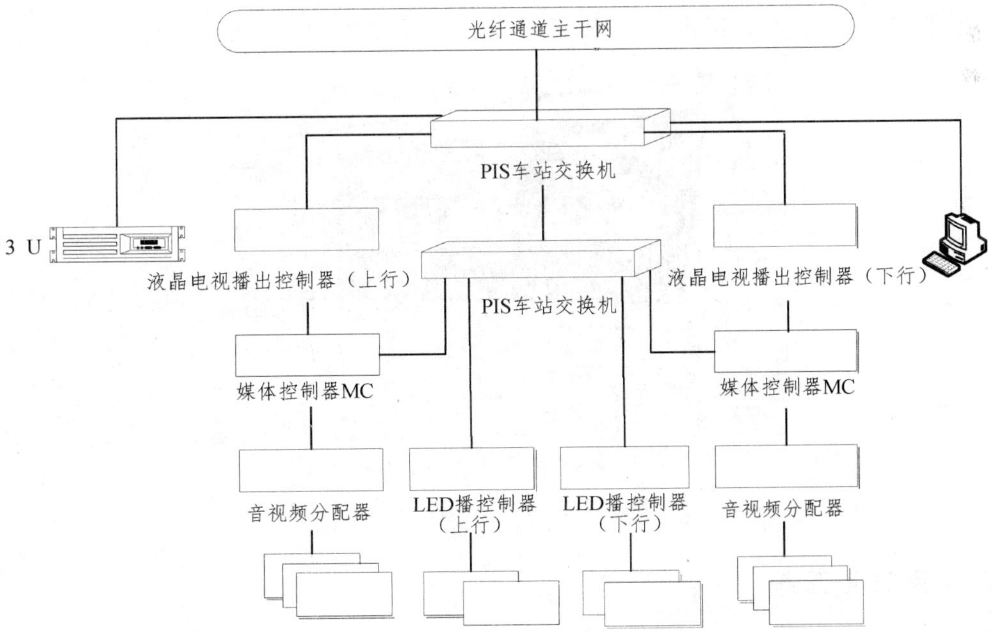

图 7-10 PIS 车站子系统结构

车站站台液晶电视发布的运营信息包括：实时显示下一班车到达本站台的相对时间；实时显示列车到达的警示信息；列车进站前全屏显示运营信息、服务信息；实时显示下班列车的目的地信息；实时对下班列车不在本站停车、上下车的情况做出预告；对于可判断的行车时间间隔，对乘客发出信息预告；在紧急状况下，全屏显示指引信息、服务信息等信息，如图 7-11 所示。

图 7-11　站台液晶电视

（三）车载子系统

车载子系统的主要功能是通过安装于列车内的车载液晶电视为乘客提供列车时刻表、乘客引导、通告以及天气、简要的新闻等信息，也为城市轨道交通运营部门提供发布视频广告以及其他各类公益信息的平台。

车载子系统由车载服务器、相应的跨车连接器、工业以太交换机、媒体控制器、视频分配器及液晶电视等组成。车载子系统的结构如图 7-12 所示。

图 7-12　PIS 车载子系统

（四）网络子系统

网络子系统是 PIS 的专用数据承载平台，为列车运营服务信息、乘客引导信息、公共服务信息、商业信息等提供传输通道，完成控制中心与车站、车站与车站、车站与轨旁设备、车站与列车间的数据、视频、语音等综合数据的双向传输。

网络子系统由轨旁有线通信网络和车-地间专用无线通信网络构成，全面负责在 PIS 各子系统之间发送和接收的信息内容的传输工作，为乘客能够享受及时的信息服务提供保障。

二、导向标识系统

导向标识系统是设置在特定的环境中，以安全快捷为前提，并且通过各种类型的标识、导向以一定的形式或者顺序关系组合成的一个视觉信息系统。城市轨道交通导向标识涉及面广，目前在全世界范围内还没有一个明确统一的国际标准，不同国家、地区、城市根据其不同的文化特征、生活习惯、乘客心理、传统禁忌而各不相同，如伦敦、巴黎、东京、香港等城市的轨道交通的标识在系统设计上就不同。但有些国际公认的的准则为众人普遍所采用，如标志的颜色：红色代表禁忌，蓝色代表命令，绿色表示安全；安全警告标识图案也采用了国际通用的图案，如“禁止吸烟”的图案等，这些在我国地铁的导向标识中均得到了很明确的使用。

我国对于引导乘客的标识文字，采用了中英文两种字体，对每一个人都传递同样的资讯，不能产生歧义，因此除车站站名以外，中英对照不能采用英标的翻译。这也是我国城市文明程度、开放性和国际化的具体体现。

（一）各国城轨徽标（Logo）

城轨徽标作为城轨的形象和符号，代表着城市的特色，是城市精神的物化，同时也是城市实力的一种象征和展示。徽标的主要作用是方便乘客发现城轨车站，吸引乘客，告诉乘客城轨的出入口的具体位置。

城轨交通的主要形式之一是地铁。而地铁在许多国家都被称作“Metro”，所以地铁的常用标识常常都和“Metro”中的“M”有关。作为一种视觉语言，各国城市的地铁徽标设计风格各异，但都图案简练，清晰醒目，易记易认，如图 7-13 所示。

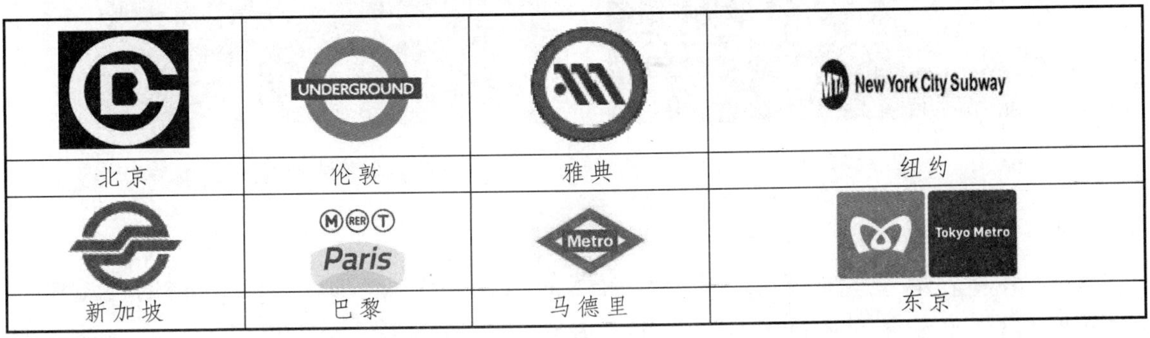

图 7-13　各国代表城市城轨徽标示意图

（二）城轨车站标识分类

城轨车站标识系统是为了让人们在城轨交通中安全、便捷地到达目的地，而将各类型的标识按照特定的规则进行组织、以导航为目的的视觉信息系统。它通过颜色、形状等要素保持整个系统的一致性，传达关于环境、方位方面的信息。

1. 按功能分类

（1）导向类标识。

该类标识是车站空间组织人流进出以及引导人们行为发生的最直接的要素。一般以箭头指示作为引导方法。这类标识所承载的信息基本上都是站内需求的主体信息，一般标识着方向和特定场所信息等。至于信息的表现形式，除了惯用的文字信息以外，通常还会用到象征性的图形符号以及色彩类的标识等。图 7-14 ~ 图 7-17 分别为各类引导类标识。

图 7-14　地面换乘引导标识

图 7-15　站点出口引导标识

图 7-16　各类服务区导向标识

图 7-17　日本地铁导向类标识

（2）确认类标识。

该类标识一般用于对空间功能、位置等的确认。地铁车站空间处于密闭环境中，许多功能分区必须依靠明确的信息指引和确认。这类标识通常采用识别性高、简单明快的表现方式。图 7-18 ~ 图 7-21 分别为各确认类标识。

图 7-18　西安地铁站确认类标识

图 7-19　上海地铁站确认类标识

图 7-20　地铁站确认类标识

图 7-21　地铁确认类标识

（3）宣传说明类标识。

此类标识旨在说明相关事务的主题内容、操作方法以及在地铁空间内需要遵循的相关规定或者有关活动的内容等。图 7-22 和图 7-23 就是地铁空间内常见的宣传说明类标识。

图 7-22　地铁车站宣传说明类标识

图 7-23　地铁车站宣传说明类标识

（4）安全警示类标识。

为了方便人们安全快捷的在车站环境内活动，通常会设置各种安全警示类的标识以提醒人们对空间内的诸多设施设备的使用方法及注意事项，从而为乘客出行提供便利与安全保障。这类标识对于许多初次乘坐城轨的乘客来说可以起到很好的引导与信息普及的作用。图 7-24 为城轨中常见的安全警示类标识。

图 7-24 安全警示标识

（5）禁止标识。

禁止标识是指不允许乘客发生相应行为的标识，如图 7-25 所示。

图 7-25 禁止标识

2. 按设定的方式分类

导向标识系统可以划分为贴附式、立柱式、悬吊式、挂墙式四种，如图 7-26 ~ 图 7-29 所示。

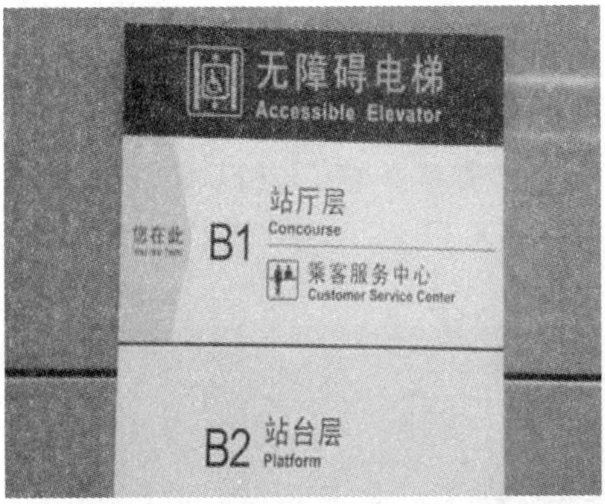

图 7-26　贴附式导向标识

图 7-27　立柱式导向标识

图 7-28　悬吊式导向标识

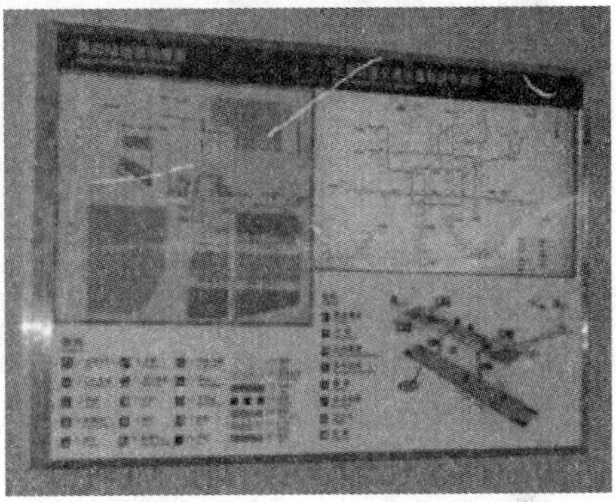

图 7-29　挂墙式导向标识

3. 按照照明方式分类

按照照明方式可以分为照明式和非照明式两种，如图 7-30、图 7-31 所示。

图 7-30　照明类导向标识

图 7-31　非照明类导向标识

第三节　屏蔽门与门禁系统

一、屏蔽门系统

站台屏蔽门（Platform Screen Doors）是设在站台边缘，把站台区域与列车运动区域相互隔开的设备，如图 7-32 所示。设置屏蔽门系统的主要目的是防止人员跌落轨道发生交通意外，为乘客提供一个安全、舒适的乘车环境，提高城市轨道交通的服务水平。

图 7-32　站台屏蔽门实物图

（一）屏蔽门的功能

屏蔽门系统是设在城市轨道交通站台边缘，把站台区域与列车运动区域相互隔开的一套机电一体化的机电设备系统。列车未进站时，屏蔽门处于关闭状态，保证了乘客候车的安全，防止了可能出现的各种意外；而当列车进站后，将列车车门与站台屏蔽门严格对准，并使列车车门与屏蔽门联动开启，以供乘客上下车，待乘降结束后，车门与站台门同步关闭。

屏蔽门主要有两种类型：第一类是全立面玻璃隔墙和活动门，沿车站站台边缘和站台两端头设置，把站台乘客候车区与列车进站停靠区域分隔开，属于全封闭型，如图 7-33 所示。这种形式的屏蔽门一般应用于地下车站。这种屏蔽门系统的主要功能是增加车站站台的安全性、节约能耗以及加强环境保护。

图 7-33　全封闭式屏蔽门

第二类是一道栏杆式玻璃隔墙和活动门，属于半封闭型，如图 7-34 所示。安装位置与第一种方式基本相同，这类屏蔽门系统比第一种简单，高度更矮，空气可以通过屏蔽门上部流通。这类主要起隔离作用，保障站台候车乘客的安全，即为“安全门”。屏蔽门系统在站台设有应急门、端头门。应急门一般当作固定门使用，在列车进站无法停靠在允许的误差范围位置时，必有一道车门对准应急门，此时若需由应急门紧急疏散时，可由乘客在轨道侧列车上打开相对应的列车门后推动应急门的解锁装置或由站台工作人员在站台侧用专用钥匙打开应急门进行紧急疏散。应急门使用后必须确保关闭与锁紧。端头门是车站工作人员通道，可在轨道侧通过推动端头门的推杆锁的解锁装置或由站台工作人员在站台侧用专用钥匙打开。

图 7-34　半封闭式屏蔽门

与传统的地下车站相比，采用站台屏蔽门具有以下优点：

（1）设置站台屏蔽门后，可实现司机一人全程操作，站台上不必再设站务人员接发列车（站台屏蔽门的开启由列车司机操纵）。

（2）一般在站台屏蔽门上都装有各类障碍物传感器。一旦有障碍物存在，传感器发出的信息将使屏蔽门再开闭机构动作，避免了车门夹人、夹物事故的发生。

（3）乘客候车时不会与列车进出站发生任何关系，保证了乘客的乘车安全。

（4）设置站台屏蔽门后，站台空间显得更加舒适。

（5）节省了地下车站空调负荷，降低能耗。

（二）屏蔽门的组成

屏蔽门系统是机电一体化设备，它由机械和电气控制两部分组成。其中机械部分包括门体结构和门机系统设备。电气控制部分包括电源供电系统和电气控制系统。

1. 门体结构

门体结构主要由以下部件构成。

（1）支撑结构。

包括支承部件（上、下底部）、门梁、立柱、顶部伸缩装置等构件，能承受屏蔽门的垂直载荷、隧道通风系统产生的风压、列车运行时形成的正负水平风压荷载、乘客挤压荷载等。

（2）门槛。

包括固定门门槛和滑动门门槛。固定门门槛承受固定门的垂直荷载，滑动门门槛承受乘客荷载。门槛结构中有滑动导槽，配合滑动门滑动。

（3）滑动门。

是正常运行时乘客上下列车的通道，有系统级、站台级、手动操作三种控制模式。由钢化玻璃、门框、门吊挂连接板、门导滑板、门胶条、手动解锁装置等组成，门吊挂连接板设有滑动碳刷架，使金属门框接地。

（4）固定门。

由钢化玻璃、门框等构成，门框插挂于立柱的方孔内，门框与立柱之间设有橡胶减振垫。

（5）应急门。

由钢化玻璃、门框、闭门器、推杆锁等装置组成。

（6）端门。

由钢化玻璃、门框、闭门器、推杆锁等装置组成。

（7）顶箱。

包括铝合金型材（用于安装门机部件）、门楣、前后盖板、电缆线槽、密封胶等。

2. 门机系统设备构成

（1）DCU。

DCU 是门控单元，有电子式、气动式等多种类型，它具备自诊断功能，能与维护计算机连接，可进行测试、组态编程维护，从而实现信息化、智能化及集成网络控制。

（2）电动机与减速箱组件。

采用直流无刷伺服电动机、直流伺服电机等微特电机，带有霍尔传感器或光电编码器，或由 DCU 使用矢量技术，实现闭环控制及位置控制。由 DCU 采用脉宽调制驱动。减速箱组件用于减速及提高输出驱动力矩。

（3）传动副。

是电动机与减速箱组件输出轴至门扇的传动机构，一般是皮带/齿轮式、螺杆式。

（4）门锁紧装置。

包括闭锁检测开关、手动解锁检测开关、解锁电磁铁、凸轮、门锁支架。

（5）应急门检测开关。

用于检测应急门的开关状态，输入至 DCU，以及构成门单元的关闭与锁紧信号。

（6）金属电缆槽。

金属电缆槽包括通信线路线槽、控制线路线槽、电源供电线路线槽，位于顶箱之上。

3. 电源供电系统

屏蔽门电源供电系统主要分为驱动电源和控制电源供电系统。

（1）驱动电源 UPS。

为门机提供门头电源，当外电中断供电时，能为断电后的屏蔽门提供一定开关门次数的用以控制的驱动能量，为车站人员提供应急处理的时间。

（2）控制电源 UPS。

为系统控制线路提供电源，当外电中断供电时，能为屏蔽门控制回路提供不少于 30 min 的后续能量，为车站人员提供应急处理的时间。

（3）系统配电柜。

包括系统总开关、主隔离变压器、门单元分路负荷开关、各控制回路工作电源开关、车站低压配电接地保护等。

（4）屏蔽门与轨地。

上下安装支架设有绝缘套，使屏蔽门金属构件与车站地绝缘。屏蔽门金属门体构件通过地线与轨道连接，使屏蔽门金属构件与列车车体等电位。

（5）站台绝缘地板。

沿屏蔽门在站台侧及屏蔽门端门轨侧设有一定宽度的绝缘地板。

4. 电气控制系统的主要构成

（1）屏蔽门主控制器（PSC）。

主控机（PSC）是屏蔽门控制系统的核心，可以实现系统内部信息的收发、采集、汇总和分析，并实现与系统内部各单元之间、与系统外部或主控系统、信号系统之间的信息交换。

（2）站台操作盘。

根据列车运行的需要，可以在站台靠近列车行进的方向一段或两端设置，其布设位置与列车正常停车时驾驶室的门相对应。站台操作盘用于实现站台级控制。

（3）屏蔽门监视器。

用于监视屏蔽门状态、诊断屏蔽门故障状态、运行记录下载、软件重载等。

（4）控制回路。

包括站台操作盘继电器、火灾模式控制回路、控制变压器、CAN总线等。

（三）运行模式

站台屏蔽门的开、关是与车厢门联动的。通常司机在打开车门的同时，站台屏蔽门也会自动打开，关闭车门时同样如此。除此之外，在站台相应的位置还设有供站务员使用的操作盘，每个屏蔽门都设有个别操纵开关，在车站的调度室和运输调度所均设有相应的控制显示和开关，以保证屏蔽门开、闭的绝对安全。站台屏蔽门的开、闭采用与车厢门有同等可靠性的压缩空气作为其动力，驱动气缸安装在站台门顶部的仓盖内。

站台屏蔽门以关闭为定位，正常情况下的开闭按以下作业程序执行：

（1）列车进站，由ATD控制在指定位置停车，车厢门对正站台门。

（2）司机按动开门按钮，站台门先动作，半秒钟后，车辆门开始动作打开，一般司机给出指令到车辆门全部打开的时间为3 s。

（3）司机根据列车停站时间，催促乘客抓紧时间上下，当判断乘客乘降已结束时，准备关门。

（4）司机按动车上的关门按钮，预告蜂鸣器发出声响后车门先动作，半秒钟后站台门动作。整个关门时间也为3 s。

一旦出现异常情况，即在列车司机无法操纵站台屏蔽门或站台屏蔽门开关不到位的情况下，此时，对站台屏蔽门的控制权将交给车站乘务员或运输调度所的工作人员；当所有电源被切断时，可用手动方式打开各站台的空气阀，使屏蔽门打开。

二、门禁系统

门禁系统（Accesscontrol System，ACS）一改传统使用钥匙开门的方式，采用电子授权管理，在出入口安装读卡器或者键盘密码或二者兼设，只有持经过授权的 IC 卡或者掌握有效密码的人员，才可以在规定的时间内出入规定的区域，并且，所有的出入记录都记录在电脑中。

采用这种智能化的出入口控制，最大的好处就是在保障安全的前提下提高了效率，而且所有出入信息均有记录。

（一）门禁系统的组成

ACS 系统主要由门禁系统计算机（中央授权工作站/车辆段 ACS 工作站）、ASC 控制器、ACS 读卡器、电子门锁及状态传感器、可视对讲装置、门禁网络以及门禁卡组成。

中央门禁系统是门禁系统的核心部分，实现门禁数据的收集、下传以及与第三方设备（如防灾报警系统）的集成等功能。中央门禁系统的主要硬件组成有：中央授权工作站、台式读卡器。中央门禁系统的管理软件包括：门禁服务器软件、用户端软件门禁管理工作站的操作系统以及数据库软件等。

车站门禁系统主要有车站门禁工作站和门禁管理软件。车站门禁工作站与中央服务器以及现场设备有数据通信联系。

（二）门禁系统主要设备

1. ACS 门禁工作站

车辆段及每个工作站各有一台门禁工作站。

2. ACS 控制器

ACS 控制器分为主控制器和就地控制器。主控制器设置于车站计算机房和中央设备室。就地控制器设置于安保区现场。主控制器和就地控制器通过通信线进行数据交换。

3. 电控门锁

电控门锁采用电子机械一体化锁。

4. 可视对讲设备

车站夜间通行门设可视对讲设备。

5. 读卡器

读卡器（见图 7-35）包括普通读卡器、带键盘读卡器和台式读卡器。普通读卡器和带键盘读卡器设置于安保区出入口需要进/出读卡的位置。车站/车辆段 ACS 工作站和中央 ACS 授权工作站设台式读卡器，用于系统登录、门禁卡管理等。

图 7-35 读卡器

6. 手动解锁按钮

手动解锁按钮设在安保区的内侧，可供离开安保区时使用，共有两种形式：正常解锁按钮和紧急解锁按钮。在正常解锁按钮失灵或者系统故障时通过操作紧急解锁按钮可以离开禁区。紧急解锁按钮在使用时需先击破玻璃面罩，然后再按压按钮。

7. 门禁卡

门禁卡作为工作人员的身份识别标志，由员工随身携带，与 ACS 设备一起完成门禁控制。

（三）门禁系统控制模式

门禁系统按集中管理和分级管理相结合、分级控制的方式设计，即中央与车站两级控制管理，中央、车站和现场三级控制。

系统运行模式分为正常和灾害两种。

在发生火灾及紧急情况下，车站计算机根据火灾报警联动信息自动进入灾害模式或者由管理员按下车站控制室的门禁紧急按钮进入灾害模式。车载计算机向指定的区域或者全站的门禁设备发出解锁命令，满足消防疏散和紧急救灾的需求。

（四）电控门锁设置位置

1. 出　口

地下站的站台层有一个逃生通道，如发生火警，通过和火灾报警系统 FAS 联动，该门会自动解锁；如果联动没有奏效，就通过紧急开门按钮加以解锁。正常情况下，工作人员可以通过刷卡解锁。

2. 入　口

限制非工作人员进入，比如设备房、站台端墙门、站控室、办公室等。

3. 出入口

敏感区域，一方面限制非工作人员进入，另一方面也对进出工作人员进行记录。

在入口设置电控门锁是这三种情况中最为普遍的一种。

第四节　电梯系统

车站电梯系统是由自动扶梯、无障碍电梯及楼梯升降机组成，是城市轨道交通系统的重要组成部分，它担负着运送大量客流的任务，将地面上需要乘坐城市轨道交通列车的乘客迅速、安全、舒适地送入地下站台或高架站台以及将地下站台或高架站台上下车的乘客送到地面，及时疏散客流在这个过程中起到了至关重要的作用。

一、自动扶梯

自动扶梯是带有循环运动梯路向上或向下倾斜输送乘客的固定电力驱动设备，包括上、下行自动扶梯，通常根据远期客流量设置安装在站台和站厅间、出入口及过街隧道处。自动扶梯的示意图和基本结构如图 7-36、7-37 所示。

自动扶梯按驱动位置可分为端部驱动自动扶梯与中间驱动自动扶梯，其中端部驱动自动扶梯的驱动位置位于自动扶梯的头部，并以链条作为牵引构件；中间驱动自动扶梯的驱动装置位于扶梯中部，以齿轮作为牵引构件。

图 7-36　自动扶梯示意图

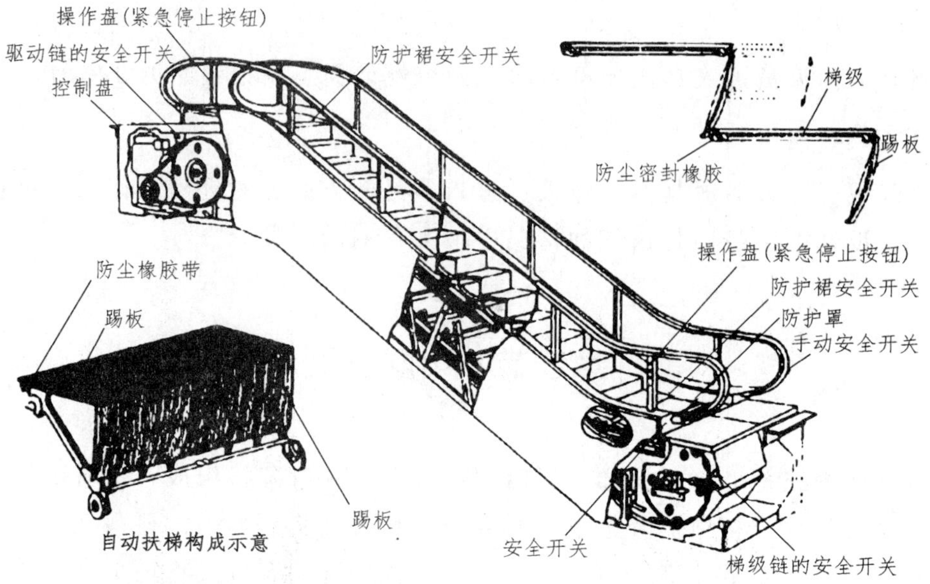

图 7-37　自动扶梯结构图

二、无障碍电梯

电梯是人们使用最频繁且最理想的垂直通行设施，尤其是当残疾人、老年人及幼儿在公共空间里上下活动时，电梯可以让他们方便地到达每一楼层。残疾人使用的电梯在规格和配套设施上均有特殊要求，前者包括电梯门的宽度、关门的速度、电梯厢面积等具体规定；后者主要指提箱内必须安装扶手、镜子、低位选层按钮、报层音响，电梯厅的显要位置上要设置国际无障碍通用标识等无障碍电梯如图 7-38 所示。

图 7-38　无障碍电梯示意图

为方便轮椅进出电梯，电梯门开启后的净宽度不应小于 80 cm，电梯厢的深度不应小于 140 cm。如果使用 140 cm×110 cm 的小型电梯，则轮椅进入电梯后不能回转，只能正面进入、倒退而出或者倒退进入、正面而出；使用 170 cm×140 cm 的电梯厢时，轮椅正面进入后可直接旋转 180° ，再正面驶出电梯。电梯厢内三面需要设置 85 cm 高的扶手，扶手要易于抓握，安装要牢固。电梯厢的选层按钮高度为 90 cm ~ 110 cm，如果设置两套选层按钮要带有突出的阿拉伯数字或者盲文数字，同时在厢内设置报层音响，方便视觉残疾者使用。在厢内正面的上方要安装镜子，使乘轮椅者能从镜子中看到电梯的运行情况，为退出电梯做准备。

三、楼梯升降机

楼梯升降机属于液压梯的一个分支，安装在车站站台到站厅和地面到站厅步行楼梯一侧，方便坐轮椅的乘客上下楼梯，弥补了液压梯不能到达地面的不足。楼梯升降机如图 7-39 所示。

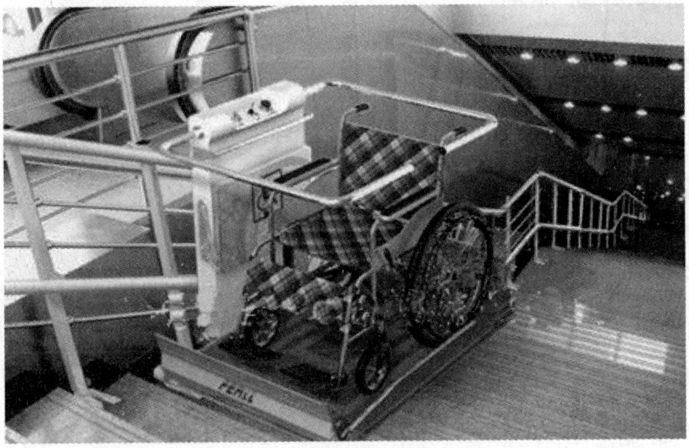

图 7-39　楼梯升降机

第八章　城市轨道交通环控与灾害防护系统

第一节　环控系统——通风空调系统

一、通风空调系统概述

（一）通风空调系统发展的必要性

对于地下铁道而言，除各车站出入口、送排风口与外界相通外，车站和区间隧道基本上与外界隔绝，城轨地下环境面对如下挑战：

（1）列车及车站机电设备在运行过程中会产生大量的热量。

（2）列车及车站设备在运行中产生噪声。

（3）列车运行时会产生活塞效应，若不加以控制会干扰车站的气流组织。

（4）地层具有蓄热作用，随着运营时间的增加，隧道内部的温度会逐年升高。

（5）当火灾发生时，环境将进一步恶化。

总的来说，通风系统是非常有必要存在的，空调机噪声隔离设备会对地下城轨起到积极作用。

（二）通风空调系统的制式

根据城市轨道交通隧道通风换气的形式以及隧道与车站站台层的分隔关系，城市轨道交通通风空调系统一般划分为三种制式：开式系统、闭式系统和屏蔽门系统。它们的优缺点对比如图 8-1 所示。

1. 开式系统

开式系统是应用“活塞效应”或者是用机械的方法使地铁内部与外界交换空气，利用外界冷空气冷却车站和隧道。站与站之间设置通风井，车站内设有空气调节，正常运行时所有通风井完全开启，让外界空气与隧道内的空气相互交换，如图 8-1 所示。

开式系统多用于当地最热月的平均温度低于 25 °C 且运量较小的地铁系统。

图 8-1　开式系统

2. 闭式系统

闭式系统能使地铁内部基本上与外界隔绝，仅仅供给满足乘客所需的新鲜空气。夏季需要空调时，整个地下区间及车站除了两段隧洞口、车站出入口和空调有新风外，车站及区间基本上与外界隔绝。车站一般采用空调系统，而区间隧道的冷却是借助于列车开行时“活塞效应”携带的一部分空调冷风来实现的。该系统仅仅在车站两端设置通风井，因车站内有空调，故正常运行时所有通风井关闭，以防外界空气从通风井进入隧道。

闭式系统的基本特点是车站空调制冷系统不仅承担车站乘客、机电设备热和新风负荷，还必须承担列车运行热。因此，车站冷负荷、空调风量、环控设备容量大，会增大土建规模，造成环控装置容量、耗电量大等问题产生。此外，由于车站和区间完全相通，车站受活塞影响较大，乘客在出入口、扶梯、站台候车是可明显感觉到活塞风的。

这种系统多用在当地最热月平均温度高于 25 °C 的且运量较大，高峰小时内每小时运行的列车对数与列车编组指数乘积大于 180 的地铁系统。

3. 屏蔽门系统

屏蔽门安装在站台边缘，是一道修建在站台边沿的带门的透明屏障，将站台公共区与隧道轨行区完全屏蔽，屏蔽门上各扇活动门之间的间隔距离与列车上的车门距相对应，看上去就像是一排电梯的门。

列车到站时，列车车门正好对着屏蔽门上的活动门，乘客可自由上下列车；关上屏蔽门后，所形成的一道隔墙，为车站创造了较为舒适的环境。另外屏蔽门系统的设置可以有效防止乘客有意或无意跌入轨道,减小噪声及活塞风对站台候车乘客的影响，为轨道交通实现无人驾驶奠定了技术基础，但屏蔽门的初期投资费用较高，对列车停靠位置的可靠性要求很高，若客流密度较大，车门口可能出现拥挤，且对长期运行隧道内温度超标难以解决。

新加坡、马来西亚、日本、法国、英国、美国和丹麦等国家的轨道交通系统早已采用了屏蔽门技术，在某些国家和地区的应用情况大致分为两类：一类为气候炎热的热带和亚热带地区，采用屏蔽门系统主要是为了简化车站空调通风系统，以节能和减少工程投资为主要目的，这类屏蔽门在站台时为全封闭式，如新加坡 NEL 线，香港新机场线、将军坳线等；另一类为在非炎热地区，采用屏蔽门的主要目的是考虑乘客候车时的安全，主要采用在无人驾驶的城市轨道交通系统或有高速列车通过的车站，如法国吐鲁斯轻轨系统、巴黎 14 号线。

我国在 1998 年以前修建的城市轨道交通中只有上海地铁 1 号线对屏蔽门方案进行过研究，由于认识不统一，最终方案没有得到完整的实现，只进行了条件预留，其他城市的城市轨道交通均未进行实质性的研究。随后的广州地铁 2 号线，在可行性分析中就对屏蔽门系统进行了方案比较，并对 2 号线屏蔽门系统进行过专题研究。通过总结 1 号线的设计和运营经验，发现 1 号线空调通风系统设备用房面积大、系统运营费用高，为了简化 2 号线地下车站空调通风系统的设计，降低车站空调冷负荷、节省地下空间、减少运营费用，同时提高乘客在车站候车环境的舒适度和安全性，广州地铁 2 号线确定采用屏蔽门系统方案，成为国内首例成功使用屏蔽门技术的城市轨道交通系统。相继地进行广州地铁 1 号线加装屏蔽门系统的改造；上海地铁对 2 号线在没有设屏蔽门方面也做了相应的思考和总结，对新建线均采用屏蔽门系统；北京地铁针对客流量集中的奥运支线和机场轨道交通线也安装了屏蔽门。采用该系统的有地区香港新机场线、深圳各地下线、广州地铁 2 号线及以后所有地下线、广佛地铁、上海地铁除 2 号线外的各地下线、杭州地铁 1 号线、苏州地铁 1 号线、重庆地铁 1 号线、成都地铁 1 号线、长沙地铁 1 号线等。

表 8-1 城市轨道交通通风空调系统制式优缺点

制式	描述	优点	缺点	应用范围
开式系统	活塞作用或机械通风，通过风亭使地下空间与外界通风换气	系统简单，设备少，控制简单，运行能耗低	标准低，无法有效控制站内环境、组织防排烟	欧美北部地区的老线，我国北京 1 号线、2 号线
闭式系统	设隧道通风设施，隧道通风系统的运行方式根据室外气候的变化，通过风阀控制可采用开式和闭式运行；车站空气与隧道相通	活塞效应将车站的空气引入区间隧道内降低温度；区间隧道内的空气温度较同样运行条件下的屏蔽门系统低；站台视野开阔，广告效应好	车站的温度场、速度场无法维持稳定，车站空气品质难控制；当乘客因意外或特殊情况跌入轨道时将对正常运营带来严重影响；空调季节调系统投资和运行费用高；通风空调系统机房大；土建投资大	国内长江以北城市

续表

制式	描述	优点	缺点	应用范围
屏蔽门系统	在闭式系统的基础上，用屏蔽门将车站与隧道区域隔离开	提高安全性；降低活塞效应对车站的影响，减少车站与隧道的空气对流，减少车站冷负荷的损失，提高车站空气洁净度、降低列车进站带来的噪声，节省通风空调系统的初期投资、运行费用和土建初投资	增加初期投资和运营费用；增加与有关专业的接口关系；活塞效应将区间隧道的热空气排至外界，引入室外的新风冷却隧道；高温季节很难控制隧道内的温度	国内长江流域及以南城市

因为不同的城市其气候条件、室外温湿度差异很大，在选用何种环控方案或制式时，应根据客观条件、工程造价、运行效果等方面综合分析。

二、通风空调系统的组成

城市轨道交通通风空调系统的组成实际上与各地下车站功能区的划分是密切相关的，其中还必须兼顾到对安全性的考虑如防排烟系统的设置等。不管是屏蔽门系统还是闭式系统，车站内部的通风空调系统均可简化为四个子系统：公共区通风空调兼排烟系统；设备管理用房通风空调兼排烟系统；隧道通风兼排烟系统；空调制冷循环水系统。

（一）公共区通风空调

城市轨道交通车站的站厅、站台层公共区是乘客活动的主要场所，也是环控系统空调、通风的主要控制区。公共区的通风空调简称为大系统。设计中除在站厅、站台长度范围内设有通风管道均匀送、排风外，还在站台层列车顶部设有车顶回、排风管（OTE），站台层下部设有站台下回、排风道（UPE），并在列车进站端的车站端部设有集中送风口，其作用是使进站热风尽快冷却、增加空气扰动、减少活塞风对乘客的影响。

车站的空调、通风机设于车站两端的站厅层，设备对称布置，基本上各负担半个车站的负荷，车站大系统主要有：多台组合式空调机组，多台回、排风机及相应的各种风阀、防火阀等设备，其作用是通过空调或机械通风来排除车站公共区的余热余湿，为乘客创造一个舒适的乘车环境，并在发生火灾时通过机械排风的方式进行排烟，使车站内形成负压区，新鲜空气由外界通过人行通道或楼梯口进入车站站厅、站台，便于乘客撤离和消防人员灭火。

站厅层空调采用上送上回的形式，站台层采用上送上回与下回相结合的形式，一般在列车顶部设置有轨顶回、排风管将列车空调冷凝器的散热直接由回风带走；同时在站台下设置站台下回、排风道，直接将列车下面的电器、制动等发热和尘埃用回风带走。

车站站台或列车发生火灾时，除通过车站的站台回、排风机运转向地面排烟外，其他车站大系统的设备均停止运行，使站台到站厅的上、下通道间形成一个速度不低于 1.5 m/s 的向下气流，便于乘客迎着气流撤向站厅和地面；车站站厅发生火灾时，站厅回、排风机全部启动排烟，大系统的其他设备均停止运行，使得出、入口通道形成由地面至车站的向下气流，便于乘客迎着气流撤向地面。

（二）设备管理用房通风空调

车站的管理及设备用房区域内主要分布着各种运营管理用房和控制系统的设备用房，它的工作环境好坏将直接影响城市轨道交通能否安全、正点的运营，实际上它是城市轨道交通车站管理系统的核心地带，也是环控系统设计的重点地区，这类用房根据各站不同的需要而设置。车站设备用房通风空调系统又简称为小系统。机房一般布置在车站两端的站厅、站台层，站厅层主要集中了通信、信号、环控电控室、低压供电、环控机房以及车站的管理用房，站台层主要布置的是高、中压供电用房。

由于各种用房的设备环境要求不同，温湿度要求也不同，根据各种用房的不同要求，小系统的空调、通风基本上根据以下 4 种形式分别设置独立的送风和（或）排风系统。

（1）需空调、通风的用房，例如通信、信号、车站控制、环控电控、会议等用房。

（2）只需通风的用房，例如高、低压，照明配电，环控机房等用房。

（3）只需排风的用房，例如洗手间、储藏间等。

（4）需气体灭火保护的用房，例如通信、信号设备室，环控电控室，高低压室等。

车站小系统的设备组成主要包括为车站的设备及管理用房服务的轴流风机，柜式、吊挂式空调机组及各种风阀，其作用是通过对各用房的温湿度等环境条件的控制，为管理、工作人员提供一个舒适的工作环境，为各种设备提供正常运行的环境。在火灾发生时，通过机械排风的方式进行排烟，有利于工作人员撤离和消防人员灭火。在气体灭火的用房内关闭送、排风管进行密闭灭火。

（三）隧道通风兼排烟系统

隧道通风系统的设备主要由分别设置在车站两端站厅、站台层的四台隧道通风机，以及与其相配套的消声器、组合风阀、风道、风井、风亭等组件构成，其作用是通过机械送、排风或列车活塞风作用排除区间隧道内的余热余湿，保证列车和隧道内设备的正常运行。

另外，在每天清晨运营前半小时打开隧道风机，进行冷却通风，既可以利用早晨外界清新的冷空气对城市轨道交通进行换气和冷却，又能检查设备和及时维修，确保事故时能投入使用。列车由于各种原因停留在区间隧道内，而乘客不下列车时，可以顺列车运行方向进行机械通风，冷却列车空调冷凝器等，使车内乘客仍有舒适的乘坐环境；当列车发生火灾时，应尽一切努力使列车运行到车站站台范围内，以利于人员疏散和灭火排烟。当发生火灾的列车无法行驶到车站而被迫停在隧道内时，应立即启动风机进行排烟降温：隧道一端的风机向火灾地点输送新鲜空气，另一端的通风机从隧道排烟，以引导乘客迎着气流方向撤离事故现场，消防人员顺着气流方向进行灭火和抢救工作。

隧道通风系统中还包括闭式系统隧道洞口处的设备及过渡段折返线处的局部通风设施。隧道洞口和车站出入口通道是外界大气与城市轨道交通地下空间直接相通的地方，为了减少外界高温空气对城市轨道交通空调系统的影响，在地面至隧道洞口处设有空气幕隔离系统，该系统是由两台风机和空气幕喷嘴组成的，机房设置在地下隧道洞口处；折返线两端均设有与正线相连接的道岔，折返线一般在正线的中部，断面积较大，原车站内的隧道通风机很难满足正线和折返线同时通风的要求，另设风机将增大机房面积，也较难实施。通过将各种方案比较，较常采用的是射流风机通风的方案，由射流风机和车站通风机共同组织气流，此设计主要是解决地下空间紧张及折返线（过渡段）气流组织困难的问题。

（四）空调制冷循环水系统

车站空调制冷循环水系统的作用是为车站内空调系统制造冷源并将其供给车站空调大、小系统中的空气处理设备（组合式空调箱、柜式风机盘管），同时通过冷却水系统将热量送出车站。

目前，城市轨道交通通风空调系统根据冷源与车站的配置关系分为独立供冷与集中供冷两种形式。

1. 独立供冷

一般每个地下车站中均设置独立冷冻站，通常采用两台制冷能力相同的较大（制冷量 = 1 000 kW）的螺杆式机组和一台较小（制冷量 = 500 kW）螺杆式冷水机组（或活塞式冷水机组及其他形式）组合运行的模式。两台制冷量大的螺杆式机组按大系统空调冷负荷选型；一台制冷量小的螺杆式冷水机组按小系统（负责设备管理用房）空调冷负荷选型，它既可单独运行，也可并入大系统，与大容量的螺杆式机组联合运行。空调水系统还包括冷冻水泵、冷却水泵、冷却塔、空调箱等末端设备。

冷冻水泵、冷却水泵需与冷水机组数量对应，小系统分集水器与公共区冷源分集水器之间通过管道连通，连通管上设有阀门，正常运行时关闭，需要互为备用时手动开启。冷冻站集中设置在车站一端的制冷机房内，位置尽可能靠近负荷中心，力求缩短冷冻水的供水管长度。冷冻水系统采用一次泵系统。大系统集水器和分水器不连通。冷冻水系统的定压采用膨胀水箱。

在空调季节正常运行的工况下，根据车站冷负荷的大小来控制大容量螺杆式机组及小容量螺杆式冷水机组启停的台数；非空调季节，水系统全部停止运行。当发生区间隧道堵塞事故时，水系统按当时正常的运行工况继续运行。当站厅层、站台层公共区或区间隧道发生火灾时，关闭作为大系统冷源的那部分水系统，只运行与小系统有关的部分；当小系统设备用房发生火灾时，水系统全部停止运行。

2. 集中供冷

集中供冷系统能效高、环境热污染小、便于维护管理，它作为节能环保的重要途径在城市的规划和发展中正成为一大热门。

在城市轨道交通线路中采用集中供冷系统形式有如下优点：第一，通过将线网中冷冻站进行合理布局减少了冷却塔对周围环境的影响；第二，减少了前期为了室外冷却塔设备占地及美观等要求与城市规划部门的协调工作量；第三，减少了冷冻站的数量，节约了地下的有限空间；第四，提高了运营效率，同时也便于集中维护管理，提高自动化水平。集中供冷系统已在广州地铁 2 号线、中国香港地铁车站、埃及开罗地铁车站中成功应用。

城市轨道交通集中供冷系统采用集中设置冷水机组、联动设备及其他辅助设备，经过室外管廊、地沟架空、区间隧道敷设冷水管，用二次水泵将冷水输送到车站空调大系统末端。

三、通风空调系统的运行模式

定义运行模式，首先是通风空调系统自身运行节能的要求，其次也是环境控制系统（BAS）控制接口的依据，再者车站通风空调系统均兼有防排烟功能。从安全性考虑，它必须应对各种可预见的灾害形式，事先定义出各种模式状况，做到预防为主。

城市轨道交通通风空调系统的运行可分为正常运行与阻塞及火灾事故运行两种状态，对应这两种状态系统又可细分出正常运行模式、阻塞及火灾事故运行模式。

（一）正常运行

1. 车站空调、通风系统

在全新风空调、通风运行环境下，外界大气焓值 $i_{外}$ 小于车站空气焓值 $i_{站}$，启动制冷空调系统，运行全新风机，外界空气经由空调机冷却处理后送至站厅、站台公共区，排风则全部排出地面，此种运行模式称为全新风空调、通风运行。

在小新风空调、通风运行环境下，$i_{外}=i_{站}$，启动制冷空调系统，运行空调新风机，部分回/排风排出地面，部分作为回风与空调新风机所输送的外界新风混合，经由空调机冷却处理后送至站厅、站台公共区，此种运行模式称为小新风空调、通风运行。

在非空调通风运行环境下，$i_{外}$小于或等于空调送风焓值 $i_{送}$，关停制冷系统，外界空气不经冷却处理直接送至站厅、站台公共区，排风则全部排出地面，此种运行模式称为非空调通风运行。

2. 区间隧道通风系统

在自然闭式系统中，$i_{外}=i_{站}$，关闭隧道通风井，打开车站内迂回风道，区间隧道内通过列车运行的活塞作用进行通风换气，活塞风由列车后方车站进入隧道，列车前方气流一部分进入车站，一部分从迂回风道循环到平行的相邻隧道内。

在自然开式系统中，$i_{外}<i_{站}$，打开隧道风井，由于列车的活塞作用，外界大气从列车运行后方的隧道通风井进入城市轨道交通隧道，此方式为进风方式；由列车的活塞作用，外界大气从列车运行的前方隧道通风井排出地面，此方式为排风方式。

在机械开式系统中，$i_{外}<i_{站}$，自然开式又不能满足隧道内对于温湿度要求，隧道通风机启动，进行机械通风；外界大气从列车运行后方的隧道通风井经隧道通风机送至隧道内，此方式为送风方式；外界大气从列车运行的前方隧道通风井经隧道通风机排出地面，此方式为排风方式。

综上所述，可见区间隧道通风系统的运行模式以及通风方式是个较为复杂的问题，它不是完全独立的系统，与车站大系统有很多联系，运行中将与车站大系统共同动作。

（二）阻塞及火灾事故运行

1. 阻塞事故运行

阻塞事故运行指列车在正常运行时由于各种原因停留在区间隧道内，此时乘客不下列车，这种状况称为阻塞事故运行。

在车站空调、通风系统中，当列车阻塞在区间隧道内时，车站空调、通风系统按正常运行，当 TVF 风机需运转时，车站按全新风空调通风运行。在运行 TVF 风机时，该端站台回、排风机停止运行，使车站的冷风经 TVF 风机送至列车阻塞的隧道内。

在区间隧道通风系统中，在闭式机械运行环境下，当车站自然闭式运行时，若发生列车在区间隧道内阻塞，TVF 风机运转，将车站冷风送至隧道内；在开式机械运行的环境下，当车站开式运行时，若发生列车在区间隧道内阻塞，TVF 风机按机械开式的模式运行。

2. 火灾事故运行

地下铁道空间狭小，一旦发生火灾，乘客疏散情况和消防条件较地面更为恶劣，设计中应作为重点解决的问题。火灾时一切运行管理都应绝对服从乘客疏散及抢救工作的需要。火灾事故包括区间隧道火灾及车站火灾，其中车站火灾又包括车站内列车、站台、站厅火灾。

列车在区间隧道内发生火灾时，应首先考虑将列车驶入车站，如停在区间时，应判断列车着火的部位、列车的停车位置，按火灾运行模式向火灾地点输送新鲜空气和排除烟气，让乘客迎着新风方向撤离事故现场，同时让消防人员进入现场灭火抢救。

发生列车火灾及站台火灾时，应使站台到站厅的上、下通道间形成一个风速不低于 1.5 m/s 的向下气流，使乘客从站台迎着气流撤向站厅和地面，因此，除车站的站台回、排风机运转向地面排烟外，其他车站大系统的设备均停止运行。

站厅发生火灾时，站厅回、排风机全部启动排烟，大系统其他设备均停止运行，使得出入口通道形成由地面至车站的向下气流，乘客迎着气流方向撤向地面。

这里需要指出的是，上述模式的功能转换与实现必须借助设备监控系统和防灾报警监控系统来自动完成，根据在车站的风亭，风道，送、排风室，站厅，站台，区间隧道以及各管理设备用房内安装的温湿度、CO_2浓度和火灾报警探测器所探测的数据，经设备监控系统和防灾报警监控系统的协同工作，得出不同的结果，以确定出不同的运行模式，同时控制各种设备按运行模式投入运行。

第二节 灾害防护系统

一、灾害的分类

城市轨道交通项目通常都是城市最大的基础设施之一，其投资额巨大，施工周期长，环境因素复杂，风险大。建成后的城轨交通是城市客运交通的大动脉，是城市的生命线。生命线工程是维系城市与区域经济功能的基础工程设施系统（如城市的供水、供气系统、道路和轨道交通系统、区域电力系统等），其灾害可以直接导致城市和区域经济与社会功能的瘫痪。

城市铁道在施工和运营期间可能发生的灾害大致分为两类：自然灾害和人为灾害。自然灾害主要由洪涝、水淹、地震、雪灾、台风、泥石流、滑坡等组成；人为灾害主要有战争（炸弹、炮弹、核弹、生化武器）、交通事故、火灾、泄毒、化学爆炸、环境污染、工程事故（靠近地铁车站或隧道打（压）桩、开挖深大基坑、抽取地下水）和运营事故等。大的灾变往往同时伴随着一种或者几种次生性灾害发生，如大的地震往往伴随着大范围的火灾、暴雨；核武器爆炸将引起火灾、放射性灾害。对资源的过度开采，违反客观规律的大型工程活动，也会导致自然灾害的频繁发生，例如泥石流、滑坡、局部地表沉陷等一类的地质灾害大都与不合理的开矿有关。地铁大部分处在地下车站和隧道构成的半封闭型区域内，四周为围岩介质所包裹，地铁对来自外部的灾害防御能力好，对来自内部的灾害的抵御能力差。在地铁狭小的空间里，人员和设备高度密集，一旦发生火灾，疏散和抢救都十分困难。从世界地铁 100 多年的发展历史来看，地铁灾害中发生频率最高，造成损失最大的是火灾。地铁常遇灾害及防止应对措施如表 8-2 所示。

表 8-2　地铁常见灾害及防止对策

灾害分类		破坏特点	灾害说明	防护政策
自然灾害	气象灾害	暴雨、涝灾、海啸潮水倒灌淹没车站、隧道设施，冲垮高架桥墩，台风卷走高架桥、接触网、供电设备，雷电击穿通信、信号、供电系统，雪掩埋地面高架轨道设施	大气内部的动力和热力过程演变，湿带和热带气旋，海洋低气压热带风暴，对流强烈积雨云系	① 有效排洪涝泵站设备；② 出入口、风口汛期封堵措施；③ 增加高架桥系统抗风安全度
	地震灾害	强烈的垂直、水平震动，地面突沉开裂，使高架桥墩台剪坏，梁板塌垮，隧道车站开裂，渗漏水，甚至倒塌，引起次生火灾	地球板块挤压运动	① 按抗震规范设计和施工；② 特殊重点部位做好基础隔震减震；③ 增加结构抗震安全度
	地质灾害	泥石流、滑坡毁坏掩埋地铁车站、隧道桥梁	干旱、风化、不合理采伐	合理采伐，绿化护坡，对危险地带实行长期监控
人为灾害	战争灾害	炮、炸弹、核弹冲击、侵彻、爆炸、震坍地铁车站和隧道桥梁，地下设施中放毒气或者其他生化武器，电子干扰通信，指挥、管理硬软件系统	政治、经济、民族矛盾冲突激化	按人防工程要求等级设计做好平战功能转换，预留技术储备
	运营事故	调度指挥失误，碰撞、追尾等交通事故，设备老化引起火灾、停电地面地下水渗漏，设备故障泄漏电	管理、维修不合理，监控系统不完善	严格规章制度，加强管理，建立自动监测，报警系统，设置处理预案
	工程事故	打（压）桩，深大基坑开挖，大面积抽取地下水，采石矿，隧道平面交叉施工，已有的地铁隧道车站，高架桥开裂，坍塌，轨道倾斜弯曲	野蛮施工、缺少监督机制	制定地铁工程施工保护技术规程，加强施工监控

二、防灾设计原则

防灾系统是地铁运营管理的重要设施之一，经常地进行维修、检查、调试，使其处于良好的状态，不能有丝毫的麻痹、松懈及侥幸心理。严格执行国家、地方、行业颁布的抗震、防火、防洪排涝、抗风、民防和环境保护的设计施工规范和规程，吸收国外先进经验，因地制宜地做好地铁工程的防灾设计。防灾设计要贯彻国家“预防为主，消防结合”的工作方针。地铁工程应建立良好的灾害预测、预报、评估及预警系统，定期对投入运营的工程进行诊断和抗灾可靠性评定，建立智能性修复系统。经常结合国内外地震灾害进行案例分析，建立仿真模型和智能仿真，开发数字减灾、防灾综合信息系统。

防灾设计所采用的各种防灾措施，应能确保运营期间的安全，一旦发生火灾或者其他事故，应尽早发现，迅速扑灭或者排除，将灾害事故造成的人员伤亡及经济损失减小到最低程度。地下铁道防灾设计能力，以同一时间内发生一次火灾或者其他灾害考虑。

当列车在区间隧道内发生火灾事故时，应尽早将列车牵引到车站使乘客安全疏散。也可以利用区间隧道的联络通道，将乘客转移到另一条未出现灾情的隧道，并进行快速安全的疏散。车站人行道的宽度、数量及出入口的通行能力，应保证远期高峰小时客流量，在发生火灾及其他事故时，能在 6 min 内将一列车的乘客、候车人员和车站工作人员疏散到地面或安全地点。

地下铁道的车辆选型必须符合地下铁道的防灾要求。地下车道建筑结构的防灾设计，必须采取安全可靠的防灾措施，并应设有完善可靠的消防和事故防排烟系统，还应设置先进可靠的火灾自动报警系统、防灾设备的监控及防灾通信系统。

地下车道的防灾系统应与城市的总体防灾系统联网，成为其中的一部分，随时从城市总体防灾系统中获取各类信息，一旦灾害发生能迅速向总体防灾系统报告，并得到城市防灾系统部门领导的支持和帮助。

三、火灾防护

与泥石流、洪涝、滑坡、台风、沙暴等灾害相比，火灾对于地下工程的威胁比地面建筑更大。因此，有人认为，扑灭地下工程的火灾比起扑灭超高层建筑的顶层火灾还要困难。除了因地铁电气设备线路老化、短路引起的火灾外，也还有因机械碰撞、摩擦引起的火花，引燃车站和车厢内易燃的装修材料或者其他化学药品等情况。地震和战争灾害中很重要的次生灾害也是火灾，特别是核袭击引发的火灾所造成的生命财产损失占整个损失的比例很大。

目前，我国缺少专门的地下铁道防火设计及施工验收规范，缺少地铁车站和隧道消防的专用设备，地铁车站及隧道电气设备复杂，通信和信号管线密集，电气设备及线路不能及时检修更新，均可能因短路引发火灾。有些地铁车站和综合开发的地下商城片面追求豪华的内装饰，忽视装修材料的耐火等级，存在着不小的安全隐患。

（一）地下工程发生火灾的特征和危害

地下建筑与地面建筑相比有很多不同之处，地下工程是在地底下通过挖掘获得建筑空间的，外部仍由厚实的片土介质包围着，它只有内部空间，地下空间与外部联系的孔洞少，面积小，气体交换难，散热慢，能见度低。

1. 排烟困难，散热慢

地下建筑失火，与地上建筑失火的情况完全不同。地下建筑为厚被钢筋混凝土衬砌和岩石介质包围，出入口比较少且面积有限，有时人员出入口可能就是喷烟口。由于烟的迅速聚集和在工室内扩散，工室内会很快充满烟，有限的人员出入口会变成“烟筒”，热烟运动方向与人员的出入口方向一致，如图 8-2 所示。加之，地下建筑通风条件不如地面建筑，对流条件差，因而排烟散热也不如地面建筑。

图 8-2 地铁火灾外部与内部情况

2. 高温高热全面燃烧

就其可燃物来说，由于使用性质不同，可燃物量也不一样。地下铁道车站及隧道内可燃物量一般低于 50 kg/m^2，在地下建筑封闭空间内，一旦发生火灾，大量可燃物燃烧，室内温度升高得很快，较早的出现“全面燃烧”现象。

3. 安全疏散困难

地下建筑的安全疏散有以下三个方面的不利因素。

（1）地下建筑内的各种可燃物质，燃烧时会产生大量的烟和有毒气体（如一氧化碳、二氧化碳及其他有毒气体），不仅严重遮挡视线，使能见度大大降低，还会使人中毒窒息，危害极大。

（2）地下建筑发生火灾时，室内由于正常的照明电源切断，导致变得一片漆黑。如地下工程内不装设事故照明灯和紧急疏散指示灯，人员根本无法逃离火场。

（3）温度升高快，对人体伤害大。地下建筑发生火灾时，热量不易散失，室内温度可达 800 °C 以上。另外，由于吸入大量的热气到肺部，使人的血压急剧下降，毛细血管受损，从而导致血液循环系统遭到破坏，人就会很快死亡。

（4）疏散距离长，路径复杂。从进口到出口，一般地下建筑可达几十米，大型的工程可达100余米，交通工程可达几百米或者数千米。火灾时逃生的出口和路线比地面建筑少。地下建筑人员的路线只有出口的楼梯、阶梯、坡道、爬梯和扶梯。最终的出口很少。一般只有一、两个。

4. 扑救困难，危害大

地下建筑的火灾比起地面建筑扑救要困难得多。我国地下建筑发生的数起大火灾，最长的燃烧时间41天。与地面建筑相比，地下工程火灾扑救工作的困难在于：

（1）探测火情困难。

地下建筑火灾发生后，只见浓烟从出口冒出，无法确切地知道火灾到底发生在哪一个部位。自动报警、自动喷淋设施，可以在火灾前期，自动灭火，因造价高，一般在地下工程中还未采用。

（2）接近火场困难。

地下铁道、公路隧道一般都比较长，短则数百米，一般长为一、二千米，最长达数万余米，甚至更长，一旦在隧道中间或者距进口、出口较远的地点发生火灾事故，施救几乎无法进行。

（3）通信指挥困难。

地下火场只能靠人传递信息，速度慢，差错多。因为指挥员无法直接观察火场，需要详细询问，研究工程图，分析可能发生火灾的部位，可能出现的危险情况，才能设计出灭火方案，导致灭火时间长、难度大。

（4）缺少地下工程报警消防专门器材。

目前国内自动报警及联动控制系统大部分采用“报警”自动化，在火灾确认后，操作人员通过手工操作使联动系统投入运营。采用这种运营方式的原因是火灾探测器的品质尚不能百分之百的准确预报火灾，误报率较高。

（二）地铁工程火灾的防护对策

严格执行地下工程防火规范，贯彻“预防为主，防消结合”的方针。组织国内建筑工程消防专家编写地下铁道、铁路公路隧道、地下商业街、地下库房专门的消防设计规范和施工技术规程。进一步完善人防工程防火设计及施工规范。地下工程防火设计和施工必须尽快做到有法可依。

1. 规划布局合理

城市的地下铁道、公路隧道、地下商业街、地下停车场等地下建筑，与城市地下总体布局规划相结合，增强城市总体的防灾、抗灾功能。

2. 选择钢筋混凝土结构

地下建筑物结构材料应选择钢筋混凝土，而且钢筋混凝土保护层应满足地下工程钢筋混凝土结构设计规范的厚度。地下建筑长时间高温燃烧，会引起钢木结构大面积倒塌，基本上无法修复。

3. 合理选择装修材料

地下工厂层的装饰材料应选择不燃、难燃材料和阻燃处理材料，这样可以使装饰材料燃点增高，使其不易着火，或者使着火燃烧蔓延速度变小，为扑火初期火灾及组织安全疏散赢得时间。

4. 合理选择出入口位置

一个车站出入口通过能力总和应大于该车站的远期超高峰的客流量。

5. 防火分区划分及要求

地下铁道车站面积多为 5 000 ~ 6 000 m^2，一旦发生火灾，如无严格的防火分隔设施，势必会蔓延成大面积火灾，造成不应有的损失，对此应利用防火墙、防火卷帘加水幕或复合防火卷帘等防火分隔物划分防火分区。

6. 联络通道的防火作用

根据国内外地下铁道运营中事故的灾害分析，列车在区间隧道发生火灾而又不能牵引到车站时乘客必须在区间隧道下车。为了保证乘客的安全疏散，两条隧道之间应设置联络通道，这样可以使乘客通过另一条隧道疏散到安全出口。通道也可供消防人员扑救时使用。联络通道两端应设防火卷帘门，人员撤出着火隧道后，应及时落下防火卷帘，以免火焰向另一条隧道蔓延。

7. 钢结构的防火保护处理

钢结构在高温和火焰的作用下，如不作保护处理，一般在 15 min 左右就会塌落，这是因为在火焰和高温作用下，在 15 分钟内，其强度会降低一半以上，而进行了防火保护处理，则可以提高耐火能力。

8. 地铁车站和隧道的机械通风机排烟

根据火灾资料统计，地下铁道发生火灾时，造成人员伤亡，绝大多数是由被烟气熏倒，中毒、窒息所致。因此有效地排烟已成为地下铁道火灾时救援的重要组成部分。

（三）地下铁道工程消防系统

目前，火灾是发生次数最多、影响最大、造成人员伤亡和经济损失最严重的灾害。所以应将火灾放在首要地位，一旦发生火灾，还能尽早发现、迅速灭火或者排除，使灾害事故可能造成的人员伤亡及经济损失减到最小。

1. 水消防系统

（1）消防栓。

地面及高架车站和地面及高架区间线路，如在城市室外消防栓保护半径之内，可不另设消防栓。地面车辆段、车场及指挥中心大楼，应按国家现行建筑防火规范的相关规定设置消防栓。

（2）自动喷淋系统。

在设备有防火要求的用房内与城市轨道交通合建的地下商场、地下仓库Ⅰ、Ⅱ、Ⅲ类地下停车库内，应按建筑防火规范进行设置。

2. 化学气体灭火系统

（1）地下变电所、通信信号房、车站控制室等重要电气设备间，宜设气体灭火装置。

（2）地下车站、地面及高架车站、车辆段、车场和指挥中心大楼等建筑物，应按国家现行《建筑物灭火器配置设计规范》的规定配置灭火器。

3. 火灾通风及排烟

（1）车站及区间隧道必须备有事故机械通风系统。事故排烟系统宜与正常排风系统合用。当发生火灾时，应确保将正常的通风系统转换成事故排烟系统。

（2）每个防烟分区的面积不宜超过 750 m^2，但防烟分区不得跨越防火分区。防烟分区可通过挡烟垂壁或充顶棚下突出不小于 500 m^2 的梁体实现。

（3）车站站厅及站台排烟量，应该按 1.0 $m^3/m^2\cdot min$ 进行计算，排烟设备应按同时排除两个防烟分区的烟量配置。区间隧道火灾的排烟量按单洞区间隧道断面的排烟流速不小于 2 m/s，不大于 11 m/s 计算。排烟风机及烟气流经的辅助设备，应保持在 150 °C 时能连续工作 1 小时。

（4）变电所、通信信号房、车站控制室等重要电气设备间的气体灭火废气，应是由独立设立的排烟风机，将有害气体排到地面。当排烟钢管采用金属管道时，风速不大于 20 m/s；采用非金属管道时，不应大于 15 m/s。

4. 事故供电及照明

（1）变电所应选择无油型设备，供电电缆应选阻燃型，必要时，可采用耐火电缆或者低烟低毒电缆。高压、低压及交直流电缆应分开敷设。

（2）城市轨道交通的防灾设备，均按一级负荷供电，双电源末端切换。并应设事故照明及疏散指示照明，采用蓄电池作为备用电源，其容量应满足 30 分钟照明供电的需要。各类供电设备设有可靠的超负荷、漏电、欠压及过压保护电路。

（3）地下铁道的供电系统及高架桥线路结构和城市高低压电网输电线路及弱电线路的距离应符合国家现行有关供电防火规范的规定。

四、地铁工程防水

地铁工程的车站隧道大都处于地面标高以下，一方面，受到地面洪涝灾害给水管的危害，另一方面受到沿途介质中地下水渗漏浸泡的危害。地下水或地表水进入地铁车站和隧道内，会使装修材料霉变，电气线路通信、信号元件受潮浸水损坏失灵，造成工程事故。地下水积存，使地铁内部潮湿度增加，使进入车站的乘客感到胸闷，不舒适。

（一）防洪涝积水回灌

夏季暴雨在街道沉积，如果没有足够的排水设备，地面水位高，当地面水位高于地铁车站入口的标高或风亭、排烟、排水孔标高时，就可能大量向车站回灌。必要时设临时防水淹措施，在地铁车站、区间隧道设置足够的泵房设备，一旦进水时能及时外排，防止水淹地铁工程的设施。位于水域下的区间隧道两端应设电动、手动防淹门。

（二）地铁工程防水材料

地铁工程的防水材料主要有以下四种。

1．防水卷材

防水卷材主要用于防水、防腐层、建筑防潮、建筑防水及临时性建筑防水等，目前防水材料主要为沥青系防水卷材、高聚物改性系防水卷材、合成高分子防水卷材三大系列，分为若干规格。

2．防水涂料

防水涂料主要用于构筑物内外墙的防水、装饰工程的防渗、堵漏。防水涂料一般按涂料的类型和成膜物质的主要成分进行分类，按涂料类型分为溶剂型、水乳型、反应型三类。

3．结构自防水材料

结构自防水材料又称为刚性防水材料，是指以水泥、砂石为原材料，掺入少量外加剂、高分子聚合物等材料，通过调整配合比抑制或减少孔隙率，改变空隙特征，增加材料界面间密实性的方法，达到具有一定抗渗能力的水泥砂浆、混凝类防水性能的目的。

4．嵌缝密封材料

建筑工程用密封材料，主要用于填充构筑物接缝、裂缝、镶嵌部位等，能起到水密、气密性作用。

（三）明挖与暗挖结构的防水措施

明挖地下结构一般以矩形框架式结构为主。防水处理的对象是底板、侧墙和顶板；暗挖隧道结构一般采用复合衬砌，在初期支护与第二次支护之间铺设防水板。

（四）盾构隧道防水措施

管片衬砌的盾构隧道的防水主要有两项内容：

（1）衬砌混凝土自防水，自防水效果取决于混凝土的性能和钢模的精度。

（2）衬砌接缝防水。

（五）渗漏水的治理

通常渗漏水的形式多种多样，为此，必须根据结构特征和渗漏水的形式进行相应的治理。一般在治理以前需进行以下调查工作：了解渗漏的情况、水源及影响范围，分析渗漏水的变化规律，探测渗漏水对结构的损坏程度，在此基础上提出治理方案。

渗漏水的治理方法有注浆、抹面、涂料、导水或排水。根据注浆部位的不同，可以选用不同的材料。一般在结构背后注浆，可以选用特种水泥掺膨胀土、粉煤灰等。在结构内部的缝隙里注浆宜选用超细水泥、环氧树脂等化学浆液。防水抹面材料宜选用掺各种外加剂、防水剂、聚合物乳液的水泥浆、水泥砂浆或特种水泥浆。防水涂料可以选用水泥基渗透结晶型类、聚氨酯类、硅橡胶类、水泥基类、聚合物水泥类、改性环氧树脂类、丙烯酯类乙烯-醋酸乙烯共聚物类等涂料。导排水材料可以选用软式透水管、塑料盲沟、塑料排水板等。

五、地下铁道地震灾害防护

（一）地下铁道地震灾害及破坏形式

地下铁道的车站和隧道包围在围岩介质中，地震发生时地下构筑物随围岩一起运动，与地面结构不同，围岩介质的嵌固改变了地下构筑物的动力特征（如自振频率、附加质量）。人们一般会认为地震对于地下结构（明、暗挖隧道和车站等）的影响很小。

1995 年 1 月 17 日凌晨，在日本阪神地区兵库县南部发生 7.2 级地震。在这次地震中，神户市一部分地铁隧道遭到不同程度的破坏，共有 5 个地铁车站和约 3 000 m 的地铁隧道发生破坏，其中大开站最严重，一半以上的中柱完全坍塌，导致顶板坍塌破坏和上覆土层的沉降，最大沉降量达 2.5 m 之多。破坏主要发生在地震烈度为 7 度的区域内。不过和地上构筑物相比，地铁隧道的破坏还是轻微的，特别是盾构隧道的破坏非常轻，阪神地震的教训说明：大规模地震发生时，明挖法隧道周围的地基变形很大，导致上下楼板间出现相对位移，给构筑物带来很大的影响。今后的明挖法隧道设计应加强楼板与边墙、中柱与底板的连接构造，避免剪切、挤压破坏。

在阪神地震中，地下铁道和区间隧道的破坏形式为：中柱开裂，坍塌、顶板开裂以及侧墙开裂等。而高架桥的破坏形式主要表现为支座锚固螺栓拔出剪断、活动支座脱离或者支座本身遭受构造上的破坏等。其原因主要是支座设计没有充分考虑地震的要求，构造连接与支档等结构措施不足，某些支座形式和材料缺陷等因素。

（二）抗震设计方法

20 世纪 70 年代以来，把结构的抗震设计分为两部分：即抗震计算设计和抗震概念设计。抗震计算设计是对地震作用效应进行定量的设计。抗震概念设计则包括正确的场地选择，合理的结构造型和布置，正确的构造措施等。这种方法同样适用于地下结构设计。由于地震活动的复杂性和不确定性，隧道与地震波斜交轴向变形，材料特性的时变效应，结构阻尼随变形而变化，围岩介质与结构的共同作用等因素在结构动力分析中难以确切的考虑，使目前地下结构抗震计算仍处于低水平，远未达到科学的严密程度。因此，目前要使地下结构物具有尽可能好的抗震性能，首先应从大方面入手，做好抗震概念设计。

（三）抗震构造措施

地面及地下结构的震害主要分为两类：一类是由震动破坏造成的，地震作用使结构物产生惯性力，附加在静载荷之上，最终导致应力超过材料强度而达到破坏状态。大多数结构的震害属于这一类。减轻这一类灾害的措施是加强结构的抗震能力，在改善结构的几何形状、强度、刚度、延展性和整体性上想办法。另一类震害是由地基失效引起的。也就是结构本身具有足够的抗震能力，震动作用本来不致破坏，但是由于地基沉陷，或者是结构损坏，导致结构不能正常使用。为了减轻这类震害，有效的措施是通过各种方法加固地基，而不是盲目的采取措施加强上部结构。

1. 地铁选线及不良地质区段的处理措施

在进行地铁轻轨选线时，尽可能避开软弱易液化的土层，避开不均匀土层。避开地震时可能发生滑坡、崩塌、地陷、地裂、泥石流等地震断裂带上可能发生地层错位的部位。无法避开上述不良地质段时，采用地基处理措施，防止车站和隧道局部突沉及液化沉陷。

（1）车站、高架桥、隧道下将桩基深入液化层以下土层稳定上层一定的深度。对碎石土、砾、中砂，坚硬黏性土和密实粉土上不应小于 500 mm，对非岩石土不宜小于 1.5 m。

（2）增加或减少结构埋深，使结构底板埋入液化深度以下稳定土层深度应不小于 500 mm。

（3）采用加密法（如振冲、振动加密、砂桩挤密，强夯等）和注浆法加固土层，应处理至液化深度的下界，且处理后土层标准贯入锤击数的实测值，应不大于相应的临界值。

（4）适当设置伸缩缝、施工缝、沉降缝，加强区间隧道、桥与车站的连接部分的抗震性能。

（5）对土层性质发生变化的区段，隧道、车站地基强度和变形性能做好过渡，使上下部位变形协调。

2. 结构构造措施

（1）对于浅埋矩形框架结构的车站和隧道，宜采用现浇整体钢筋混凝土结构，避免采用装配式和部分装配式结构。特别强调侧板与顶板，梁板与柱节点刚度、强度及变形塑性。加强中柱与顶柱、中板钢筋的连接，出板 1～2 m 高度范围内加密加粗受力筋，加密箍筋，防止中柱受剪力发生剪弯破坏。连续墙与顶板的连接筋进一步加强，防止连接部位松脱，楼板坍塌。可能的情况下，中柱采用劲性钢管混凝土柱代替钢筋混凝土柱。适当提高钢筋混凝土的强度等级，或者使用钢纤维混凝土替换普通混凝土防止混凝土挤压破碎。

（2）高架桥区间和车站，必须特别注意桥墩柱剪切挤压破损，桥梁在支座处松动滑落，加强桥墩台与梁板的人采取连接，放置减震橡胶垫板等措施。

（3）对于盾构法施工的区间隧道，尽可能采用错缝拼装，加深接头纵榫槽深度，增强纵向的整体性。接缝间用高强度刚螺栓连接，保持结构的连续性。在环向和纵向接缝处设弹性密封胶垫，以适应地震中地层一定的变形。车站与隧道连接段，隧道可能产生较大的不均匀沉降和剪切力，为此应有可靠的连接，最好设抗震缝。在地震产生液化、突沉的地段，隧道可能产生较大的纵向弯曲，受拉一侧接缝张开，超过密封垫膨胀率时，可能引起漏水或漏泥沙，并加速整体下沉。因此要按设计配置较大膨胀率的橡胶垫。

（4）严格执行《建筑地基基础设计规范》（GBJ 7—89）和《建筑抗震设计规范》（GBJ 11—89）中有关结构构件抗震的规范和措施。

六、战争灾害的防护

地铁作为城市客运的大动脉，重要的城市市政设施，既是战时敌人袭击的目标，也是战时我方防御的重点。地铁工程的车站和区间隧道一般都埋置在岩土介质下，加上自身用钢筋混凝土支护衬砌，本身具有对爆炸冲击破坏的防御能力。地下铁道工程具有通风、给排水、通信、讯号、自动报警和防灾的系统，如果与城市民防系统连通，经过改进，可以很好地为战争时防空袭服务。

地铁工程对城市防空袭的作用早已被世界各国所承认。苏联在第二次世界大战期间，德国空袭莫斯科时，成千上万的居民在地铁车站躲避空袭。有的车站成了战时的地下医院和救护所，即使德国军队兵临莫斯科城下，地铁的修建也一刻没有停止。欧洲各国地铁结构构件具有较大的安全度，不同程度地考虑了战时空袭防护。1964 年我国开始修建的首都北京第一期地铁，作为高等级人防工事建造。天津地铁一号线是在城区人防干道的基础上建造的。1989 年开始修建的上海地铁一号线原来设计为考虑战时的人防功能，但其车站主体结构经过估算也可以达到五级人防工程抗力。

地铁工程平战功能转化措施主要有：

（1）若经济条件允许，重点设防的城市地铁设计和施工到位，使地铁工程建成后直接达到高等级人防工事的要求。

（2）做好地铁工程作为民房工程使用的预留转换设计如增设战时出口，增设的钢梁、柱承重构件，预埋防护门铰链、闭锁、门框墙连接件，并登记归档。战时或临战前做好平战功能转换施工使其达到高等级人防工程的要求。

（3）如果建造初期为做到平战功能转换设计和节点预留，可以对现有地铁车站，出入口通道，区间隧道进行抗暴动力载荷下的复核校验。对浅覆土大跨度顶板，当抗力不能满足要求时，可以考虑增设立柱、承重墙，以减少跨度，提高承载力。

（4）地铁车站出入口一般跨度较大，有的达到 4 ~ 6 m。这样大的通道战时设置防护门、防闭门困难。可以采取封大放小的方法，对于大型出入口采取战时封堵墙的措施，对于小型出入口则采取设直防护门、防闭门等防护措施。也可将大型出入口部分封堵，只留有较小的战时出入口。

第三节　火灾报警系统

一、火灾自动报警系统简介

地铁以其运量大和快捷的特性在城市公共交通中担当着重要的角色，一旦发生事故和灾害将产生巨大的影响。尤其是地下车站一旦发生火灾，人员的疏散、救生和灭火工作都十分困难，造成的灾难和损失难以估量。因此必须设置火灾监视和报警设施，对可能发生的灾害进行自动监视，及早发现灾情，并针对发生的灾害情况采取应对措施。设置地铁火灾自动报警系统（Fire Alarm System）是实现这一目的的必要手段。

火灾自动报警系统一般由火灾报警控制器、火灾探测器及信号线等组成。

（一）火灾报警控制器

火灾报警控制器是火灾自动报警系统的重要组成部分，是系统运行的指挥中心，主要实现对整个系统的监视、报警、控制、显示、信息记录和档案存储等功能。正常运行时，监视探测器及系统自身的工作状态；有火灾时，接受、转换、处理火灾探测器输出的报警信号，进行声光报警，并通过自动灭火控制装置启动自动灭火设备和消防联动控制设备。

（二）火灾探测器

火灾自动报警系统中，火灾探测器是最重要的组成部分。火灾探测器是将火灾发生后的物理量，如温度、烟雾等转换成电信号，向火灾报警控制器发送信号报警的一种自动火灾探测装置。

火灾报警探测器可分为感温、感烟、感光、感气、线形、复合式等类型。

（1）感温火灾探测器是响应异常温度、温升速率和温差的火灾探测器，分为定温火灾探测器、差温火灾探测器及差定温火灾探测器。

（2）感烟火灾探测器是响应燃烧或热解产生的固体或液体微粒的火灾探测器，能探测物质燃烧初期所产生的气溶胶或烟雾粒子浓度，因此，有的国家称感烟火灾探测器为“早期发现”探测器。感烟探测器示意图如图 8-3 所示。

图 8-3　感烟探测器

（3）感光火灾探测器又称为火焰探测器，是响应火焰辐射出的红外、紫外、可见光的火灾探测器，主要分为红外火焰型和紫外火焰型两种。

（4）气体火灾探测器是响应燃烧或热解产生的气体的火灾探测器。在易燃易爆场合中主要负责探测气体或粉尘的浓度，一般调整在爆炸下限浓度的 1/5 ~ 1/6 时动作报警。

（5）线形感温探测器又称为感温电缆，可以对警戒范围中某一线路周围烟雾、温度进行探测。

（6）复合式火灾探测器是响应两种以上火灾参数的火灾探测器，主要有感温感烟火灾探测器、感光感烟火灾探测器、感光感温火灾探测器等。

从第一个感温探测器面世，至今已有一百多年，但灵敏性较低。20 世纪 40 年代瑞士西伯乐斯公司发明了一种离子感烟火灾探测器，这种灵敏度高的探测器在发展初期，已能够探测早期火警，但一味追求探测器灵敏度，会大大减低火灾报警系统可靠性，引起很多连带问题。随着科技的发展，更新的传感器、微型电子装置、数据处理及通信设备等都在积极地寻找在火灾探测方面新的突破。

（三）手动报警按钮

手动报警按钮分布在公共活动场所墙上和消火栓箱内，是一个红色方盒。发生火灾后直接按下手动报警按钮面板上的玻璃即可向火灾报警系统报警。

我国火灾自动报警设备出现在 20 世纪 80 年代初，随着国家对减灾、防灾的重视，产品价格的降低及产品性能的提高，火灾自动化报警系统的使用更加普及，产品也被越来越多的用户所接受。

二、地铁 FAS 系统构成

地铁火灾报警系统主要由设置在沿线各车站、区间隧道、控制中心大楼、停车场、主变电站等与地铁运营有关的建筑与设施的火灾报警系统设备以及相关的网络设备和通信接口组成，一般由中央级和车站级二级系统构成，采用控制中心的中控级和车站级二级监控管理方式。地铁火灾报警系统的构成如图 8-4 所示。

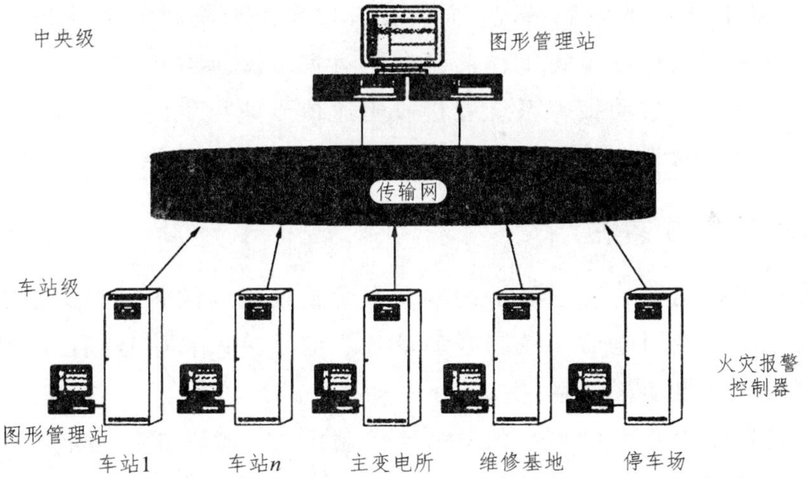

图 8-4　地铁火灾报警系统构成

（一）中央级 FAS 系统

中央级 FAS 系统设于线路控制中心的中央控制室内，中央级系统主要包括火灾报警控制器、操作工作站和网络设备等，实现对全线防灾系统的集中监控和管理。

FAS 中央级系统负责对地铁全线各车站、主变电所、车辆段、停车场、控制中心大楼的灾情进行监视，防救灾设备的管理和灾害时的组织指挥工作，侧重于上层的救灾指挥和协调功能。具体功能如下。

（1）监视全线火灾自动报警系统设备的运行状态，接收全线各车站、主变电所、车辆段、停车场、控制中心大楼的火灾报警信息。当发生火灾报警信号时，以地图式画面在综合显示屏上显示报警点，打印报警时间、地点并启动火灾报警的声光报警信号。

（2）记录显示全线所有消防设备的主要运行状态。当被控设备发生设备故障或状态变化时应发出音响提示并打印、记录所发生的时间、地点等。

（3）可对系统、设备和网络进行自检记录，包括设备离线的故障报警、网络的故障报警，存储操作人员的各项操作记录等。

（4）储存、实时打印故障、设备维修等其他各项记录。

（5）可将历史记录等报告内容进行整理归纳并存储到磁盘，也可随机形成报表并打印。

（6）具有可操作权限时，应对各站点的控制器进行在线编辑和程序下载功能，修改现场参数。

（7）火灾自动报警系统可通过相关接口，将火灾信息发送至信号系统。

（8）控制中心中央级可通过操作电视监控系统（CCTV）的键盘和显示终端确认火灾现场灾情。根据火灾的实际情况，向有关区域发出消防救灾指令和安全疏散指令，并通过通信工具来组织指挥救灾工作的开展。火灾工况具有优先权。

（9）控制中心火灾自动报警系统能接收由通信专业提供的主时钟信息，使火灾自动报警系统与主时钟同步。

（二）车站级 FAS 系统

车站火灾报警控制器、图形显示终端和本管辖区域内的各种探测器、手动报警按钮、电话插孔、消防专用电话、控制联动设备、信号输入和信号输出模块等现场设备构成车站控制级火灾自动报警系统。

车站级（含控制中心大楼）在各车站、控制中心大楼等消防设备室设火灾报警控制器，能对其所管辖范围独立执行消防监控管理；其管辖范围除车站外，还包括车站相邻的区间隧道和隧道中间风井。区间隧道和区间隧道中间风井的火灾报警以区间中心里程为分界点分别纳入邻近的车站火灾自动报警系统。中间风井接入相邻车站回路，由车站火灾报警控制器实施报警和联动控制。

车辆段、停车场信号楼控制室设置火灾报警控制器，作为车站级的火灾自动报警系统控制器，并与全线火灾自动报警系统直接联网。视车辆段区域的规模，在车辆段综合楼、运行库的消防控制室或值班室再设置区域火灾报警控制器，附近建筑的火灾报警设备和联动设备均纳入相邻的区域火灾报警控制器中。信号楼、混合变电所、综合楼、检修库及材料总库、运行库、联合车库等设备用房及管理用房设置各类探测器。

火灾自动报警控制器、图形显示终端、区域火灾报警控制器及管辖范围内的所有现场设备共同构成车辆段火灾自动报警系统。

结合主变电所车站内火灾工况的要求，设置联动型火灾报警器或区域火灾报警器。联动型火灾报警器可作为车站级的火灾报警控制器，并与全线火灾自动报警系统直接联网；区域火灾报警器应接入主变电所相邻车站的火灾报警控制器。区域火灾报警器将主变电所的报警、状态、联动信息按点实时送至车站控制级火灾报警控制器，再由车站控制级送至控制中心中央级。主变电所区域火灾报警控制器与管辖范围内的各类探测器、手动报警按钮、输入输出模块等现场设备构成主变电所火灾自动报警系统。

换乘车站的火灾自动报警系统，根据车站的共享功能，一般按一个完整车站，由先行建设的线路，按照整体的环控工艺和火灾联动工况，进行一次系统设计、分阶段实施。本车站的火灾自动报警控制器应预留与其他线路中央和车站系统的通信接口，以实现信息交换。同时，在共享车站上其他线路需要联动控制时，接受其他线路中央的控制指令，执行相应的火灾工况。之后建设线路在本站的部分火灾自动报警系统，由后建线路再行购置，并完成接入本车站火灾自动报警控制器和原来线路的中央系统的任务。

车站级 FAS 系统设备的组成如图 8-5 所示。

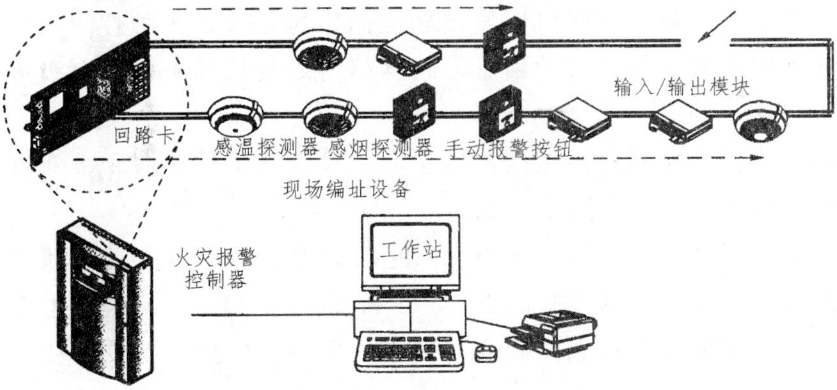

图 8-5　FAS 车站级设备组成

车站级系统是全线 FAS 系统的基本组成单元，也是火灾自动报警系统的关键环节。车站级 FAS 系统负责对所管辖的区域进行灾情监视，火灾时进行一系列消防联动控制，并向 EMCS 系统发出控制指令，指挥车站的疏散和灭火、救灾工作。具体功能如下。

（1）监视车站及所辖区间消防设备的运行状态。接收车站及所辖区间火灾报警或重要系统的报警，并显示报警的部位，其图形显示界面如图 8-6 所示。

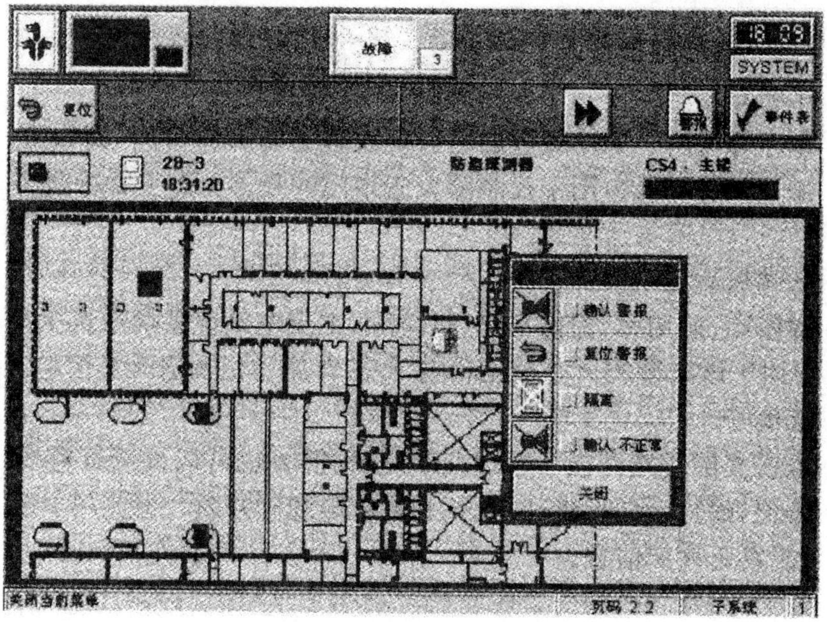

图 8-6　工作站的图形显示界面

（2）火灾探测器实时监视火灾信息，当发生火灾报警时，在控制器及监控工作站上发出声光报警及显示火灾发生的时间、位置等信息并实时打印记录。

（3）通过自诊断，对系统的控制器及内部模块、探测器、回路、监控模块等进行自检和故障诊断，当故障发生时可以发出相应的声光报警、实时打印及记录。

（4）能将火灾报警系统所有的信息通过网络传送到控制中心中央级火灾自动报警系统。

（5）车站火灾报警控制器能接受控制中心中央级紧急控制命令，并自动执行。接受控制中心中央级下达的时钟同步信息。

（6）能实现与设备监控系统（EMCS）的联动控制功能。火灾自动报警系统通过通信接口与设备监控系统联网，平时双方保持信息通路的正常，当发生火灾报警后，火灾自动报警系统通过对火灾点的确认和判断，向设备监控系统发出相应的火灾控制指令，强令设备监控系统按照环控工艺的要求进入火灾处理状态，设备监控系统按照火灾模式运行，并将消防联动控制的执行结果反馈给火灾自动报警系统。

（7）根据控制中心中央级的命令，控制车站内有关的消防设备投入灭火运行的工作中，进行有效的灭火抢险工作。

（8）在换乘车站预留与其他轨道交通线路火灾自动报警系统的接口。

（三）现场设备

现场设备是构成火灾报警系统的基础，火灾发生的第一时间，通过这些现场设备探测到火灾的发生并发出警报，以便疏散人员、呼叫消防人员，执行相关的联动措施。下面对主要现场设备的设置及功能分别进行介绍。

1. 智能化光电式感烟探测器

在车站内各设备与管理用房、站厅及站台和通道等区域，均设置了带地址码的智能光电式感烟探测器来进行火灾探测。

感烟探测器实现探测火灾和向 FAS 车站主机发送火灾信息的功能；感烟探测器的内置微处理器能独立运行，如果火灾探测器与火灾自动报警控制机之间的通信故障时间超过预定时间，则自动转为独立运行模式，感烟探测器能继续采集并分析其周围信息，当周围环境达到预定的报警值时，感烟探测器报警。

2. 智能感温探测器

设于大型停车库等场所。如果疏散通道口处设置了防火卷帘门，那么防火卷帘门两边应分别设置一组感烟、感温探测器，用于控制防火卷帘门的降落。其主要功能同上述智能化光电式感烟探测器。

3. 红外光束感烟探测器

设于停车场检修库、运用库、检修车间、材料库、主变电站设备房等高大厂房（净空一般超过 12 m 时）。主要用于该区域的火灾探测和向 FAS 车站主机发送火灾信息。

4. 线形感温电缆

设于变电所电缆夹层或站台板下电缆夹层，根据需要也可以设于折返线和停车线。感温电缆按电缆桥架分层，蛇行走向布置，并延长到强电电缆竖井内。主要用于该区域的火灾探测和向 FAS 车站主机发送火灾信息。

5. 输入模块

用于对设备运行状态的检测、感温电缆的报警检测。

6. 输出模块

用于控制消防专用排烟风机、正压送风机、消防管路上的电动蝶阀、警铃、防火卷帘以及非消防电源等消防设备的启停。

7. 带地址手动报警按钮

在站厅层、站台层、出入口通道和设备区等区域设置带地址码的手动报警按钮。手动报警按钮实现 FAS 的火灾自动确认。一般情况下，在设置消火栓的地方均设置有手动报警按钮。

8. 消防对讲电话

FAS 在控制中心设专用外线电话用于消防报警；车站级设置一套独立的消防专用

电话网络，在消防控制室、车站控制室、消防水泵房、气体保护房间、通风机房等重要的房间门外设置壁挂电话，用于消防报警。

9. 消防电话插孔

在公共区、设备管理区走道设置消防电话插孔，消防电话插孔的设置与手动报警按钮并排布置，安装位置与手动报警按钮相同。

10. 警铃、警灯

为防止火灾发生时地铁乘客出现惊慌的情况，在车站的公共区、出入口不设警铃，在停车场、主变电站等相关地面建筑单独设置警铃。

（四）消防联动控制

消防联动控制是火灾报警系统中的关键部分，是在对火灾确认后向消防设备、非消防设备发出控制信号的处理单元。

（1）当系统探测到本区域发生火灾时，火灾报警系统将火灾信号自动发送给车站自动售检票系统（AFC），自动售检票系统控制闸机打开，利于乘客逃生疏散；将火灾信息送给电力监控系统（SCADA）或降压变电所三类负荷开关柜，电力监控系统或降压变电所开关柜切断三类负荷；将火灾信息发送给门禁系统，门禁系统控制相关区域门打开；将火灾信息发送给车站本站广播系统，公共广播系统自动转换到火灾紧急广播状态。

（2）通过车站的数据接口，向设备监控系统（EMCS）发出报警信息和模式指令，设备监控系统将按照火灾自动报警系统的模式指令将其所监控的设备运行模式转换为预定的火灾模式，火灾自动报警系统发出的指令具有最高优先权。

（3）在消防控制室系统设置直接控制盘完成消防泵、喷淋泵的直接启动。同时，火灾报警控制器也可直接控制消防泵、喷淋泵启停，并接收消防泵、喷淋泵的反馈信号，显示工作状态和故障状态。

（4）火灾报警控制器控制专用排烟风机、排烟防火阀、防烟防火阀，接收其反馈状态；显示只监不控防火排烟调节阀的状态。

（5）控制设置在疏散通道防火卷帘门，在本防火分区感烟探测器动作后，防火卷帘门降至距楼（地）面 1.8 m 高的位置，本防火分区感温探测器动作后，防火卷帘门降到底，并显示防火卷帘门的状态；用作防火隔断的防火卷帘门，感烟或感温火灾探测器动作后，防火卷帘门降到底。

（6）火灾自动报警系统接收气体灭火系统的二次报警信息、故障信息、气体喷放信息及手动/自动状态信息。气体灭火系统保护房间的防火阀由气体灭火系统直接控制，火灾自动报警系统显示防火阀的状态，火灾自动报警系统需要控制气体灭火系统保护房间的防火阀时，火灾自动报警系统将控制指令发至气体灭火控制盘，由该控制盘控制防火阀的开启和关闭。

（7）火灾发生时，火灾自动报警系统将控制指令发给直升电梯控制器，将控制直升电梯迫降到首层，并将直升电梯的状态反馈给火灾自动报警系统。

（五）防灾通信

防灾通信方式包括广播、电视监视、电话等。

1. 广　播

火灾自动报警系统在车站不单独设置紧急广播，而是与车站通信系统设置的公共广播合用，平时为车站公共广播用。火灾确认后，提供给广播系统一个火灾信号，将公共广播自动转换到火灾紧急广播，诱导乘客得到进行安全疏散。在通信系统不设置公共广播的控制中心大楼及车辆段综合楼等区域，由本系统设置消防紧急广播。

2. 电视监视

火灾自动报警系统与行车调度共用一套电视监控系统。火灾时，能通过手动切换装置对所设的电视监控系统（CCTV）显示终端进行镜头切换（由通信专业设置），实现对火灾区域的实时监视。

3. 电　话

控制中心设置了与市消防局、防汛和地震预报中心直连的市内直线电话。各车站、车辆段、停车场由通信专业设置消防直线电话。

控制中心由通信专业设置防灾调度的电话总机，各车站控制室、变电所值班室、车辆段、停车场信号楼控制室设置调度分机。

火灾自动报警系统在消防控制室和重要设备用房等处设固定消防电话，并与消火栓箱旁所设的电话插孔构成通信回路。

三、系统运作模式

系统运作模式包括监视模式及报警模式。

（一）监视模式

在正常状态下，火灾报警控制器及车站现场设备均处于监视状态，车站图形显示终端显示车站各防火分区、防烟分区的平面布置图及车站现场设备状态。

（二）报警模式

报警模式包括自动确认模式、人工确认模式及消防联动模式。

1. 自动确认模式

任何一个报警区域，如有一个智能火灾探测器报警，同时有一个手动报警按钮报警，或者当两个及以上的智能火灾探测器同时报警后，由火灾报警系统自动确认报警。火灾确认后，火灾报警控制器发出指令、控制相关消防设备并发送指令至设备监控系统，设备监控系统接受并执行指令，按照预先设置的程序使相应的设备投入火灾工况模式运行，指令执行完成后给火灾自动报警系统一个反馈信号，并传送至控制中心。

2. 人工确认模式

如果报警区域为电视监控系统可监控的区域，可由车站控制室的值班人员将电视监控系统切换到报警区确认，如电视监控系统监视不到报警区域，则值班人员应使用通信工具通知现场值班人员到报警现场确认。经人工确认火灾后，人工启动火灾报警系统进行消防联动，并发出指令至设备监控系统，设备监控系统接受并执行指令，按照预先设置的程序使相应的设备投入火灾工况模式运行，指令执行完成后给火灾自动报警系统一个反馈信号，并传送至控制中心。

3. 消防联动模式

该模式指火灾自动报警系统自动实现火灾探测、火灾报警功能，控制和监视火灾时排烟、防烟防火阀动作状态，控制相关消防设备的联动，接收其状态反馈信号，并将信息上送控制中心。火灾报警系统与设备监控系统设有通信接口，火灾时，火灾报警控制器发出指令，设备监控系统执行指令、启动相应的设备，按预先设置的火灾工况模式运行，火灾自动报警系统指令具有最高优先权。

第四节　给排水、消防与照明系统

城市轨道交通的车站和车辆段给排水系统分别由给水系统和排水系统两部分组成。其中给水系统包括生活给水系统、生产给水系统和水消防给水系统，其功能是满足生产、生活和消防用水对水量、水质和水压的要求；排水系统则包括污水系统、废水系统和雨水系统，其功能是保证车站和车辆段排水畅通，为轨道交通安全运营提供服务。

一、给水系统

车站给水系统采用城市自来水作为自来水源，在车站两端的风亭处，分别用两条进水管将城市自来水引进车站，管径为 DN150 ~ DN200，与城市自来水的接管点处的水压要求不低于 0.2 MPa。两条给水引入管上的电动蝶阀及隧道两端的消防电动蝶阀由车站控制室 BAS 实行监控，两条引入管互为备用，进站前设置水表和水表井，每条进水管水表前设置室外消防栓和水泵接合器。生产、生活和消防采用分开的直接给水方式，由城市自来水引入水管接出生产、生活及消防水管。生活和生产给水在站内采用枝状或环状管网；消防给水在站内采用环状管网。

生产、生活给水系统由水源、水池、水泵、水塔、气压罐、管道、阀门、水龙头等组成，其功能是满足车站生产、生活用水对水量、水质和水压的要求。

城市轨道交通车站用水量包括车站工作人员生活用水量、车站冲洗用水量、环控系统所需冷却补充水量。城市轨道交通车站位于地下，市政水压一般能满足生产、生活给水系统的水压要求，采用市政给水直接供给水系统。生产、生活给水干管在站厅层、站台层呈枝状布置，满足各用水点的要求。其特点如下。

（1）用水量标准。工作人员生活用水量 50 L/（班・人），时变化系数 2.5；冲洗水量 3 L（m^2・次）；冷却补充水量按循环水量的 2%计。

（2）进出车站的给排水管道布置。给排水管道不能穿过连续墙，宜在出入口或者风井部位布置。因为城市轨道交通车站连续墙厚度近 1 m，预留空洞会给结构工程带来不便。

（3）管道绝缘。由于城市轨道交通车辆采用接触网供电，对于这种直流牵引供电系统，要防止杂散电流对给排水管道的腐蚀。进出车站的给排水管道均需进行绝缘处理后引入或引出，可在进出车站的给排水管道靠车站主体外侧安装 1 m 长的绝缘短管。

（4）管材。要防止杂散电流对给排水管道的腐蚀。一般情况生产、生活给水管道管径小于等于 DN100 的采用新型塑料给水管，大于 DN100 的采用镀锌管或绝缘短管。

（5）冲洗栓箱的设置。考虑到城市轨道交通运营中需要对车站进行清扫，因此在站厅、站台层两端和长度大于 20 m 的通道内均设置有冲洗栓箱，暗敷于侧墙内。为便于更换洒水栓栓头，应在栓前设置闸阀。

（6）给水立管设置。从站厅层至站台层的给水管设置在端部风井内，避免给水立管影响接触网供电系统。

由城市给水系统引入自来水干线管道到车站、车辆基地，采用直接给水方式分送到用水点，一般分为三个系统。

（1）厕所及冲洗水栓等：直接给水方式，由城市给水系统引入的一根干线管道，设在站厅顶层和站台层地下。

（2）消防用水：城市给水系统引入的两根干线管道，接入消防泵房，经增压后再供给消防栓、水幕、水喷淋装置等灭火设备。

（3）空调冷却用水：城市给水系统直接供水，由水循环泵、管道、冷却塔和调节水池组成。

二、排水系统

城市轨道交通工程排水系统采用分流制，分为生活污水、生产废水、雨水系统。原则上采用分类集中，经泵提升压力窨井后，就近排入市政下水道。污水需设污水侧井。

（一）车站排水

1. 污水系统的组成

主要由集水井、潜污泵、管道及附件、化粪池、压力井、排水检查井等组成（部分车站因采取了粉碎措施未设化粪池）。将站厅或站台按就近原则汇集的厕所、盥洗室、茶水间冲洗水等生活污水通过潜水泵提升，经过地面压力井消能后进入车站地面化粪池，再排入城市污水管网。压力井内进、出水管道要求不在一条出水直线上，且侧壁有防冲洗的措施。

工艺流程为：来自车站的污水→集水井→压力井→化粪池→城市排水系统。

2. 废水系统的组成

主要由集水井、潜污泵、管道及附件、压力井、排水检查井等组成。将车站内按就近原则汇集的生产、消防废水、结构渗漏水通过潜水泵提升，经过地面压力井消能后排入城市污水管网。每一个区间隧道基本上独立设置一套排水系统，其泵房设在区间隧道线路下坡道的最低处，明挖施工区段废水泵房设在隧道外侧边或联络通道，盾构施工区段则利用联络通道作为废水泵房。压力井内进、出水管道要求与污水系统一样。

工艺流程如下：来自车站的废水→集水井→压力井→城市排水系统。

3. 车站雨水系统

雨水系统跟废水系统组成和功能基本一样。雨水系统包括室外排水明沟（埋地雨水沟）、PVC 排水管、排水检查井等。雨水不做处理，汇集后直接排入城市附近河流。

（二）区间排水

1. 区间主排水泵房

区间主排水泵房主要排除结构渗漏水、事故漏水、凝结水和冲洗及消防废水，设在线路纵坡的最低点。每座泵站所担负的区间长度，单线不宜大于 3 km，双线不宜大于 1.5 km，当主排水泵房所担负的区间长度超过规定，而排水量又较大时，宜设辅助排水泵房。

地下区间一般采用两个单圆盾构的结构形式，区间主废水泵房通常结合联络通道设置。单圆盾构施工较容易，已建成的轨道交通线路大都采用单圆盾构。但是由于结构的要求，两个单圆盾构之间要拉开至少 5～6 m 的距离，线路占地较多。受空间限制，有时需要采用双圆盾构的结构形式。

主排水泵房集水池的有效容积不宜小于 30 m^3，当用盾构法施工的区间排水泵房集水池有效容积不能符合上述规定时，则必需满足水泵的安装要求，并确保每小时开泵次数不得超过 6 次。

废水自潜污泵提升排至地面压力井后，再排入地面雨水管网系统。每座泵房设 2 台及以上潜水排污泵，平时互为备用，消防时可同时运行。

2. 洞口雨水泵房

隧道敞开引道段的设计雨水量按照 30 年一遇的暴雨重现期计算，集水池有效容积不小于最大一台泵 5～10 min 的出水量。

（三）局部排水泵房

局部排水泵房设在局部低洼不能自流排水的地方，如地铁折返线车辆检修槽的端部、自动扶梯机房等处。集水池有效容积根据不小于 10 min 渗水量与平时冲洗废水量之和确定。

1. 排水水位控制

控制原则：主废水泵及雨水泵采用现场水位自动控制、泵房内手动控制；车站控制室集中控制，并在控制室内显示排水泵工作状态和水位信号。

车站主废水泵集水池水位控制：停泵水位、第一、二台泵启动水位及最高警戒水位。

车站污水池水位控制：停泵水位、开泵水位、最高警戒水位。

区间内排水泵房及洞口雨水泵房除控制系统外，一般设置最高警戒水位的自动报警装置，以便在自动启动失灵时及时报警给附近车站的防灾控制室。

2. 冷却循环系统控制

冷却循环系统控制方式与环控冷冻机同步，由环控电控室就地控制和车站控制室集中控制，并能在控制室显示设备的工作状态。

三、消防系统

城市轨道交通系统需预防的灾害主要有火灾、水灾、风灾、雷击、停电、地震、行车事故和人为突发事故等。其中危害最大的，发生概率最高的就是火灾。因而将防火与防烟放在城市轨道交通系统防灾的首位，尤其是对于布置在地下封闭结构的地下铁道车站与隧道，防火与防烟更是至关重要的大事。

（一）防火的基本措施

防火通常基于隔绝烟火和通过自动浇水来灭火的理论出发，有如下两种对策措施。

（1）每隔一定的空间设耐火墙（包括防火门、隔火装置），也就是分区隔绝，以便小范围内封闭烟火，耐火墙是主要的有效措施。

（2）使用自动灭火装置（喷泉式冷却器）进行灭火。

（二）自动灭火系统

自动灭火系统包括联动相关的消防设备和设置固定式灭火装置。

联动相关是指火灾发生时，自动报警系统发出火警预报，实施自动灭火的同时，切断所有可能有助于火灾蔓延的工作设备，停止所有有碍于灭火的设备工作，如关闭各类管路的防火阀。同时接通消防专用设备的工作电路，起动有关消防设备，如排烟风机、防烟垂壁、管道排烟阀等，关闭电动防火门、防火卷帘门，接通火灾事故照明灯，疏散标志灯，向电梯控制屏发出信号并强使全部电梯下行并停于层底，停用除消防电梯以外的所有电梯。

固定灭火装置主要是实际实施灭火的消防设备。根据灭火原理，灭火介质（灭火剂）可分为两大类：一类是基于物理机理的灭火介质，如水、泡沫灭火剂；第二类基于化学机理的灭火介质，如二氧化碳和卤素灭火剂。

（三）消防专用设备

固体灭火装置主要是实际实施灭火的消防设备。消防专用设备主要有室内消火栓设备、喷洒水设备、气体灭火设备、室外消火栓设备、消防泵及管路电动阀等。

1. 室内消火栓系统

消火栓灭火是最常用的灭火方式，由蓄水池、加压送水装置（水泵）、管路及室内消火栓等主要设备组成。在采用消防水泵时，在每个消火栓内设置消防按钮，如图8-7 所示，其按钮的触点是常开触点，但被按钮盖的玻璃面板压迫成闭合状态。灭火时用小锤敲击按钮的玻璃窗，玻璃被打碎后，按钮不再被压下，即恢复常开状态，通常称为破玻璃按钮。消防栓灭火系统如图 8-8 所示，当火灾发生时，打破消火栓箱内或近旁的消防按钮面板玻璃后，立即启动加压泵，并向消防中心和就地报警区发出声光报警，此时，消防水由加压泵，经过消防水龙带喷出，起到灭火作用。

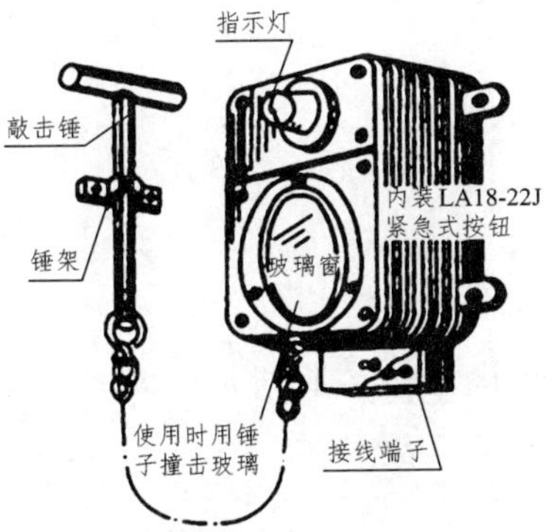

图 8-7　消防泵起动按钮示意图

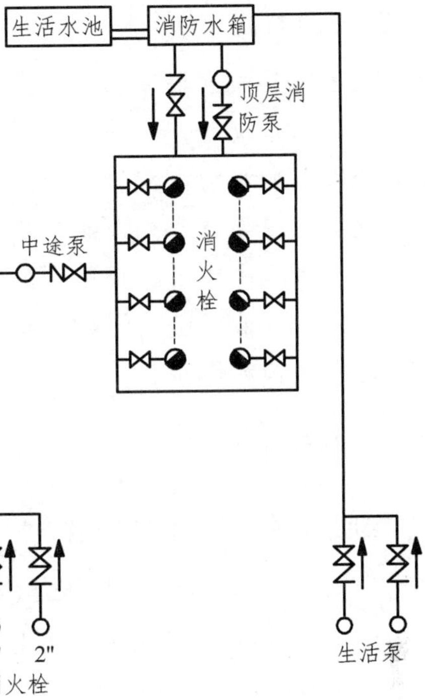

图 8-8　消防水泵系统示意图

2. 自动喷水灭火系统

自动喷水灭火系统分为湿式和干式两大类，主要由水源、加压送水设备、报警阀、管网、火灾探测器及喷头等组成。喷头是直接喷水灭火的组件，其形式有闭式、开式和专用喷头三种，闭式喷头是一种由热敏元件和密封组件组成的自动开启喷头。

湿式系统的自动喷水是通过玻璃喷头的动作完成的，当发生火灾时，装有热敏液体的玻璃球由于受热，因压力增加而爆裂，密封垫脱开，喷出压力水，同时，压力开关动作，将水压信号变为电信号起动喷水水泵保持水压。喷水水流接通水流开关，其浆片随水流动作，接通延时电路，发出电信号给控制中心，以辨认发生火灾的区域。

图 8-9 是湿式系统动作程序方框图。干式系统的工作原理基本上与湿式系统相同，不同之处在于干式系统平时管道内不充水，适用于寒冷地区有冰冻的场所。

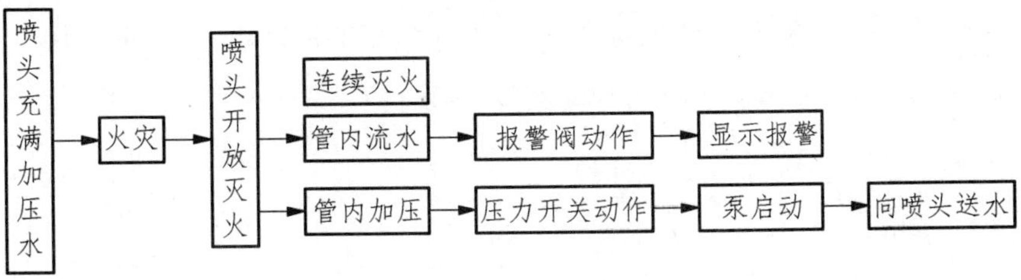

图 8-9　湿式系统动作程序方框图

3. 水幕消防系统

水幕消防系统是由水幕喷头、管道和控制阀等组成的主要起阻火、冷却、隔离作用的自动喷水灭火系统。

水幕系统喷出的水为水帘状，而且水幕系统不是直接用来灭火的，其作用是冷却简易防水分隔物，提高其耐火性能，或者形成防火水帘阻止火焰穿过开口部位，防止火势蔓延。水幕系统主要是阻止用于需要进行水幕保护或防火隔断的部位，如设置在企业中的各种防火区或设备之间，防止火势蔓延扩大，对泄漏的易燃、易爆、有害气体和液体起疏导和稀释作用。

四、照明系统

（一）照明光源的选择和控制

（1）站厅、站台照明及主要设备用房照明由低压配电室不同母线以交叉供电方式进行供电。应急照明以 EPS 作为备用电源，容量满足事故状态下车站、区间 1 h 供电的需要。

（2）地下车站站台板下及地面车站净高小于 2 m 的电缆通道，设置安全照明，采用安全电压（36 V）供电。

（3）照明光源：以荧光灯为主，白炽灯为辅。

（4）灯具选择：主要考虑结构轻巧、便于维修、光效高并满足装饰需要。车辆段等室外场所采用弯灯及投光灯塔照明，光源采用高压钠灯。

（二）照明系统的功能及设计原则

1. 照明系统的功能

城市轨道交通车站地下环境较为特别，主要表现在长期没有自然光，导致车站内外光度差异较大。因此，在设计照明时，地下照明需进行细致的设计，以保证乘客的舒适性，环境的明亮。同时，车站照明应能够辅助乘客更好地完成乘车活动，并能够保证在特殊、危险时刻的疏散活动；另外，城市轨道交通日益成为人们文化生活的一部分，车站的功能与不单单是输送乘客，不同地区的车站也应具备一定的艺术感染力和文化性。总之，城市轨道交通照明系统在车站设备当中起着重要的作用。如图 8-10～8-13 是不同国家艺术感十足的城市轨道交通车站。

图 8-10　朝鲜平壤地铁站

图 8-11　慕尼黑城市地铁站

图 8-12　迪拜地铁站

图 8-13　莫斯科地铁站

2. 照明系统的设计原则

鉴于对城市轨道交通照明功能的多方面要求，因此在设计的过程当中，需注意以下基本原则：

（1）避免使出入城市轨道交通的人员感受过大的亮度差别。

（2）保证停留在城市轨道交通内人员的安全和舒适的感觉。

（3）光源的光色和灯具的安装位置都不能导致与信号图像相混淆。

（4）照明方式按照视觉工作程度、照度、显色性、配光及布置方法等因素选择。

（5）照明度标准（见表 8-3）。

（6）灯具布置按照照度充足均匀、维修方便、安全等因素选择。

（7）灯泡安装容量小；布置整齐美观；与建筑空间相协调；光线的射向适当、无眩光、无阴影。

（8）安全节能，并具有一定的设计感，反应车站的主题和文化。

表 8-3　照度标准

序号	场所	参考平面及高度	正常照度（lx）	应急照度（lx）
1	出入口门厅、楼梯、自动扶梯	地面	150	5
2	通道	地面	150	5
3	站内楼梯、自动扶梯	地面	150	5
4	售票室、自动售票机	台面，0.75 m	300	30
5	检票处、自动检票口	台面，0.75 m	300	30
6	站厅（地下）	地面	200	5
7	站台（地下）	地面	150	5
8	站厅（地面）	地面	150	5
9	站台（地面）	地面	100	5
10	办公室	台面，0.75 m	300	30
11	会议室	台面，0.75 m	300	30
12	休息室	台面，0.75 m	100	10
13	盥洗室、卫生间	地面	100	5
14	行车、电力、机电、配电等控制室及综控室	台面，0.75 m	300	300
15	变电、机电、通号等设备用房	垂直面，1.6 m	150	15
16	泵房、风机房	地面	100	5
17	冷冻站	地面	150	5
18	风道	地面	10	5
19	隧道	轨平面	10	5
20	地面、高架线	轨平面	5	5
21	道岔区	轨平面	20	5

（三）照明系统的分类

城市轨道交通车站的地下地域特征及地铁运营性质也决定了车站内照明种类的多样性，进而决定了照明配电回路的数量不亚于动力用电回路。一般来说，城市轨道交通车站照明系统采用 380 V 三相五线制，220 V 单相三线制方式供电。

1. 按照照明位置分类

城市轨道交通照明系统范围为车站降压所变压器后的照明设备、设施及线路。大致包括以下四大部分：

（1）站台、站厅公共区的一般照明、节点照明、事故照明、广告照明等，如图 8-14 所示。

（2）出入口的一般照明、事故照明、广告照明等，如图 8-15 所示。

（3）设备及管理用房的一般照明、事故照明、出入口的疏散诱导指示照明。

（4）电缆廊道的一般照明及区间隧道的一般照明、事故照明，如图 8-16 所示。

图 8-14　公共区域照明

图 8-15　地铁出入照明

图 8-16　区间隧道照明

2. 按照照明的属性分类

按照照明属性及其作用的不同，将照明系统分为不同的类型，主要有节电照明、标识照明、出入口照明、站台站厅照明、广告照明、事故照明、疏散诱导照明等。不同属性的照明分别在不同的领域发挥其各自的作用，例如标识照明保证乘客更加清晰快速地获取标识信息。

3. 按照重要性分类

城市轨道交通照明负荷按照其重要性，可以分为三个等级，此三个等级的分类与动力设备负荷分类原则相一致。

一级负荷：节电照明、事故照明、疏散诱导指示照明，公共区工作照明。

二级负荷：设备区域一般照明、各类指示牌照明。

三级负荷：广告照明。

其中，一般照明是城市轨道交通车站地道、站厅、站台内设置灯具最多的一种照明方式。这种照明用来保证乘客在城市轨道交通车站能安全地候车和上下车。

参考文献

[1] 邱海兵. 城市轨道交通车站设备[M]. 北京：人民交通出版社，2012.

[2] 刁心宏，李明华.城市轨道交通概论[M]. 北京：中国铁道出版社，2015.

[3] 朱济龙. 城市轨道交通车站机电设备[M]. 北京：机械工业出版社，2015.

[4] 刘建. 城市轨道交通站务管理[M]. 北京：北京交通大学出版社，2014.

[5] 付晓凤. 城市轨道交通概论[M]. 北京：化学工业出版社，2013.

[6] 颜景林. 城市轨道交通设备[M]. 成都：西南交通大学出版社，2012.

[7] 郭晓阳，王占生. 地铁车站空间环境设计——程序-方法-实例[M]. 北京：中国水利水电出版社，2014.

[8] 张强锋，陈林秀，杨德友. 城市轨道交通系统概论[M].北京：科学出版社，2013.

[9] 朱爱华. 城市轨道交通设备[M]. 北京：北京交通大学出版社，2011.

[10] 吴芳. 城市轨道交通设备[M]. 北京：人民交通出版社，2012.

[11] 姚林泉，汪一鸣. 城市轨道交通概论[M]. 北京：国防工业出版社，2012.

[12] 郭欢，陈峰. 城市轨道交通车辆基地的优化[J] .城市轨道交通研究，2010，13（8）：73-76.

[13] 罗利平. 电力监控系统中调度主站的系统构成[J]. 城市轨道交通研究，2003，6（5）：47-49.

[14] 李士峰. 浅谈地铁供电系统及动力照明设计[J]. 铁道勘测与设计，2003（5）：40-43.

[15] 罗利平. 轨道交通电力监控系统主站构成方式浅谈[C]. 全国建筑电气设计技术协作及情报交流网年会. 2003：49-51.

[16] 张洋. 城市地铁车站结构设计浅析[J]. 中国勘察设计，2011（4）：51-53.